U0511463

创新向善：跨界的知识对话

饶宗颐文化论坛文集（2023）

刘洪一 主编

商务印书馆
创于1897　The Commercial Press

序 言

创新是人类文明发展的动力，创新不仅成为当下一个世界性的热词，也成为关涉世界往何处去、关涉人类生存命运的重大命题。如何坚持守正创新，让迅猛发展的科学技术和知识创新造福于人类，助力于人类命运共同体的文明演进？无论是社科理论界还是科技、教育、经济和社会运行的各个领域，都面临着诸多新问题、新挑战。

在此背景下，由深圳大学与中国社会科学院世界比较文明研究中心联合举办，深圳大学饶宗颐文化研究院承办的第五届饶宗颐文化论坛，以"创新向善：跨界的知识对话"为主题，以"创新的价值目标""创新的理性秩序""人文与科学的知识合作"为分议题，邀请海内外社科、教育、科技、经济等领域的数十位专家学者进行深入的交流探讨。

在保持前四届饶宗颐文化论坛高端化、国际化、前沿性学术特色的基础上，2023年第五届论坛进一步突出了跨学科、跨领域乃至跨行业的跨界特色，特别邀请了来自腾讯、华大基因等著名科技企业的专家学者，将理论研讨与创新实践相结合，分别从哲学、科学、文化、文学、经济、企业运行等不同角度进行了一场跨界的知识对话，凸显了论坛论题的时代性、现实性。

《创新向善：跨界的知识对话——饶宗颐文化论坛文集（2023）》收录了本届论坛的部分相关论文，依据论文内容大致分为四个板块：

第一板块"创新的价值目标与实践路径"，重在探讨创新的价值目标及其伦理规范，探讨创新如何以向善的正向价值为导向，以及如何践行创新向善的问题。国务院参事王京生从国家创新战略层面，辩证地讨论了文化与创新的关系，认为在新时代背景下，文化要为创新提供核心价值、心理定式、伦理范式以及与时俱进的观念支撑。他坚信，中国文化能提供创新自觉和创新自信，能培育创新阶层，能提供"大众创业、万众创新"的实现空间和环境支持，能营造"鼓励创新、宽容失败"的氛围。成中英教授以自然的存在和人的存在为切入点，阐释了知识形成的基本原理，认为人文与科学相互诠释才能相互促进，要形成内部与外部、整体与部分的整合。何祚庥院士以物理学和经济学的沟通为例，生动阐释了各学科之间搭建相互沟通的"桥"的重要性，认为学科交叉不仅是科学发展的必然要求，也是产业变革的迫切需要，许多"跨界"新兴技术正成为引领产业变革的新潮流。奚丹高级副总裁以腾讯集团的发展为例，指出践行"科技向善"是将"向善""为善"与"扬善"三大宗旨相结合，即"科技是一种能力，向善是一种选择"，并详细介绍了腾讯集团"科技向善"的发展理念和创新实践。杜玉涛书记以华大集团"基因科技造福人类"的企业使命为切入点，结合基因科技的最新发展，论析了自主创新与普惠民众的重要关联，介绍了华大基因在保障人民生命健康、全面推进"健康中国"建设方面的创新实践。杨华教授以实践哲学的理论逻辑探寻了建党精神的深刻内涵，指出践行初心与提升思想力、行动力、执行力和创新力的重要性。

第二板块"创新的理性秩序与知识对话"着重探讨了创新在知识跨界、跨文化理论与实践中的内涵和遵循的理性秩序，以及不同领域知识对话的可能和方式等问题。何祚庥院士、庆承瑞教授从建立适用于中国特色的生产函数的理论高度，综合对数理经济学、计量经济学、微观经济学和劳动价值论等的比较分析，指出了建立新劳动价值论和适用于中国特色生产函数的重要理论价值与实践意义。任珺研究员从"界论"的角度讨论了文化融合及创新发展之间存在的理论与实践的对话，认为创新在于如何处理"差异性"和"同一性"的关系、建立"差异统一的共同体"。吴俊忠教授以深圳文化创新为例，探讨了创新的理性秩序，认为深圳的崛起，不仅有改革开放强大精神动力的驱动，也有经济快速发展积累的雄厚物质基础的支撑，更有文化创新发展的创意和创新驱动，其中艺术创新是不可忽视的重要方面。陈泳桦博士以"界本"思想为工具和尺度，探讨了宇宙、身体和计算机三者存在的三种对反关系，并由此反观了划分这些边界和对反的工具。赵全伟博士由"界本"思想切入，阐释了界学的缘起以及界本思想具有的廓清世界的哲学工具意义。李晓红教授通过分析法国汉学大师戴密微先生的跨界、跨文化的知识对话，呈现了戴密微先生世界汉学研究独特视角的形成过程及其对当今学界具有的现实意义。

第三板块"创新的思维传承与知识合作"旨在从思维传承与知识合作的角度探讨学科建设与学术研究上的方法创新和理论融合。孙炬教授以轴心时代以来澄怀观道、返本开新的精神脉络，阐释了新时代儒家思想如何传承与发展的问题，指出传承与发展要返回到孔子创立的原始儒学，返回到孔孟之道的基本思想。张晓芳教授与王翔云副教授从自然科学对经济学研究的影响视角出发，探讨了经济学分别在物理学的抽象思维、模型假设、数学分析，生物学的进化论、还原论等影响下，最终产生经济物理学、计算社会科学等新方向的融合发展。彭磊教授从《资本论》中引用的柏拉图和色诺芬的文本所涉及的经济学问题出发，探讨了古希腊哲学家对劳动分工价值的认知，从而证明了古希腊便存在"政治经济学"的基本形态。陈雅文副教授从道德哲学与政治哲学共同关注的道德分歧问题出发，探讨了同情与共情在情感主义内部针锋相对的情况，认为共情作为人性中普遍有效的一种能力，在道德判断的解释中扮演十分关键的角色。换言之，保留开放性和对他者的观点持有同等尊重的共情是促成共识的关键。海村惟一教授、海村佳惟博士以《两界书》的词汇、文体、思维等为研究对象，考察了著者创新的向善意识和价值目标。黄燕强副教授从哲学课程教学实践的角度，阐释了中国哲学课程的教育理念，认为中国哲学课程教学的宗旨与方法应该体现哲学的核心问题，即转识成智和学以成人。他认为，哲学课程应引导学生自觉地把哲学知识转化为日常的生活方式，在知行合一中认识自我、成就自我和超越自我。王希腾博士与梁绮澜助教将语义波理论引入粤港澳大湾区学术英语的教学实践，探讨了其对学生的知识累积、对教师教学进度的把控，以及在教学的有效性等方面的理论与实践价值，认为以语义波理论为指导的线上线下混合式教学有利于加速粤港澳大湾区资源的有效整合，推动粤港澳大湾区高等教育的融合发展。

第四板块"创新的跨界表达与艺术阐释"，着重探讨了创新在学术研究，特别是在文学艺术跨媒介融合、思想表达和理论阐释领域的重要性。刘子琪博士以民国时期中国画学界爆发的"民族艺术向何处去"运动为例，阐释了中国近代将艺术与科学结合起来的尝试，以及其对新中国成立以后中国美术的发展的深刻影响和为中国新水墨艺术的未来提供的先知价值。陈雅新副教授从法国拉罗谢尔艺术与历史博物馆所藏中国戏曲题材外销画切入，对戏曲舞台上的龙舟及舟船表演相关问题的解答进行了探讨，认为相关问题的解答为理解戏曲何以能够吸收各种民间文艺并将其融于一体找到了一种深层原因。李宁博士以动画电影《长安三万里》为例，结合翻译学、文化研究和媒介研究，分析了诗歌翻译在动画电影中的应用价值，认歌翻译在不同媒介中的应用，提升了作品的艺术层次和文化价值，促进了观者对文化叙事复杂性的理解和认识。贾晶博士基于文化人类学视角，考察了文学研究中母题与原型的界域，认为两者对反对成，在差异中混融与共生。王伟均博士与刘虹助教以巴尔加斯·略萨的中国套盒理论为研究对象，探讨了这一理论的形成、演变与内涵及其在中国引发的文学批评实践，指出了文学理论在不同地域、文化和实践语境中的跨界融合与创新嬗变。郁龙余教授从其长篇历史小说《黄道婆》的诸多读后感出发，总结出了"为人民服务""以人民为中心"是"以百姓心为心"的现代表达，认为如同小说的核心主题所指，新时代的我们必须创新向善，在念好"脱贫致富经"的同时，做好"反腐安富学"；并在现代化进程中，高质量谱写中国文明新篇章。

　　文集最后附录了"创新向善：跨界的知识对话——第五届深圳大学饶宗颐文化论坛综述"，介绍和评述了第五届论坛的总体情况。综述对与会专家的发言进行了概要性的点评，对论坛的创新理念、学术特色、探索意义作了总结介绍。

　　本届论坛和本文集的编辑出版得到了海内外诸多著名学者、研究机构、科技专家的大力襄助，得到了商务印书馆领导、编辑的宝贵支持，王伟均博士做了不少具体的稿务工作，在此谨致谢忱。

刘洪一

2024 年 10 月 18 日

目　录

创新的价值目标与实践路径

创新的理性秩序与知识对话

创新的思维传承与知识合作

创新的跨界表达与艺术阐释

创新的价值目标
与实践路径

文化驱动创新

——国家创新战略的文化支撑

国家文化艺术智库　王京生

今天，深圳大学饶宗颐文化研究院举办的本次文化论坛很有意义，论坛的主题是"创新向善：跨界的知识对话"，体现了主办者的宏大视野，超越了一般的学术性内容，既放眼创新和伦理，又聚焦科学和价值观。科学精神的实质是"求真"，人文精神的实质是"求善"，艺术精神的实质是"求美"，三者相加就是"真善美"，这就是人类文明的核心价值观。但是，这三者中的任何一种精神里，必须包含着其他两种精神的内容。比如，科学精神里边也要有体现"善"与"美"的要求。所以，今天的论坛不仅是交流对创新的思考，还探讨文化及其核心价值观问题。

一、创新科技是人类文明新形态的根本依托

党的二十大报告明确指出，中国式现代化的本质要求之一，就是创造人类文明新形态。而任何文明形态都不是飘浮在空中的理念或者制度，它必须和当时的科学技术发展密切结合，并由此诞生属于那个时代的文化和文明。所以，从这个意义上讲，创新科技决定生产力，也是人类文明新形态的根本依托。正如人们常说的，石器决定原始社会形态，青铜器决定奴隶社会形态，铁器决定封建社会形态，蒸汽机和电力决定资本主义社会形态。

二、科技创新面临着前所未有的机遇和挑战

未来已来。随着数字技术的发展，高科技越来越体现出它空前的跨越性。高科技的创新产品被赋予了智能甚至智慧，这让人类面临着前所未有的机遇，但也让人类面临着前所未有的科技伦理挑战。我们正在从科技"为人类提供工具"的时代，进入科技"成为人类助手"甚至"替代者"的时代。人类需要助手，也在某些领域需要替代者，但是绝不能把替代者变成损害者和征服者。所以，当前科技伦理进入了一个空前重要，也是空前危机的时代。如何使科学发明、科技创新能够继续为人类服务，而不产生破坏性的副作用？这一问题日益严峻地摆在人类面前。

三、文化对创新发展的八个作用

创新驱动发展，而什么驱动创新？只有文化。有人说，人才驱动创新，确实，人永远是社会各方面发展最根本的驱动力。而直接驱动创新的，是人产生的文化。这主要来自八个方面。

第一，文化为创新提供核心价值。正如前面所说，"真善美"是人类文明所共同追求的核心价值。一方面，它指引着创新，是所有创新追寻的目标。另一方面，它也为创新设置了伦理边界。那些反人类、反生态的所谓创新行为，就应该坚决抵制。

第二，文化为创新提供心理定式。中华文明作为唯一没有中断的国家形态文明，靠的是中华民族生生不息的创造能力及优秀的心理定式和伦理。比如，"天行健，君子以自强不息""苟日新，日日新，又日新"的自立自强、变化创新心理定式，以及"去恶从善""格物致知""破心中贼"的伦理自觉，等等。正如清代赵翼《论诗五首·其一》里所说的，"满眼生机转化钧，天工人巧日争新。预支五百年新意，到了千年又觉陈"。

第三，文化为创新提供与时俱进的观念支撑。一个国家要保持活泼的生命力，就必须通过观念创新、观念引领锻造国家创新力、提升竞争力。改革开放就是与时俱进、思想解放的产物，它所高扬的变革旗帜对国人的思想激荡及其所引起的连锁反应，为后来取得的伟大成就奠定了基础。而深圳更是其中的杰出代表，从某种意义上说，深圳十大观念就是创新的十

面旗帜。别的不说，一句"来了就是深圳人"，不知给了多少创新创业者以温暖。显然，深圳观念的例子，放在国家创新战略层面上同样是成立的。

第四，文化提供创新自觉和创新自信。文化总是处于不断的流动当中，并在流动中推陈出新、创造历史。当年，我们提出了文化流动理论，强调文化横向和纵向流动的本质，强调文化发展不仅仅取决于存量，更取决于增量的本质，强调文化流动对挑战边界，推动创新的重要作用，该理论成为深圳文化立市的理论支撑。今天，同样可以说，文化流动理论能帮助我们获得创新自觉、创新自信、创新自强。我们要强调"守正创新"，在守住中华民族优秀传统文化的基础上，在各种文化乃至信息的流动、碰撞、交流中，去获得创新的推动力和无限灵感。

第五，文化锻造创新所需要的企业家精神、工匠精神、创新精神。这"三大精神"是一个国家由守成国家转变为创新型国家的引领和根本支撑。文化催生了企业家的创新品格，它对企业家精神的培育主要体现在：发现和创造机会的能力、塑造团队文化的能力、不断挑战边界的精神、资源整合和集成的能力，并培育专注、细致、登峰造极，任岁月荏苒，初衷不改的工匠精神，等等。文化可以培养和锻造真正的企业家、大国工匠。

第六，文化为创新培育创新创意阶层。当代社会，知识和创意或人力资本正在替代传统的自然资源和有形劳动，成为财富创造和经济增长的主要源泉。文化在创新创意阶层的培育中具有不可替代的作用。"文化＋"的文化产业发展吸引创新创意阶层，并催生了各行业创新创意阶层的崛起；创新型文化聚集创新创意阶层，多元文化养育创新创意阶层；创新创意阶层群体每天通过创意点亮智慧之路，不断推动创新创意发展，从而实现良性循环。

第七，文化为创新提供"大众创业、万众创新"的实现空间和环境支持。在文化对大众创业、万众创新的支撑上，一方面，文化孕育广泛的"创新创意阶层"，并为其提供广阔空间；另一方面，大众创业、万众创新绝不仅仅是解决当下的经济问题，而且是能够锤炼出更高的国民素质、更强大的中华文化基因，使我们民族的文化自强不息。

第八，文化为创新营造"鼓励创新，宽容失败"的氛围。"鼓励创新，宽容失败"是深圳十大观念之一，为特区改革创新提供了浓厚的文化氛围。深圳的实践说明，只有宽容失败，才构成创新与成功的前提和基础。而国家创新战略要取得成功，必须一方面在文化观念上，形成"鼓励创新，宽容失败"的社会共识和良好风气；另一方面在制度设计上，也对创新失败者给予实质性的支持。深圳在文化目标上，最终是要打造创新型、智慧型、包容型、力量型文化，若此实现，其必将成为创新的热土。

总之，文化的力量完全可以把一个守成的民族改变成一个创新的民族。

四、以科技创新推进建设人类文明新形态

我们最终要走向人类文明新形态，深圳也要创造"城市文明典范"，那文化与文明有着怎样的关系？我认为，文明是积淀下来的文化，文化是活跃着的文明。在迈向人类文明新形态的道路上，文化对创新的这八个作用，我们要继续巩固，特别是在价值观念和科技伦理上，为建设人类文明新形态做出贡献。

一方面，中国要建立自主的知识体系。这就像"把饭碗端在自己手里一样"重要。

另一方面，科技伦理亟须达成全世界共识。就像"核不扩散条约"一样，甚至比它还要严密。绝不能把守规则者变成吃亏者，也不能给胆大妄为、破坏人类生存的人任何操作的空间。

目前，我国和全球范围内的重要经济体，基本都以立法或软规则的形式，对人工智能等科技创新内容进行了伦理的规范和约束。

2021年，联合国教科文组织发布了《人工智能伦理问题建议书》，确定了指导人工智能建设的必要性，强调了人工智能健康发展的共同价值观和基本原则。而在此之前，早在2019年，欧盟AI高级专家组就发布了《可信人工智能伦理指南》；2021年，欧盟委员会发布了《人工智能法案》，以立法的形式，为人工智能治理提供法律支持。

2023年，美国国家标准与技术研究院（NIST）发布了《人工智能风险管理框架》（AI RMF 1.0），指导组织机构在开发和部署人工智能系统时降低安全风险。同年11月9日，美国国务院发布了《企业人工智能战略》，以指导负责任的人工智能发展以及符合道德的开发、采购和应用。这其中就强调了负责任、符合道德的人工智能发展方向。

在我国，2021年9月，国家新一代人工智能治理专业委员会也发布了《新一代人工智能伦理规范》；而2022年3月，中央办公厅、国务院办公厅印发《关于加强科技伦理治理的意见》；2022年11月，外交部公布了

《中国关于加强人工智能伦理治理的立场文件》，表达了"中国呼吁国际社会在普遍参与的基础上就人工智能伦理问题达成国际协议，在充分尊重各国人工智能治理原则和实践的前提下，推动形成具有广泛共识的国际人工智能治理框架和标准规范"的愿景，推动国际人工智能伦理治理。

2022 年 9 月，深圳市人大常委会发布了《深圳经济特区人工智能产业促进条例》，以立法的形式，推进人工智能的发展，并明确研究制定和实施人工智能领域的伦理安全规范。2023 年 5 月，广东省政府印发了《关于加强科技伦理治理的实施方案的通知》，更加细致地推动科技伦理的治理。

可以看到，科技伦理越来越引起科技界乃至全世界的重视，这为全世界达成科技伦理治理共识，建构更严密的治理体系打下了良好的基础。在这些基础上，针对 AI 时代以及全世界下一步的科技发展，还要尽快形成世界共识，并且建设专门的伦理问题审查、审判机构，对违反伦理的主体进行法定惩罚。

总之，空前的机遇和空前的挑战同时到来了，我们一定要坚持创新向善，不断进行跨界知识对话，以更好地建构人类命运共同体和人类文明新形态。

谢谢大家！

人文奠基与整合以及科学创新与应用

美国夏威夷大学　成中英

本届饶宗颐研究院国际会议提出"创新向善"的主题，以跨界知识对话为重心，反映了对这个时代人类面临的存在、知识与价值等问题的深刻关照。这个时代从 21 世纪开始就逐渐浮现了各种人类面临的问题，人的认知与技术突出的发展逐渐在人类生活的世界中掀起了波浪。当然，这不是偶然的，而是整个人类近 500 年的存在与活动所激发出来的特征和现象，需要我们更深刻地理解已经存在的文明挑战。这不仅是在知识和学术方面，在社会、经济及政治世界中，也凸显出更多的矛盾和莫名的焦虑。如果我们分析中、美和其他国家的国家关系，都有一种深度的不安全之感，因此造成不断的疑虑，引起行为和策略上的各种反应。这种疑虑和不安也反映出对新的经验事实和人类处境的终极目标缺少智慧的认识，因而导向冲突、矛盾、干扰和战争。

文化创新如何可能？回答是，如果文化可能，文化的创新自然可能。人类发展文化是从他的生命经验中认识到客观自然世界的各种变化与事实，然后相应地创造出人类的生活方式，这当然也是基于人的基本需要而形成的。从衣食住行到今天的高科技和信息科学，都是人类个人和群体与自然世界相互作用和磨合的结果。当然，最主要是要有一个理想的目标，该目标是人的生活中所必须达到的。自然世界也因此提供了实现生活目标的对象和资源，而人的心智也就能够建立起融合、搭配或者建造出完整的新的机制来满足人的需要，同时也更完美地反映出真实世界的真实面貌，也就是科学知识发展的基本原理。所以，文化的创新就是在不断地探索自然，不断地反思自我，不断地找寻方法，不断地突破形式，不断地寻求新的模型，不断地整合和系统地规划，发现新的原理和新的规则来创造新的典型。

因此，文化创新不但可能，而且必然会自我要求并发展出来。我们可以看到，从历史上看，牛顿力学的发展，当代信息学的发展，也都是在这种挑战之下、理解之下形成的。这就是创新的典型。

人们的不安显示出对人类人文世界的价值没有信念和智见，往往走入极端主义和死胡同，带来纷乱甚至引发战争或各种矛盾，最后损伤人类的发展并导向毁灭。怎么解决这个问题？首先，我必须指出，人类文明的进步一方面是人类面对新的变化不断创新，但另一方面又必须认识变化的整体，掌握变化的机制，才能够从创新或守成来维持一个和谐的整体秩序。我要强调的是，人类的历史是生活越来越复杂，人的欲望越来越多样化，但人类的知识和理性的认识却不能赶上的过程。复杂多样的生活加上人们不断膨胀的欲望，消耗人类的能量，使他们既不能适应环境，也不能够彼此适应和自我适应。我们只是一点一点地调整，必然达不到全面的和谐或平衡，甚至造成更多的混乱。唯一的出路，就是建立一个新的整体性的认识，能够把所有的矛盾都集中化解，呈现一个新的秩序，创造一个新的文明世界，这样才能理顺生命的流量和需要的空间、时间以及关系。显然，一个整体必须是一个开放的空间，也必须是一个时空定位的文明存在，同时也是一个自我发挥与外在环境结合、配合的有机交换结构，从而创造出新的定位，新的时空位置和新的主客关系以及新的事物、结构和流程。

下面，我将就整体的概念在真实存在和变化中的架构加以描述，同时再分析时空的定位和人类心灵与外在世界的关系，借以说明人的创新能力和趋向创造价值的重要性。其中涉及差别分界，整合生态以及对存在和规范、知识与体系、伦理与道德、艺术与美感、自由经验等方面的整合和重构，从而为人类创造新秩序和发展新未来开辟道路。

以下，我就下面几个要点分节说明。

存在的整体化

宇宙和自然的存在是多元的，不只是量的问题，也是质的问题。质与量决定了事物具体存在于一定的时空位置上。从经验观察来看，自然宇宙中的万事万物都各有其特征，但同时又分享一些普遍属性，因此，它们既是特殊的存在，也是一般的存在，这取决于我们意识的具体性或抽象性的认识。一个整体的存在，应该是最一般与最抽象的，同时也应该是最具体与最普遍的，这就是亚里士多德所说的"Being"的概念。但亚里士多德也没有发挥一套从整体的 Being 导向个别的、独特的万事万物的存在实现与发展过程的原理。而现代科学逐渐导向一个整体的基本粒子原始点的存在体，后者经过各种能量和力道的组合形成一个丰富多彩的实际宇宙。这在中国哲学中，可以被更好地表达为"气"和"道"的发展。对立存在既是"气"的，又是"道"的，"气"是原质，"道"是规范，从"气"到"道"是遵循一个阴阳不断分化与不断组合的创造的发展过程。这是《易传》与易学所肯定的，而且是基于长期观察所描述的。从"气"与"道"的发展来看，我们看到，存在的原质不断生成，而内在的变化规律、特性以及关系也逐渐形成，而且是一个生生不息的开放的过程。如此我们观看自然宇宙，生命世界以及人类世界，都可以看到同一性和差别性的互相穿透、互相结合，存在体与存在性相互依存而且构成一个变化不已的活动。这个活动的整体既有全面性，又有不同的层次性。因此，不管是宇宙的秩序还是生命的秩序，或人类的秩序都有原质和原理的向度。这一种认识告诉我们，了解当前人类社会的复杂性——人类社会就是一个复杂体系，是建立在变化发展的基础上。这个变化发展既是创新又是除旧，既是和谐又是冲突，它的特征也就必须在整体的存在架构中和整体的变化发展中进行理解。这个宇宙的发展是上无起点，下无终点，对它的认识必须有理性的认识方法，形成具体的知识。知识反映宇宙。因此知识不只是原质结构，也是变动过程，同时也是一个创造性的内在发展机制，可以从外在实质的现象和人类后期的知性理解来得到认识。而这个认识，客观方面说就是认识，主观方面说就是理解。结合客观和主观，才能使存在产生创造性的活动，即人的努力、活动可以改变世界，增强世界的能量和力道，和可以改变人类世界存在一样。因此，观察自然，审视自我是建立世界秩序最重要的方法，当然这也需要在一定的条件之下形成。

知识的结构化

存在最大的特点就是既是普遍的存在体，又是个别、分化的具体事物，但这仍然是自然、客观的现象。自然相对于主体而形成，主体也相对于自然而形成，这是非常重要的一点。生命也好，人的心灵也好，都必须认识到主客的分离是自然的，是客观的，也是主观的，是存在的一种根本方式，事实上也是显示或进行存在的根本方式。此处强调主客的分离和相应，是认识宇宙的非常重要的真相，是生命原理以及心灵主体的基本预设，有此预设才有人类对自然的认识，才有自然对人类的理解，进一步而言，才能产生认识到自然宇宙客观的结构、过程和变化之道的主体。这一认识显然需要主体心灵智能的发挥。这个智能如果不能够针对客观的存在，也就无法建立对客观更完整、更可靠的知识。知识是以真理为对象的，只有通过主体的知识，才能显现客观存在的真理。而此一真理，不仅是存在，而且是变动无常的活动的过程，需要超越性、转化性和复杂性，在这样一个整体的存在系统中实现对个别存在体及关系与相关体系的认识。

有一点需要特别强调的是，认识的过程是存在客观及本体的实现和呈现过程，当然也是主体自我界定的过程。从整体来看，是相应的、对称的和一致的。但新的发展和新的认识产生不相应，不对称和不一致，是非常可能的。因此也就形成各种乱象，把该融合的分开，把必须分开的却又结合在一起，造成各种紧张和担忧，扰乱主体的心性、认知、判断和实践能力，最终导向人类社会的种种危机，甚至冲突和战争。必须经过一个牺牲、痛苦、受难的过程，才能逐渐恢复到正确的认知和正确的行为，恢复整体的秩序、个别有效的定位。但这仍然不是永久的，人类社会仍然可能陷入对历史的遗忘之中，不断重复历史上的危机而得不到教训，事实上也无法得到任何教训。因为主体自身判断力的缺陷和限制，不能够认识客观世界，形成对应的主观认知，产生可靠的意识决断，进行适当而又建设性的行为活动，创造一个新的社会秩序，生态秩序与自然秩序。以最近的历史来看，以阿战争就是最好的说明，以阿的冲突矛盾在历史上早就开始，但到 21 世纪也不能够真正解决以阿分治而又和平共处的目的，这是什么原因呢？

关系的沟通化

我想，要回答这个问题最需要指出的就是主客关系之间的对应和沟通问题。任何人为的秩序都不会变成自然秩序的一部分，而具有自然发展的能力；同样，任何客观存在的差别和同一不能够还原在人的知性理解之中，而往往与其他人的理解相互结合产生变化或者异化，丧失了其原有的形象，不能维持正确的主客相应和谐一致的关系，以致造成知识上或概念上的错误，不自觉地陷入错误的决策或行动。人类的战争历史，是因关系认识不清所形成的知识判断的错失以及评价的扭曲，从而陷入矛盾的行为方式，把原有的和谐可能导向更深或者更复杂的矛盾结构，甚至往往不能自拔。因此，我强调关系的沟通化，每种关系都尽量弥合一种相应一致的沟通，而这些又必须成为人类寻求其他相应一致的沟通的基础。这是不是对人的主体能力的挑战呢？

人自身的不完美需要人自身自觉地修持，这是儒家孔孟伦理与道德哲学最基本的警言。《大学》强调"自天子以至于庶人，壹是皆以修身为本"，就看到了一种关系理解的重要性。《大学》的修身哲学是整体一贯的，是从个人的格物致知，到诚意正心，到修身齐家治国平天下的逐步发展，其目的就在保存每个阶段的客观主体一致相应，最后能达到整体和部分之间的相应，和整体之内的部分与部分的相应。我们可以称为穿透性的整体相应。这就必须要强调，每一个阶段，每一种关系，每一个层次之间的关系的沟通，才能预防错误的出现而不自知。如果不自知，又如何能够维持整体的存在呢？显然这个自知是对整体关系的自知以及对关系彼此相应，主客相应和谐一致的基本意识，然后才能保证正确的行为，使天下永远处于和谐发展之中。人类实践的和谐发展，就需要这样的一种睿智，需要这样一种整体的修持。

价值的规范化

从以上的存在的整体，知识行为与关系沟通的分析，我们看到，人的存在的重要性。有人的存在，这个宇宙才有真正的意义。当然不能不承认，宇宙自然带来人的存在。而人的存在带来宇宙存在的意义认识，使得宇宙的内在秩序能够显现出人的知识，同时又能够经过人的创造性发展来进行和谐的转变。这个过程可以说是"天人合一"之间的关系。"天人合一"指的是"天"自然创造了人的生命，而人又丰富了宇宙的价值。天可以改变人的处境，但人的主体性的建立却能够提升宇宙的价值，创造出更新的宇宙。当然事实上，人类可能因为自身的不完美、不自觉、不警惕、不修持，不能做到内外主客的相应一致，不能为人的自然存在建立一个意义的基础。这个认知很重要，哲学上往往是存在论需要知识论作为认知的基础，而知识论又需要存在论作为存在的基础，存在与知识，知识与行为就是一个知识本体的内在结构，是最原始的整体与部分的统一，而这个统一是一个动态的过程，因此才能产生创新、发展的可能。我们只有认识人存在对宇宙的重要性，才能够为人类维护宇宙本身的价值。

当然这里我要问一个问题："天人合一"究竟是天在前还是人在前？一个正确而根本的回答，就是天、人是同时发生的，也就是说，天中有人，人中有天。天中的人就是要借助人的自觉和他觉才能了解天，这也是天实现它自身存在的方式。天必须依赖人以保持存在的它觉性与基础性，从而适应人的存在活动及其创造创新文化事物的能力，这样人才能有天人合一这一互动关系的整体性。这并不表示唯心主义，因为人可以自然想象在有人之前的宇宙，把它和人类的宇宙结合为一体，形成一个整体的宇宙，包含着过去、现在与未来。这一所谓"人择原理"（anthropic principle）是宇宙存在的一个基本原理而已。宇宙的存在就已经潜在地包含人的存在以及人和宇宙的关系，而人可以改变与宇宙的关系，使人类陷入灭绝，却不必以人在的方式出现。会以哪种方式存在，这就必须看自然本身的内在结构。当我们了解了这个宇宙和人类历史的发展，才代表着对这个宇宙真正的认识，才能使我们进行个别的发展，才能做出正确的分化分理的差别界定，我们才能够建立这个宇宙，同时也是我们给这个宇宙含义和价值的方式。

界定与分界的重要性

人类存在能够同时认识差别和同一。唐代诗人张若虚的《春江花月夜》有一句话是"江畔何人初见月？江月何年初照人"，什么是正确的回答呢？一个明显的正确回答是，人首先在岸上看见月光的时候，也就是月光照人的时候，这一同一性是一条基本信息链，既肯定月光和人的不同，又肯定月光和人的眼光的一致。同中有异，异中有同。我认为，我们做差异性和同一性的界定，也是如此。人们看到 A 和 B 的差别，也看到 A 和 B 同属一体的同一性存在，也就无法肯定它的差异性。所以，一个差别事物的存在必然预设一个潜在的整体，其中差别和统一同时存在而相应。如此，我们才能够用差别来分别来定义、定界和定位，以加强和说明它们之间的差异和关联。整体中的同一性自我相互关联，让差异性和同一性同时满足，我们需要差异性和同一性的实际现象。我们不可以把世界看成是只有差别而不可整合，也不能够把世界看成是只有统一而无差别。同异都是我们所需要的性质。因此，同异既是相异又是同一，又是对立，这样才能更好地满足人类存在甚至宇宙存在的关系认知和理解。

关于界的问题，网上做过不少讨论，刘洪一教授对界的问题提出了非常重要的认识。他认识这个世界是界的世界，也就是具有差别性，也有同一性，差异性是界的需要，而同一性是整体修持所需要的。这就预设了不要超越差异性去寻求其他的同一性，也要进行同一性的修持，以提升自己，达到差异性和同一性的不同要求，使人类存在有更新的意义。人能够提出价值，在自我创新的过程中实现差异性的突破和同一性的建立。这代表对人类存在世界的基本了解，不但是差别的知识的发展，同时也有关整体性知识的建立。

人文科学与自然科学

在人类知识系统的发展中，人文的知识与科学的知识属于不同的范畴和层次。人文的知识往往是整体的，但是通过个别的经验认识到整体，离不开人的主体，且是与宇宙的客体相应一致的。同样，科学的知识是人对整体宇宙的认识，不以主体为起点，而是以自然客体为起点和对象所建立的知识体系，涵盖一切。我们可以看到，人文科学和自然科学的差异。人文科学关于基本欲望、基本感情和基本意识的活动，以及意志对自由和真理的决策。人的整体结构的需要，就意味着整体性的存在。因此人文科学和自然科学，可以看作是知识存在的两面。这个架构涵盖整体化和分别化，代表一个整体的实际情况。在实际的发展中，人文科学不断强调不周、不普、不一的本体，但同时又强调周遍、共通的存在关系，而且强调整体和部分之间的沟通。但自然科学就是一个静止的结构系统，使我们看到宇宙存在的现象，因此诠释宇宙以一种被包含、被闭塞的主体存在的感受。这种闭塞感，构成上世纪末存在主义对人类存在的具体描写，类似于萨特、海德格尔，甚至齐克郭尔，我们不宜在此发挥，而只是强调人文学科的认识是科学发展的基石和驱动力，使人类对自然和宇宙有了深刻的理解与认识。人类的问题还在于寻求一个相关的理解，掌握一个主客相应的创造机制，实现知行合一的实践。

中华文化有坚实丰富的人文传统，原始易经本体宇宙论就隐藏着非常丰富的主体思想和客体经验，以及人文与科学知识相互影响、结合一体的关系。春秋战国以来，中国初期的科学发展在水利、医药、建筑、火药、印刷等实用科学方面有十分突出的技术成就，而这些成就导向中国文化中的人文精神，使它有更多的生命体验和哲学认识。同样，中国人文传统的发展，比如四书五经，也都充满了人文的创造性，为建立一个理想的社会做出重大的贡献。它们极大地推动了中国早期文化的繁盛，强调伦理的价值以及有道德的关系，奠定了政治上的长治久安。而进一步的科学技术发展显然有所停顿，实质上宋明理学也肯定了客观的存在的理性规律，但实际对客体世界的认识和发现却要等到 19 世纪之末到 20 世纪之初，也就是在引进西方天文学、历法学、几何学之后。这是一个新的争论的开始，其中也有一些断层。但 20 世纪中叶以来，国家对科学研究全方位地重视，而对人文学科的发展却未有充分的激励，使得真理分裂，对客观的世界的认识也就变得模糊不清了。因此，我们提出重新整合，也就包含着整体划界，建立关系和差异性的普遍需求了。多年来，易学的主客分界有科学意义和人文意义。近年来，刘洪一教授强调界学的重要性，提出分界、跨界、超界和合界的本体与认识方法，可以依靠最新的要求，把各种界限中的存在知识与价值进行理论上的分野与融合。分界有利于发展更高级的科学技术，也更有利于建立整体的道德伦理价值，并使得两者相互结合，彼此批评，不断创新。

生命的智能化

今天人类面临的科学与人文的整合，其中最大的问题就是人工智能及其超越的发展和应用，我在此提出人工智能的超越是面对其双重作用最后的统一问题而提。人工智能的问题可能是要用人工智能的科学技术去解决经济活动、生命活动、社会活动等人文活动的问题。发展人文活动与价值生活，满足人的生活需要，具有科学的高度有效性和制度性以及大众性。在这个意义上，人文精神创发的个人知识和理智境界能够做出更有理想价值的决策。但科学知识与人文价值在社会层面需要整合时会遇到一些根本问题。但这个整合中遇到的最大问题，是个体的创生不妨碍生命真理的实现，其中包含真实、美感、艺术感、文学感和自然感，要达到这个标准，其实也不容易。我们看到已经存在的 Chatgpt-X，其创新往往违反道德，违反真理，以致在应用上是不可靠的。当然，更根本的问题在于如何结合科学知识与人文价值，来实现更高层次的生命真理和生活美感，实现体用一致、整体相应的生命创新活动。这样的结合往往就必须涉及跨界所必须面对的不同标准的问题，即不断在知识与价值之间，具体来说，在不同文化传统之间处理差异，这也是今天所谓跨界整合所面临的根本问题。在长期的整合过程中，逐渐实现实际的自然客体以及实际的人类主体之间的统一关系。

理想化的未来

必须指出，我们对未来理想化的整体整合、处境划界有很多过分乐观的倾向。要实际地面对问题来进行理论化，以确认不同标准的一体化和整体认识的最大利益化，确认不断扩大、不断超越、不断提升的思维过程，这也是一个辩证发展，同时解决冲突矛盾的方法。对于这样一种处境，我们要处处回顾，步步为营，不能陷入欲速则不达的状态。因此一个新的整合时代，需要一种新的整合个人和群体，把这种整合的个体与集体发挥到极致。持续不断，不允许有任何断层，这样最后也就可以成功。

在时间上形成跨界智能，实现新的发现，让原有的习惯改善，把人文和自然科学融合。《易传》说，"观乎天文以察时变，观乎人文以化成天下"，也就是要有这样的意识和要求。

结　论

基于以上的分析和讨论，我们可以做出这样的结论：跨界整合和科学与人文的整合，必须以人文为基础，以人文整合科学为对象，同时，也必须以科学创新为应有的考验，两者合二为一，才能达到创新价值，向上提升的整体目标。

加快培养复合型创新人才

——以经济物理学的基本概念与未来发展为例[*]

中国科学院　　何祚庥

2021 年 5 月 24 日的《人民日报》刊登了一篇短文，《加快培养复合型创新人才》。此文说，"学科交叉是科学发展的必然要求，重大科学成果的发展常常发生在两条不同思维路线交叉点上；学科交叉是产业变革的迫切需要，许多'跨界'新兴技术正成为引领产业变革的新潮流"。在诸多不同门类的学科交叉中，从我们来看，——今日中国，更需要涌现的，是既精通自然科学，又熟知社会科学，并能将这两大领域融会贯通，实现大交叉，综合贯串在一起的复合型人才。

怎样才能更快地实现各个不同学科之间的交叉或大交叉？前一时期，习近平总书记在视察清华大学时更呼吁"用好学科交叉融合的'催化剂'……推进新工科、新医科、新农科、新文科建设"。从我们来看，在用好"催化剂"之前，首先要为各交叉科学之间，搭起一座可相互沟通的"桥"。

近十年来，我和庆承瑞教授，正在数学和物理学部咨询组的大力支持下，试图开拓一门新的大交叉科学，经济物理学。为充当实现经济学和物理学大交叉的"催化剂"，也就是为物理学和经济学之间架起一座可互相沟通的"桥"，总计这十年来，我们先后共建立了如下一些"桥"。

（一）我们引入了恩格斯在《自然辩证法》一书所说"不反对把热力学范畴的'功'也重新搬回经济学"的理念，用劳动者所做的"功"重新解

---

　　*　本研究受中国科学院学部咨询项目"中国是否应发展经济物理学的研究"资助。

读了马克思在《资本论》《工资价格和利润》等著作中提出的"无差别社会平均必要简单劳动"的理念，并用以导出《资本论》第三卷提出的有关"简单劳动"创造价值的一个"基本公式"

$$WJ = C + V + M \tag{1}$$

其中，W 是产品的价值，C 是不变资本，V 是可变资本，M 是剩余价值。而这就为马克思主义政治经济学和物理学之间，建立起一座可沟通的"桥"。

（二）又引入"信息"创造"知识"的理念，将《资本论》提出的复杂劳动解读、归结为

复杂劳动 = 脑力劳动 × 简单劳动 = 知识效率因子 × 简单劳动所做的"功"。

如果简单劳动创造的价值 W，可写成公式（1）的形式；那么由复杂劳动所添加的，是借助于"知识"，从自然界里吸收了更多的能量，所创造的使用价值，或又称为效用的 Ws，在马克思的诸多著作中，常常认为"效用即使用价值"，——这就可以写成

Ws（效用即使用价值）$=N$（知识效率因子）$\times WJ$（简单劳动创造的价值）

也就有

$$Ws = N \cdot W = N \cdot (C + V + M) \tag{2}$$

（三）进一步又引入时间 t 的概念，将公式（2）写成随时间 t 而演变的形式

$$Ws(t) = N(t) \cdot W(t) = N(t) \cdot [C(t) + V(t) + M(t)] \tag{3}$$

历史唯物主义的知识告诉我们，人类生产力的发展一直是随时间 t 而发展并不断演变进步的历史。而从物理学的观点来看，人类社会，实际上也就是来自人力以及自然界的各种不同形式的能量的添加和积累。因此，完全可以认为公式（3）里 $Ws(t)$，也可用来描述社会生产力如何"与时"而"俱进"，也就是人们完全可将社会生产力定义为不同经济形式 i 的生产力 W 之和。因而社会生产力

$$W_s^T = \sum W_s^i = \sum N^i \cdot W_j^i 。 \tag{4}$$

而如果要追溯各不同生产力 i 如何演变深化，描述"先进的生产力如何取代、淘汰落后的生产力"，就完全可将公式（4）中的各不同类型 i 的生产

力，分别添加上随时间 t 演化的概念，于是

$$W_S^T(t) = \sum_i W_s^i(t) = \sum_i N_s^i(t) \cdot W_j^i = \sum_i N^i(t) \cdot [C^i(t) + V^i(t) + M^i(t)]。 \quad (5)$$

又由于有了公式（5），人类历史的发展，就归结为多种多样的生产方式 i 里的能量的积累、演变和演化的历史。

因此，历史唯物主义里的社会生产力，就可以和政治经济学一样，写成公式（5）的数学公式，用以讨论各不同人类社会发展水平的高低及其演变。同时又将马克思所研究的狭义政治经济学，扩展为恩格斯所期望扩展的，能讨论包括原始社会在内的各个社会发展阶段的广义政治经济学。时间 t 就正好为沟通历史唯物主义、广义政治经济学和狭义政治经济学之间，架起多种多样可相互沟通的"桥"。

（四）引入"信息 × 能量 = 效用"的理念，虽然能为"效用价值论"和"新劳动价值论"之间搭起一座可沟通的"桥"；但是，当代的主流经济学却并不是效用价值论，而是边际效用论。这就需要在"新劳动价值论"和"边际效用论"之间，再补充修建一座新的"桥"。

在何祚庥和庆承瑞新编著的《何祚庥论马克思主义经济学》2019 年版的第 56—69 页上，曾收入一篇题为《新劳动价值论和建立适用于中国特色的有索洛余值修正的柯布－道格拉斯生产函数》的长文。正是这一长文为这一有长期争论、辩论历史的两大学派之间，又建起一座可直接沟通的"桥"。

这一长文的基本理念是，首先将公式（3）中的随时间 t 而演化的总效用 $Ws(t)$，分拆成

$$总效用 \ W(t) = 总利润 \ Ms(t) + 总成本 \ [C(t) + V(t)] \quad (6)$$

两项的相加。进一步又通过"移项"等运算，将公式（6）中的随时间而演化的总利润 $M_s(t)$，改写为随时间而演化的利润率 $A(t)$ 和成本 $C(t) + V(t)$ 的相乘，亦即有总利润

$$M_s(t) = A(t) \cdot [C(t) + V(t)] \quad (7)$$

而利润率

$$A(t) = N(t) \cdot (1 + P'(t)) - 1 \quad (8)$$

其中 $P'(t)$ 即是《资本论》里定义的剩余价值产生率，可写成

$$p'(t) = \frac{M(t)}{C(t) + V(t)}。 \tag{9}$$

但是，在新古典主义经济学里所定义总利润 Y 的公式里，资本 K，工资 L，全要素生产率 A 等，均是静态并以时间 t 无关的经济量，而且其总利润 Y 还往往表示为柯布－道格拉斯生产函数的形式，即 Y 等于非线性的 K 和 L 两项的相乘

$$Y = A \cdot K^{\alpha}L^{\beta} \tag{10}$$

乍一看来，公式（7）和公式（10）是完全"不相容"两类数学公式，完全不可能实现正在开拓中的马克思主义的新政治经济学和新古典主义经济学之间的"兼容"！而非常有兴趣的是，在常微分方程式论里，却有一个标准的将"动态"的随时间 t 而演化的方程式，转化为"静态"的不随时间 t 而演化的方程式的"消去时间法"。而在引进了这一"方法"，仅部分地消去了 K 和 L 中的时间 t 后，——亦即我们实际上用的，仅是"部分"消去时间法，就完全可将"动态"的公式（7），改定成"静态"的仍有索洛余值 A 的柯布－道格拉斯生产函数的形式。

$$Y = \mu(t) \cdot A(t) - K^{\alpha}L^{\beta} \tag{11}$$

只不过公式（11）中的 $A(t)$ 随时间而缓慢变化时，可演变为公式（8），并乘上一个来自积分运算，所添加的任意的缓变的函数，可描写外部性变化的因子 $\mu(t)$，也就是：

$$A(t) = [\, N(t) \cdot (1 + P'(t)) - 1\,]\,\mu(t) \tag{12}$$

而当 $\mu(t)=1$ 时，公式（12）就还原为新古典主义经济学里仅有内部性变量的公式（10）。公式（12）表示的新的全要素生产率 $A(t)$，就又成为能沟通两大经济学理论的又一座"桥"。

很明显，如果令公式（12）中 $(t)=1$，$N(t)=1$，公式（12）就演变为

$$A(t) = P'(t) \tag{13}$$

这也就是马克思在《资本论》里曾精密论证过的重大结论，"剩余价值 M 是社会积累的唯一来源"。而人类社会一旦出现了巨大的科技进步 $N(t)$，公式（12）中的 $A(t)$ 就演变为邓小平所说的"科学和技术是第一生产力"的发展阶段。而如果人类社会演化到"机器人当家做主"的发展模式，公式

（12）中的 $A(t)$ 就完全归结为：

$$A(t) = N(t) \tag{14}$$

而这时的索洛余值 $A(t)$ 将完全等同于新古典主义经济学中的全要素生产率 A。在"新劳动价值论"基础上，推导出的满足公式（12）中的 $A(t)$，又由如公式（13）的形式演化到公式（14），这样的随时间 t 而演化的演变，就有可能用来讨论不同经济类型如何过渡的新经济学。

容易看出，正是由于我们在物理学和马克思主义政治经济学以及新古典主义经济学之间，建造了多种多样的"桥"，从而有可能已实现了许多经济学家共同追求的一个理想："世界上只有一个经济学。"而理所当然，这仅仅是一个"开始"。下面将有许多更大、更重要的理论问题和实际问题，有待一个接一个地进一步突破，直到完全解决。

（五）严重的问题是：尽管我们已为这一待开拓的大交叉科学——经济物理学，创建了4座大"桥"。但今后需要走的"路"，却很长很长。需要一代又一代人，继续不断地"修桥补路"。而何祚庥和庆承瑞，已不再有能力为这一重大学术问题开拓，继续拼搏！

因此，特别希望借助此次文化论坛向广大社会公众呼吁，向中国的最高领导层呼吁。必须采取非常措施大力培育能在复杂性科学领域工作的复合型人才，特别需要加快培养复合型的但又能胜任理论创新的人才。

理由是，这是复杂性科学，需要有复杂的非常的措施。

科技是一种能力，而向善是一种选择

——科技企业创新视角下的向善思考与实践

腾讯集团　奚　丹

很高兴作为科技企业的代表，参加饶宗颐文化论坛，结合"创新向善"的大会主题，向各位专家、学者分享腾讯的思考与实践。

2023 年 11 月 11 日，腾讯迎来了 25 岁生日。作为科技的建设者和受益者，在多年成长中，我们亲身感受到科技的能量和速度，如何善用科技，未来将极大程度影响人类社会的福祉。我们认为，科技是一种能力，而向善是一种选择，并且明确地把"用户为本，科技向善"作为使命愿景，指引腾讯前进的方向。

接下来，我想从向善、为善和扬善三个方面，来分享腾讯如何理解和践行"科技向善"。

关于"向善"的思考，我们经历了长期的迭代和演进

2005 年，我们明确了使命是"通过互联网服务提升人类生活品质"，首次提出要"成为最受尊敬的互联网企业"。这背后，是我们对自己的期许和要求。2018 年是个关键的年份，这一年我们发起了"9·30"变革，战略升级为"扎根消费互联网，拥抱产业互联网"，从 to C 横跨到 to B，希望以数字技术助力实体经济发展。随后，腾讯提出了新的使命愿景——"用户为本，科技向善"。我们很高兴地看到，"科技向善"越来越多地成了行业共识。

2021 年，腾讯进一步提出了"推动可持续社会价值创新"战略，并且

成立了可持续社会价值事业部，为探索这个前沿性命题，提供了组织保障。也是这一年，腾讯 CEO 马化腾面向全员，提出"用户、产业、社会，CBS 三位一体"。他打了个比方，"就像百年成林的大榕树，在社会的土壤里，创造可持续社会价值的根扎得越深，上面的用户价值和产业价值就越加枝繁叶茂"。这是我们在"向善"思考上深入的成果。

向善是底色，亮色则是如何为善

在腾讯，我们将"向善理念"融入每一项产品和服务之中，要求从设计之初就考虑进去。因为它是我们最直接服务于亿万用户，服务于千行百业的支点和工具。向善不只是某一个专门团队的事，它一定是整个公司的事。

我们确定了一些重大的社会议题，甚至全球级挑战作为投入方向，它们足够重要，并且科技能在其中发挥重要作用。腾讯可持续社会价值创新事业部（SSV）结合公司内外的技术、产品能力，通过模式创新，将在这些议题方向上探索可行路径。

（一）产品创新：以民生为出发点

具体来说，产品层面，我们更加强调民生的着眼点：面向 8500 万残疾人，2.6 亿老年人，如何让他们更好地融入数字世界。腾讯从 16 年前开始做信息无障碍服务，目前全线产品改造升级，也开发了很多创新产品。比如"眼动输入"，让渐冻症患者通过眼球转动，就可以打字。

小修小补便民地图也是这样的例子，微信和腾讯地图打造了全国首个便民修补小店的专属地图，上线 200 多个城市，连接了 50 万个修补小店，为小店主提供商机，为有需求的百姓提供便利。

（二）场景创新：寻找痛点更优解

场景层面，我们不断开拓跨界。比如把游戏科技应用于工业仿真领域。我们与南航合作，基于腾讯自研的游戏引擎，联合研发了飞行模拟仿真系统，为民航飞行员提供高效、安全的训练，这也让中国成为第三个能独立自主研发同等级系统的国家。类似的还有腾讯联合敦煌研究院开发的"数字藏经洞"，虽然在现实中它不复存在了，但我们用游戏科技，让它在数字世界里重现盛景。2023 年 10 月，我们发布了数字藏经洞的国际版，让海外用户也能沉浸式体验敦煌文化之美。在文物考古领域，人工智能也有用武之地。以青铜器为试点，腾讯和三星堆共同开启了"AI人机协同虚拟修复"项目。2023年6月，三星堆出土"铜兽驮跪坐人顶尊铜像"，目前顺利完成了模拟拼接。

（三）技术自律：双价合一做标尺

技术层面，我们认为，不作恶只是底线，还要以商业和社会价值的双重标尺来衡量。以区块链为例，它是下一代互联网的核心技术之一，腾讯申请的专利数行业第一。但在适配应用场景时，我们非常谨慎。2022年，尽管在数字藏品赛道市场领先，但经过仔细评估，腾讯选择了主动退出，因为它可能潜在金融风险，对经济助力也很有限。

我们将这项技术用于社会价值更高的领域。比如区块链电子发票，又比如"数字敦煌开放素材库"，敦煌研究院积累了海量数字化成果，通过区块链解决了确权等难题，实现了安全高效的开放共享，这在全球也是首创。资源层面，我们在战略方向上，压强式投入。

首先是拥抱数实融合，助力实体经济。"9·30"变革五年来，腾讯深入30多个行业，打造400多个解决方案，服务了1000多万家中小企业。

其次，腾讯关注基础科研和原始创新。我们坚定投入研发，2018年以来，累计投入2532亿。工商联数据显示，2022年，腾讯在民营企业中科研投入最多。

与此同时，我们也以不同方式支持科学家探索和突破。"科学探索奖"面向基础科学和前沿领域，每位获奖人5年内获得300万元自由支配的奖金，让他们心无旁骛地探索科技"无人区"。如"新基石研究员项目"，10年内投入100亿元，支持科学家潜心基础研究、实现原始创新。截至目前，这两个项目共计资助了350多位科学家。

助力社会，从为善道扬善

助力社会发展方面，腾讯首期投入了500亿元，后来又追投500亿元，启动了"共同富裕专项计划"。腾讯推行"可持续社会价值创新"的模式，在全球范围内独具创新性，从组织到投入1000亿元资金，就是要在这方面不断探路径、找答案。

一家企业的力量是有上限的，我们希望通过开放连接，支持更广泛的群体，更多的社会组织，一起协作共创，让"扬善"的生态越来越大。

（一）连接组织：打造平台，高效连接公益组织与志愿者组织

公益是个典型的例子。腾讯公益平台建立 16 年，广泛连接了慈善组织、爱心企业、政府部门和社会公众，一起做好事，成为互联网公益的中国样本。今年的 99 公益日，超过 1.2 亿人参与，筹款超过 38 亿元。应急救护也是这样。腾讯参与深圳宝安的"5 分钟社会救援圈"建设，上线了应急响应系统，连接资源体系，抢出黄金救援 5 分钟。2023 年 4 月，宝安有一名青年突然倒地，路人通过这个系统求援，让这位青年获得了及时救助，并且很快痊愈出院。

（二）支持行业：开放技术和产品能力，与行业共创社会价值

我们也连接行业，通过搭建平台，输出能力，让更多伙伴参与进来。比如，今年我们免费开放了"触觉反馈"等多项无障碍技术专利，让它们能通过行业的力量，应用到更多的无障碍创新场景之中。

再比如，腾讯去年牵头发起一项公益行动，推动生僻字数字化，希望让 6000 多万人在公共和政务服务中，不再因为姓名包含生僻字，系统无法输入而困扰，而这要协同标准制定方、服务提供方、硬件厂商很多方面。在行业的共同努力下，解决方案率先在金融领域落地，数百家商业银行已经解决了这个问题。

（三）协助公众：创新产品形态，支持灵活低门槛的群众互助

我们还有一些产品，为用户之间互助协作，提供了平台和工具。河南暴雨，诞生了"救命文档"。当时，一份共创的腾讯文档刷屏，它汇集了大量待救援信息，腾讯在后方用技术接力，救援人员与受灾民众在前方高效对接，让不少身处险境的群众成功脱险。

2022 年年底，新冠高峰期，药品紧缺。腾讯地图快速开发了一款药物互助的小程序，方便有需要的人向附近网友求助药物，有多余药物的人也可以主动提供帮助。非常时期，小产品，帮助解决的是"大问题"。

无论是否身处科技行业，人工智能技术的飞速发展都不可忽视。它潜力无限，渗透到社会的方方面面，而风险也越发引起了人们的高度警惕。腾讯积极投身于这一轮科技变革。我们思考的原点是科技造福人类，避免因此造成的痛苦与危机。这不仅是科技企业该关注的头等大事，也是全社会的共同议题。

以上是我的分享，期待与各位专家学者思想碰撞。谢谢大家！

走自主创新之路，让基因科技普惠民众

华大集团 杜玉涛

今天是一个跨界的分享，我想把生命科学领域的一些思考分享给大家，希望能够对大家有所启发。

人类的基因组有 32 亿个碱基对，基因就好比交响乐的乐谱，那细胞就是看着乐谱的不同声部演奏的乐手，人体和环境就好比是交响乐团。基因控制着细胞，细胞选择性地表达基因，基因和内外环境相互作用，演奏出我们多姿多彩的生命乐章。

"人类基因组计划"与"曼哈顿原子弹计划""阿波罗登月计划"并称为人类自然科学史上的三大科学计划，标志着现代科学研究的一次巨大飞跃。人类基因组计划探求生命体本质，但发展至今，我们对生命体的了解仍旧只是冰山一角，因为生命体太复杂了。

1999 年 9 月 9 日，华大为参加"人类基因组计划"（HGP）而成立，成为该计划成员当中唯一一个发展中国家的机构。

"人类基因组计划"由美国科学家在 1985 年率先提出，1990 年时任美国总统乔治·赫伯特·沃克·布什决策，计划在 15 年内，投资 30 亿美元，测定人类染色体的核苷酸序列，从而绘制人类基因组图谱，破解人类生命密码的天书。最初，该计划由美、英、日、法、德这 5 个国家在 1990 年正式启动。华大联合创始人汪建老师、杨焕明院士、刘斯奇老师、于军老师当时正好在美国留学，了解到这个项目，都觉得非常重要。为了能让中国也参加这个项目，几位创始人自掏腰包成立了华大，承担人类基因组计划1% 的任务——测序人类 3 号染色体短臂上约 3000 万个碱基对。当时的华大非常艰难，缺场地、缺资金、缺设备、缺人员……压力巨大，唯独不缺的，是华大人的决心。

2000 年 6 月 26 日，时任美国总统克林顿和英国首相布莱尔，共同宣布人类基因组计划工作框架图完成，并特别感谢了来自中国的科学家们。当时国内还没什么人知道这件事。两天后，时任国家主席江泽民同志在中央思想政治工作会议上高度评价人类基因组计划。2001 年 8 月，江泽民同志在中南海接见了参与人类基因组计划的科学家们。

中国参与人类基因组计划这件事，光荣地被记载在中华世纪坛青铜甬道五千年大事最后一条和诺贝尔博物馆的尺子上。当时华大四位创始人牵头参与人类基因组计划的初衷，也正是希望中国能在这样的全球重大科学项目里有自己的一席之地，通过完成这个项目，可以在基因组学领域与国际接轨，站在同样的起跑线上，以参与国的身份加入到计划中，迈出了中国在生命科学研究领域的重要一步。

这样的科研项目带来的影响力是巨大的。随后 20 多年里，华大不断自主创新，见证了中国基因组学从参与、接轨、同步、超越再到引领的全过程。

2007 年，华大南下深圳，耗时不到一年，独立完成了亚洲人基因组图谱（"炎黄一号"），并且以封面文章的形式发表在 *Nature* 杂志上。随后我们陆续发起了国际千人基因组计划、人类肠道菌群项目，通过一系列的重大科研项目，在基因组学领域上实现了同步与超越。

而当前在时空组学技术上，华大实现了全球领先发展。该技术被视为生命科技领域非常具有突破性和颠覆性的技术手段。2019 年，单细胞多组学技术被 *Nature Methods* 评为年度技术。2020 年，空间转录组技术被 *Nature Methods* 评为年度技术方法。

时空组学技术相当于超百亿像素的照相机，在保持超高精准度的同时具备超大视野。时空组学应用前景广阔，通过它可以看到一个受精卵是怎么发育成个体的，一颗种子如何长成参天大树，甚至可以直观看到单细胞层面基因如何变化、蛋白怎么调节，包括未来细胞怎么癌变，哪些基因调控出了问题……都可以通过时空组学技术发现和阐述，它还能够在单细胞层面揭示生命活动的细节，为疾病研究和新药开发提供前所未有的精确工具。

在时空组学技术的支持下，2022 年近半年的时间里，我们与全球科学家合作，在 *Nature*、*Science*、*Cell* 等顶级科学期刊上发表了多篇具有里程碑意义的研究论文。当前，华大时空组学技术已经形成了全球科学联盟，全球有影响力的科学家都加入到了这个领域，并且对华大的技术评价非常高。截至目前，华大参与或主导发表了超过 5000 篇 SCI 论文，研究范围从动植物基因到微生物环境，积累了丰富的科研经验。

华大也见证了科学范式的深刻变革，从传统的小规模、假设驱动的实验模式，转向了以数据为核心的大科学工程。这种转变不仅标志着科研方法的革新，也体现了科学思维的演进。

在过去，生命科学的探索往往建立在特定的假设之上，通过一系列精心设计的实验来验证这些假设。例如，研究者可能会假设某个基因的缺失会导致特定的生物学现象，并据此设计实验进行验证。这种方法虽然能够深入挖掘特定问题的机理，但往往局限于局部视角，难以全面把握生命现象的复杂性。

如今，随着大数据和高通量测序技术的发展，生命科学研究已经进入到数据驱动的新阶段。华大在这方面的探索尤为突出，通过大规模的基因组测序、蛋白质组学分析以及复杂的生物信息学处理，可以产生高度准确的研究成果。这种全景式的方式使得研究者不再局限于预设的假设，而是能够挖掘出新的生物学规律和因果关系，从而打开新的研究领域和治疗可能。

与此同时，科学观念也在经历着重要的转变。传统的还原论认为，通过分析系统的各个组成部分，可以完全理解整个系统。然而，随着对复杂系统的深入研究，我们逐渐认识到，整体论和系统论提供了更为全面和深入的视角。这种转变促使我们从宏观和微观两个层面，综合考虑生物系统的相互作用和动态平衡，从而更全面地理解生命的本质和规律。

华大在这一变革中扮演了重要的角色。我们不仅在技术层面上不断创新，推动了基因测序、生物信息学等领域的发展，而且在科研理念上也引领了这一变革。我们通过构建大规模的生物资源库，开展跨学科的合作研究，以及开发先进的分析工具和算法，为科学研究提供了强大的支持；我们也致力于推动科学研究向更全面、更深入的方向发展，为人类健康和生命科学的未来贡献力量。

从 SARS 到 COVID-19 的应对中，科技的进步尤为显著。SARS 期间，解析病毒基因组需要半年时间，而新冠疫情期间，华大使用国产测序仪仅用不到一周就完成了全部基因数据的解析，极大缩短了后续的病毒检测和研究的进程。华大所生产的测序仪在生命科学领域的影响力堪比"光刻机"，无论是在基础科研还是产业应用方面，都展现出了强大的支撑能力。当前，华大仍是中国唯一能够量产这些设备并应用于临床的平台，在全球范围内都具有竞争力。华大的测序技术不仅支撑着顶尖科研，更是深入到了健康民生项目里，提供涵盖生育健康、肿瘤早筛、传感染疾病监测以及慢性病管理的全生命周期健康管理服务。

截至 2023 年 12 月 31 日，我们已经累计开展民生项目 115 个，服务人次 3000 多万，造福 29 个省份 / 直辖市，112 个地市。在出生缺陷防控方面，作为全球首例无创产前基因检测临床样本的检测机构，我们已为 60 多个国家 / 地区服务近 1500 万名孕妇，最早 2011 年在深圳市试行，深圳市唐氏综合征患儿的活产率从原来的 3.49/ 万下降到 0.76/ 万。河北省是首个全省覆盖孕妇无创产前基因检测和耳聋基因检测的省份，华大在河北省共计服务人次超过 350 万，卫生经济学费效比在 1∶8 以上。在肿瘤防控方面，宫颈癌 HPV 检测和结直肠癌 DNA 甲基化检测，均基于"互联网＋社区网格式＋自取样＋阳性管理"防控模式，让用户在家即可完成筛查，阳性转诊上级医院，降低医疗资源的挤兑。这一成果不仅反映了科技对社会具体问题的解决能力，也是科技向善的一个重要体现。

此外，我们陆续开展了多项公益专项、基金会来帮助和支持那些因疾病受困的家庭和个人。例如：2017 年我们实施了大龄唐宝宝关爱行动公益专项，为多个唐氏宝宝及其家庭送去温暖和支持；同一年联合成立"华基金"，永久免费为全国重型地贫家庭提供 HLA 配型；2022 年成立天下无"贫"专项基金，帮助防控项目试点合作地区的地贫患儿早日通过手术进行治愈。

通过这些努力，我们很欣慰地看到基因科技正在切实地改善人们的生活质量。不久前我们刚刚收到通知，华大被授予 2023 年度向光奖，并列为科技向善 TOP 10 之一。我们一直以产学研一体化的方式发展，以更好的技术、更好的科研成果以及更普惠的成本落实基因科技造福人类。我们也希望让大家看到，科技公司可以通过创新技术和社会责任的结合，实现可持续发展以及贡献社会。

华大的故事不仅是中国科技进步的缩影，也是全球生命科学领域内合作与创新的典范。在 20 世纪 90 年代初，做一个人的全基因组需要 6 个国家花费 13 年时间和 30 多亿美元才能完成。到 2007 年，做一个黄种人的全基因组花费不到一年时间 200 万美元。到现在华大的国产测序仪 T20 一年可以完成 5 万例全基因组样本检测，成本在 100 美元以下。基因测序成本下降的速度已经远远超越了摩尔定律，进一步推动了基因测序技术人人可及。随着基因"读"（基因检测）与"写"（基因编辑与合成）技术的持续进化，华大正努力将这些高科技服务变得更加惠民，使每个人都能享受到精准医疗的便利。

　　展望未来，随着测序技术的持续进步和成本的逐步降低，我们可以期待基因检测和编辑技术将更加普及，最终实现让每个人都能享受到基因科技带来的福祉。我们始终秉承着"基因科技造福人类"的使命，从一个资金紧张但胸怀天下的初创团队，成长为全球生命科学领域的引领者，正是这种执着的追求和多年来的持续付出与行动，让华大在推动科技创新和服务社会方面发挥了不可或缺的作用。我们也将持续以科技力量实现覆盖更广泛的医疗健康服务，真正做到科技为民所用。我们坚信，通过不断创新和努力，基因科技的福祉将惠及每一个人。华大创始人在华大成立之初写下过一副对联："华夏生骄子，共奠科学千秋基业；大国有精英，同解生命万世因原"，藏头诗里面隐含的就是华大基因，由此可以看到华大成立初始胸怀就是基因科技造福人类，不管未来发展 20 年还是 50 年，骨子里都是家国情怀，都体现了最大的科技向善的本色。

中国共产党践行初心的实践哲学逻辑与行动路径

深圳市委党校　杨　华

为中国人民谋幸福，为中华民族谋复兴，是中国共产党人的初心和使命，是激励一代代中国共产党人前赴后继、英勇奋斗的根本动力。习近平总书记在党的二十大报告中指出："全党同志务必不忘初心、牢记使命，务必谦虚谨慎、艰苦奋斗，务必敢于斗争、善于斗争，坚定历史自信，增强历史主动，谱写新时代中国特色社会主义更加绚丽的华章。"[①]这是党中央在全党全国各族人民迈上全面建设社会主义现代化国家新征程、向第二个百年奋斗目标进军的关键时刻发出的伟大号召、提出的重要要求。还记得习近平总书记在庆祝中国共产党成立 100 周年大会上的讲话中指出："新的征程上，我们必须紧紧依靠人民创造历史，坚持全心全意为人民服务的根本宗旨，站稳人民立场，贯彻党的群众路线，尊重人民首创精神，践行以人民为中心的发展思想。"百年丰碑，初心不移，中国共产党 100 多年以来的风雨前行，始终守护着"为中国人民谋幸福、为中华民族谋复兴"的赤子初心。潮起万丈，实践第一，中国共产党 100 多年以来的历史性实践推进，为马克思主义实践哲学逻辑具化为中国道路、中国模式的宏大现实奠定了主体性基础。实践是共产党人践行初心的本质与落脚，以实践哲学的理论逻辑探寻、践行初心以及伟大建党精神的深刻内涵，既是对马克思主义哲学逻辑的理性回归，也是不断锤炼共产党人改造世界、改造自身能力的实践前提。

[①]　郝英明、季利清：《高举中国特色社会主义伟大旗帜　为全国建设社会主义现代化国家而奋斗》，载《党的二十大文件汇编》，北京：党建读物出版社 2022 年版，第 4 页。

一、践行初心：闪耀马克思列宁实践哲学的理论光辉

坚持马克思主义的实践本体论，是践行初心的理论逻辑在人的本体价值认识上由人的类活动上升到自由人的全面发展的重大跃升。马克思认为，实践是人的本质对象化存在。"人始终是主体"，人的主体能动性决定了人的实践活动必然灌注了人类的目的，列宁也将"善的目的"看作是实践的第一条件，实践必然是一种符合于、出发于人的目的和人的意识的活动。这就揭示了实践作为人的对象化活动本质，人类通过实践使其自身的本质力量，如人的目的、知识、理性、能力等，不断向自在自为的自然世界渗透并发生作用，改造成为自己的对象物，向"人化自然"转变。实践就成为主体与客体相互作用的中介，用列宁的话就是："交错点 = 人的和人类历史的实践"。而马克思用"劳动（或自由劳动）"作为生产实践的重要切入点，通过劳动的对象化与"劳动异化"分析，阐明了人的实践活动具有的、最高的本体性价值——人的全面自由发展和共产主义的实现。人的解放过程即"现存世界革命化"的过程，只能由实践完成。以人民为中心是践行初心的核心与精髓，深刻体现了马克思主义唯物史观的定律与原理。以人民为中心的本体性价值，体现了新发展理念的唯物史观思想基础，揭示了中国共产党百年发展的实践逻辑，界定了当代中国社会发展的评价标准，彰显了人类社会发展的价值目标。①

人和社会本质上都是实践的，并必须从实践的角度去理解。发现"实践"并将其确定为人和社会的本质，必然促成这样一个民主的社会：实践是多数人、绝大多数人——民众的基本能力，民众本身都有价值；只有实践才能证明和保持一个人的价值；历史是民众创造的，民众有民主的能力和权力；只有民主的社会才是一个合理的、健全的社会。②

坚持马克思主义的实践唯物论，是践行初心的理论逻辑在党性原则上捍卫其唯物史观作为本质面貌与存在方式的根本保证。在现代唯物主义的视野里，不存在一个主导人类活动的一成不变的、僵化的绝对标准，一切

---

① 田启波：《江山就是人民 人民就是江山——百年党史中践行以人民为中心的发展思想》，《深圳特区报》2021 年 09 月 14 日。

② 董世峰：《马克思哲学的启蒙特质及其核心价值理念》，《深圳大学学报（人文社科版）》2007 年第 6 期，第 34 页。

以有利于人的本质力量的发展为准。①

　　马克思实践哲学发轫于旧实践哲学，但其与旧实践哲学传统的革命性分歧，首先就在唯物实践论和唯心实践论的分水岭，苏格拉底的德性实践、亚里士多德的理论（沉思）实践、康德的道德律实践以及黑格尔的绝对精神实践等旧实践哲学，都未能摆脱唯心主义的窠臼，将实践归于先验预设、绝对命令、精神与理性等抽象的、片面的、形而上学的思辨理论或者意识哲学范式的东西。马克思的实践哲学将实践当成感性的物质活动存在来看待，它是以物质生产活动作为基本形式的，具有物质性、客观性和现实性，同时实践也是物质交换和人与人之间相互作用的过程，是人类社会存在的物质方式。马克思主义实践哲学还特别注重实践的"外在现实性"，即物质条件或社会存在对于实践本身的制约性。从唯物论的党性原则出发，践行初心的理论逻辑才具有了根本的和现实的哲学前景。

　　坚持马克思主义的实践认识论，是践行初心的理论逻辑在认识论上获得更广泛现实性与真理性，并最终指导实践的行动自觉。"人的思维是否具有真理性，这并不是一个理论的问题，而是一个实践的问题。人应该在实践中证明自己思维的真理性……"长期以来，这一作为真理来源与检验标准的马克思实践哲学蕴含得到了广大共识。马克思坚持实践是感性的、现实的和具体的活动，能够为人们所普遍地感知和认识到。实践作为认识工具或认识论范畴的存在，在列宁的论述中是如此的，"实践高于（理论的）认识，因为它不仅具有普遍性的品格，而且还具有现实性的品格"。列宁还强调"必须把认识和实践结合起来"，因为认识来源于实践，离开实践活动，认识或理论本身将不能成为客观现实。实践需要理论为指导，撇开理论指导的实践活动，必然是主观的、盲目的、不符合客观实际的实践。共产党人的践行初心会随着社会实践的深入必然发生认识提升，实践认识论范式是必须一以贯之的行动自觉。

　　坚持马克思主义的实践价值论，是践行初心的理论逻辑在价值论上阐明共产党人实践活动不断指向崇高理想的现实彰显。埃德蒙德·胡塞尔指出，"评价行为和判断行为的统一只有当我们把它作为'价值论的问题来考虑'的时候才能得到实现。……这种'考虑'不是理论行为。我们进行价值论的考虑，这就是：理论的信仰获得了情感作用，并且被情感所引起，

---

① 董世峰:《马克思哲学的启蒙特质及其核心价值理念》，第35页。

不是被理论所引起的。"① 别尔嘉耶夫认为，"人的意志不是本体论的，也不是宇宙论的，而是价值论的，它是价值的载体。"② 这就是说，人的情感和意志都是价值论的，都必须作为价值论问题来思考和解决，只有源于人的情感现实并解决人的情感现实问题的价值论，才能有效促动人的情感和行为。③

马克思主义认为，实践对于人类社会发展的价值性，一方面在于实践活动赋予了人类社会性遗传的基本方式，即人类文明的传承与发展，实践以人的活动成果为载体，通过积累、交换、传递、继承和发展，促使人的本质力量不会因为人类个体的消失而消失，这就是人类文化传承与发展的本质。另一方面在于实践活动赋予了人类进行全面生产的现实条件，物质资料生产、精神生产、人口生产与社会关系生产归根到底都是以人的实践活动为现实条件的，实践本身也成为哲学的本体论和认识论的连接纽带。在践行初心中坚守马克思主义实践价值论，是共产党人将人类文明发展到更高境界，将人的全面生产推进到以人的全面解放为目标的理想阶段的现实彰显。

坚持马克思主义的实践交往论，是践行初心的理论逻辑在交往论上遵循人的实践逐步走向世界性、开放性客观趋势的内在要求。马克思的交往实践理论主要是在《资本论》中，通过阐述资本主义商品交换产生的实践交往活动，为世界市场的开辟、世界民族的形成以及世界历史的转变奠定了共产主义革命发生条件的基础上提出的，交往实践是真正使"历史向世界历史转变"的本质力量。中国共产党所领导的中国特色社会主义道路，必然交织着国内外先进生产力的相互作用，畅通世界各民族与国家之间的交往关系与实践活动，是我们践行初心、保障更高水平对外开放格局的重要前提。

二、践行初心：吸收中国传统文化知行观的合理养分

作为中国传统哲学重要范畴的知行观，是中国古代思想家们将知识论

---

① ［德］胡塞尔：《伦理学与价值论的基本问题》，艾四林、安仕侗译，北京：中国城市出版社 2002 年版，第 93 页。

② ［俄］别尔嘉耶夫：《论人的使命》，上海：学林出版社 2000 年版，第 96 页。

③ 董世峰：《马克思哲学的启蒙特质及其核心价值理念》，第 34 页。

和实践论结合起来，形成的独特哲学理论传统。中国的马克思主义者将马克思主义实践观与中国传统知行观进行能动的调和，实现了马克思主义实践哲学的中国化。

中国共产党人百年来的践行初心，也离不开吸收中国传统文化精华形成的"知行合一"实践品格。

中国传统知行观长期存在着"知"与"行"的孰先孰后（或孰为"源"孰为"流"）的争辩。先秦诸子百家对知行的先后之论，就以老子的"知先行后"和荀子的"先行后知"最具代表性。老子的知行观的突出特点在于先验唯心主义立场，他提出"不出户，知天下；不窥牖，见天道。其出弥远，其知弥少。是以圣人不行而知，不见而明，不为而成。""天下有始，以为天下母。既得其母，以知其子；既知其子，复守其母，没身不殆。"老子将"道"作为万物派生之母，认为只要"涤除玄览"，即保持虚无宁静的内心境界，就能明悟"道"，进而把握其一切派生物，圣人不行而知。老子以唯心之"道"否认社会活动、社会实践对于认识的决定性，在知行关系上奉行"先知后行"与"知行分离"的主张，具有显著的先验主义抽象性和形而上学性。共产党人践行初心要坚决摒弃这种唯心主义出发的知行观，从它的反面吸收力量，坚持实践的第一性，绝不能"无为"而治，不将之作为"懒政""惰政"和"佛系"的借口。

荀子的知行观从朴素的唯物主义立场出发，与老子形成了鲜明的对比，为后世在知行观上的辩论提供了一些积极的思想火花。他的观点主要有四：一是主张"先行后知，行而致知"，"不登高山，不知天之高也，不临深溪，不知地之厚也……"他认为只有行方能达知，反对生而知之、坐而知之、悟而知之等先验主义认识论。二是主张"行为目的，以行验知"，"不闻不若闻之，闻之不若见之，见之不若知之，学至于行而后止矣"，指出认识正确与否需要实践来验证，"浮验而可施行"。三是认为"知之明也，以知导行"，"君子博学而日参省乎矣，则智明而行无过矣"，他辩证地肯定了正确的认识对于实践具有的指导性价值，鼓励人们因知导行。四是主张"知行相资，为修身之本"，将知与行统一起来相互砥砺，注重实践对于修身的重要性，"道虽迩，不行不至，事虽小，不为不成"。荀子的知行观，为我们践行初心提供了"行为知之源""行为知之验"的理性启示，为党的理论探索提供了"知以导行"的价值指向，也警示和鞭策了共产党人注重实践的品格修养。

　　理学大家朱熹在知行观上的重要阐述主要在两个方面启发传统思想家。一方面是"格物致知""即物穷理"的观点，"所谓致知在格物者，言欲致吾之知，在即物而穷其理也"。他认为认识就是要凡事达到极致，穷尽事物的本然之理，穷理就需要即事即物，可日积一格，长期积累以达到"穷理"境界。这里的"穷理"，既是发现自己内心的理（仁、义、礼、智、信），也是掌握事物所固有的理（本质与规律），将伦理认知与自然认知结合起来。另一方面是"行重知要"的观点，指出"致知力行，论其先后，固然以致知为先，然论其轻重，则当以力行为重"，强调行是知的本源，坚持知的实践功夫来源，实践出"真知"、实践"知愈明"。同时，朱熹扬弃了传统的"知易行难"或"知难行易"偏颇，倡导"知难行亦难"，行为重，知为要的"知行相须"观。吸收朱熹知行观的合理养分，一方面要努力探索事物的固有规律，并遵循其规律开展实践活动，另一方面要在"知行相须"的过程中促进实践与认知的相互作用和不断深化。

　　王阳明是中国传统"知行之辨"中"知行合一说"的重要支持者，在他的"知行合一"理念中，"知是行的主意，行是知的功夫，知是行之始，行是知之成"。是故有知即有行，有行才有知，知行为一，"知之真切笃实处，即是行"。然而，王阳明的知行合一观是建立在他"心即理"的心学基础之上的，"知"只能为"天德""良知"之说，即道德与伦理上的认识。知与行的合一，也要在人的私欲祛除下实现，行是良知的道德表现，致知实际上是为了致良知、存天德。尽管王阳明的知行观仍立足于"心"的唯心主义范畴，是特定社会历史条件下的认识论与实践论的逻辑体现，但其对于知行合一基本理念的倡导，对于共产党人在实践中坚守党的初心、获取认识真理的能力仍具可取之处，也成为践行初心实践哲学逻辑的重要养分。共产党人践行初心要秉承"知行合一"的优良传统，坚持认识是实践的主观现实，实践是认识的对象化活动，伟大的实践源于正确的认识，认识的真理性蕴含于实践的客观检验性。

三、践行初心：不断锤炼共产党人的政治判断力、政治领悟力、政治执行力、行动创造力

　　践行党的初心，离不开思想的能力、行动的能力，要不断锤炼党员干

部的政治判断力、政治领悟力、政治执行力、行动创造力。

在政治判断力方面，要以学习为中心。思想力量不是凭空而来的，学习和实践都是重要来源，党的事业发展没有止境，共产党人的学习就没有止境。要坚持学习的全面性、系统性和探索性。既要向理论学习，也要向实践取经。既要向人民群众学习，也要向专家学者求知。既要向先进经验学习，也要为失败总结教训。学习马克思主义理论基础，学习党的路线方针政策和国家法律法规，学习党史、国史、世界历史，学习政治、经济、文化、科技、社会等各领域知识。以广博的知识储备和深厚的理论素养，武装党员干部的思想头脑，为更好地践行初心打下思想基础。弘扬党的伟大精神，就要践行初心使命。为中国人民谋幸福、为中华民族谋复兴，是中国共产党人的初心和使命。党的初心和使命集中体现了党的性质宗旨、理想信念、奋斗目标，是激励一代代中国共产党人前赴后继、英勇奋斗的根本动力。只有不忘初心、牢记使命、学无止境，才能让中国共产党永远年轻，才能赢得人民的衷心拥护和坚定支持。否则，党就会改变性质、改变颜色，就会失去人民、失去未来。新时代的中国共产党人必须永远保持对人民的赤子之心、谦卑之心，坚持立党为公、执政为民，牢记全心全意为人民服务的根本宗旨，牢记人民对美好生活的向往就是我们的奋斗目标，始终根植于人民、服务人民、造福于人民。①

在政治领悟力方面，要以目标为中心。领悟的目的在于践行，光有思想没有行动是不够的，共产党人不能做"思想上的巨人，行动上的矮子"，做好目标管理是提升领悟力的重要途径。一要合理科学地树立目标，既不盲目树立过高目标，也不以较低要求只求基本目标。二是制定好目标实施计划，分阶段、分时间安排目标进度，根据实际情况分解目标、分解步骤，步步为营。三是要采取灵活而严格的目标实施激励机制，以严格的制度敦促个人努力向目标迈进，解决目标推进中的拖、慢、懒、散。四是及时做好总结回顾，有针对性改进问题。以良好的目标管理促进共产党人的行动力提升。

在政治执行力方面，要以能力为中心。部分党员干部能够认识到问题，也能够行动起来，但他们处理事物的能力不足，这限制了其行动效果。提高共产党人践行初心的能力和水平，是解决行动效果打折扣的关键。一要

---

① 毛军吉：《从党的百年历史中汲取丰厚的精神滋养》，《新西藏》2021年第10期，第18页。

提高党员干部讲政治的能力，提高政治研判力、政治担当力和政治执行力。二要提高党员干部的思维能力，促使他们重点提升、熟练运用战略思维、辩证思维和系统思维的能力。三要提高党员干部的创新能力，使其具备创新意识、善用创新思维、积淀创新条件、激发创新活力。四要提高党员干部的自律能力，强化自省、自警、自律，恪守原则底线。

践行初心是党的伟大精神的重要内涵，也是中国共产党战无不胜、经久不衰的传家宝。正如习近平总书记所指出的："顺应人民意愿的正确路线方针政策，党和人民事业就能够不断取得胜利；反之，离开了实事求是，党和人民事业就会受到损失甚至严重挫折。"在党的历史上，马克思主义中国化所取得的重大理论成果、制度成果、实践成果，党独立自主地探索符合自身实际的革命和建设道路，党的理论联系实际、密切联系群众、批评和自我批评等优良作风的形成，以及群众路线的根本方法、民主集中制的根本组织制度和领导制度等的确立，都是以为"中国人民谋幸福、为中华民族谋复兴"为前提并体现了"江山就是人民、人民就是江山"的精神。新时代的中国共产党人必须打牢马克思主义理论功底，坚持党的思想路线，自觉加强党性修养，勇于坚持真理、纠正错误，不断推进自我革命，始终做践行初心的表率。

在行动的创造力建设上，要以责任为中心。创造远比守成要困难得多，因而在创造力的锻造上，需要强大的内心信念和责任担当驱使，敢于担当共产党人的远大理想，更要具备改造世界、改造自我的超常创造力。强化党员干部的责任担当，一要树立远大而忠诚的理想信念，增强对党的忠诚、对中国特色社会主义建设的忠诚。二是要培养为党的事业和人民的利益无私奉献的精神，厚植"成功不必在我"的忘我精神和"成功必定有我"的担当意识。三是增强锐意创新、锐意进取的革新意识，不躺在功劳簿上、不止于深水区。以责任担当驱动锐意创新，永葆共产党人的初心本色。

同时，如何将践行初心的行动路径落到实处、取得实效？要从理想信念、组织建设、治理能力等方面明确实践路径。一是强化理想信念。"战略定力问题是一个政党、一个国家的根本性问题。"广大党员干部必须保持战略定力，坚定社会主义道路自信、理论自信、制度自信和文化自信。二是加强党的组织建设。加强从"中央—省（市）自治区—地市级—县域—基层"的垂直党组织体系，尤其是要加强党组织的战斗堡垒作用，发挥党员干部在基层中的先锋模范带头作用。三是提升国家治理能力。把中国特色社会主义各方面的制度优势转化为治理国家的效能，提高党科学执政、民主执政、依法执政的水平，实现国家治理体系和治理能力现代化。①

①　田启波：《明确"初心"和"使命"的价值目标、问题导向与实践路径》，第11—12页。

创新的理性秩序
与知识对话

新劳动价值论和建立适用于中国特色的生产函数 *

中国科学院　何祚庥　中国科学院　庆承瑞

一、我们所知道的柯布－道格拉斯生产函数和索洛模型

柯布－道格拉斯生产函数是美国数学家柯布（Charles W. Cobb）和经济学家保罗·道格拉斯（Paul H. Douglas）共同探讨投入和产出的关系时创造的生产函数。柯布－道格拉斯生产函数是用来预测国家和地区的工业系统或大企业的生产，以及分析发展生产的途径的一种经济数学模型。它是经济学中使用最广泛的一种生产函数形式，在数理经济学与经济计量学的研究与应用中都具有重要的地位。

柯布和道格拉斯研究的是 1899 年至 1922 年的美国制造业，主要研究制造业中固定资本投资和流动资本，也就是劳动的投资，对产出的贡献。在他们的研究中，资本这一要素只包括对机器、工具、设备和工厂建筑的投资。而对劳动这一要素的度量，他们选用的是制造业的雇佣工人数。例如，他们曾用生铁钢、钢材、木材、焦炭、水泥、砖和铜等用于生产机器和建筑物的原料的数量变化来估计机器、建筑物的数量变化，用美国一两个州的雇佣工人数的变化来代表整个美国的雇佣工人数的变化，等等。

经过一番处理，他们得到 1899 年至 1922 年间产出量 Y、资本 K、和劳动 L 的相对变化的数据（以 1899 年为基准），令人惊讶的是，在没有计

---

  * 本研究受中国科学院学部咨询项目"中国是否应发展经济物理学的研究"资助。

算机的年代里，他们从这些数据中，竟然能以 5% 的精确程度，得到了如下的生产函数公式：

$$Y = AL^{\alpha}K^{\beta}\mu \qquad\qquad （1）$$

式中 Y 是工业总产值；A 在原文中是一常数，其拟合结果是 $A \approx 1.01$，后来的学者将其解释为综合技术水平；L 是投入的劳动力数（单位是万人或人）；K 是投入的资本，一般指固定资产净值（单位是亿元或万元，但必须与劳动力数的单位相对应，如劳动力用万人作单位，固定资产净值就用亿元作单位）；α 是劳动力产出的弹性系数；β 是资本产出的弹性系数：常数 μ 则代表随机干扰的影响，如某个国家发生了战争，或出现了"水、旱、黄、汤"等重大自然灾害，当然也可能是在经济政策上出现了重大错误，一般 $\mu \leqslant 1$。

从这个生产模型可看出，决定工业系统发展水平的主要因素是投入的劳动力数、固定资产和综合技术水平（包括经营管理水平、劳动力素质、引进先进技术等）。根据 α 和 β 的组合情况，一般认为它有三种类型：

① $\alpha + \beta > 1$，规模报酬递增，表明按照现有技术，用扩大生产规模来增加产出是有利的。

② $\alpha + \beta < 1$，规模报酬递减，表明按照现有技术，用扩大生产规模来增加产出是得不偿失的。

③ $\alpha + \beta = 1$，规模报酬不变，表明生产效率并不会随着生产规模的扩大而提高，只有提高技术水平，才会提高经济效益。

A 表示对生产技术水平、经营管理水平和服务水平的"综合"评价，它"全面"反映企业的适应能力、竞争能力和生存能力。A 值越大，水平越高——但是，一个合理的质疑是，既然 A 已然"全面"反映了企业的"综合"能力，其中理应也包括规模效益，为什么这里的分类中却将企业的"规模"效益用 α 和 β 这样的数值来表达？

柯布－道格拉斯生产函数建立于 20 世纪 30 年代。它一直被认为是由经验数据概括出来的——在物理学研究中，往往被称为"唯象"性质的——但很有用的一种生产函数。特别是该函数以相当简单的形式，具备了计量经济学家所关心的许多性质。它在经济理论的分析和工农业实际生产的应用中都具有广泛的、重要的意义。

柯布－道格拉斯生产函数的进一步发展，是带有索洛余值修正的索洛－

柯布－道格拉斯生产函数。

　　将柯布－道格拉斯生产函数应用到实际问题时会遇到一个问题，柯布－道格拉斯生产函数里的待定常数 A 并不是一个常数，而是随时间而变化的一个函数。在早年的拟合曲线中，只要选取合适的计量单位，甚而可令 $A=1$。但实际的数据处理却更像是依存于"技术水平"（也许还有其他复杂因素）的一个未知函数。在研究实际问题时，其具体的拟合方式是对式（1）求全导数后并对公式两边各除以 Y，因而可求出一个微分形式的线性拟合函数

$$\frac{\Delta Y}{Y} = \alpha \frac{\Delta K}{K} + \beta \frac{\Delta L}{L} + \frac{\Delta A}{A} \tag{2}$$

　　其中 α 和 β 是某一待定曲线的斜率，而 $\frac{\Delta A}{A}$ 是描写技术水平有所变化的某一待定数值。由于这一拟合公式包含了 3 个待定参数 α、β 和 $\frac{\Delta A}{A}$，而在技术水平变化的动向不甚明朗的情况下，所谓规模不变（即 $\alpha + \beta = 1$）的发展模式其实很难和前文所说"规模报酬递增"（即 $\alpha + \beta > 1$) 和"规模报酬递减"（即 $\alpha + \beta < 1$) 这两种另类拟合方法完全区分清楚。而如果在技术水平确实没有变化的条件下，实际的经济数据表明，用式（1）拟合数据时，在 5% 的精度内，其最佳选择往往是 $\alpha + \beta = 1$。但索洛（Robert M. Solow）利用 20 世纪 30—50 年代出现的经济快速发展时期的一些数据，发现更好的拟合方法，其实是假设规模报酬不变，即 $\alpha + \beta = 1$，但必须引入一随时间而不断增长的修正项 $\frac{\Delta A}{A}$，也就是将索洛剩余或索洛余值定义为

$$\frac{\Delta A}{A} = \frac{\Delta Y}{Y} - \alpha \frac{\Delta K}{K} - \beta \frac{\Delta L}{L} \tag{3}$$

　　并可利用经济数据拟合出 $\frac{\Delta A}{A}$ 随时间：变化并有所增长的数值。而一个经常出现的经验结果是，由数据拟合出的劳动力产出的弹性系数 α 和资本产出的弹性系数 β，往往相当好地满足 $\alpha + \beta = 1$ 的关系式。

　　例如，根据美国经济学家丹尼森的计算，1929—1973 年间，美国年均经济增长率约为 3% 左右，劳动增长率和资本增长率均为 2%，劳动产出弹

性和资本产出弹性分别为 0.75 和 0.25。根据索洛余值法引入的计算公式，则有 $\frac{\Delta A}{A}$ = 0.03 - 0.75 × 0.02-0.25 × 0.02 = 1%。这表明，在这一期间，技术进步对美国经济增长的贡献约为 1/3[1]。式（3）一般被称为索洛余值法，它是计算经济增长源泉的重要参数[2]。但一个事实仍然很难理解，为什么经常会出现 $\alpha + \beta$ =1？

索洛模型在数据拟合上可以说获得了空前的成功。但实际上，人们并不能因此就弄清楚索洛余值一的数值究竟由何种技术进步因素所决定，因而只好称为全要素生产率（total factor of productivity, TFP）。"全"者，即认为一的数值可能由多种"未明"因素所共同决定之谓也！但式（3）是处理数据时最方便的、最容易利用的公式，也通常用式（3）来估计技术进步的贡献。

总的来说，索洛模型还是凸显了技术进步在经济增长中的作用。第二次世界大战以来经济增长的现实也充分证实了它的这一基本特征。萨缪尔森和诺德豪斯[3] 曾较详细地介绍了所确立的新古典经济增长模型在经济学上所获多方面的成就，认为"索洛最重大的研究成果之一，是 1956 年出版的《经济增长理论的拓展》"。萨缪尔森还引用诺贝尔评奖委员会对索洛所做工作，特别是对新古典经济增长模型的评价：

> 索洛的理论模型对经济分析有着重要的影响。除了作为一个分析增长过程的工具，它还在其他几个不同的领域中都得到了推广。该模型被推广到引入其他多种生产要素的情形，而且也根据随机因素的假设做了修正。一般均衡分析中采用的一些"数理"模型所具备的动态联系的特征，也是以索洛的模型为基础。然而最为重要的一点还是，索洛增长模型构建了现代宏观经济理论赖以形成的基本框架。[4]

---

[1]　张连城：《经济学教程》（3 版），北京：经济日报出版社 2014 年版，第 418 页。

[2]　R.M.Solow, "A Contribution to the Theory of Economic Growth", *The Quarterly Journal of Economies*, Vol.70, No.1 (1956), pp.65-94.

[3]　萨缪尔森、诺德豪斯：《经济学》，萧琛主译，北京：人民邮电出版社 2013 年版，第 490 页。

[4]　萨缪尔森、诺德豪斯：《经济学》，第 490 页。

......

　　索洛的研究激起了各国政府对于发展教育、加强研究和开发等活动的更多的兴趣。任何一个国家、任何一个长期的经济报告……都无一例外地沿用了索洛式的分析技术。[1]

　　有趣的是，虽然索洛模型在经济学的数据分析上获得巨大成功，但在许多主张市场自由竞争的主流经济学者看来，索洛模型引入的参量 A 完全是一个说不清楚其缘由的无量纲的"外生"变量。好像一个国家的经济增长，竟依赖于某种外部的，而且是不甚清楚的未知因素的推动！因而，在十分看重内生因素的新古典经济学家们看来，这是难以接受的理念！此外，假如不存在技术进步——这在很多技术落后国家是经常出现的事实，那么，不少国家的实际数据表明，各国的经济增长率还明显和储蓄率呈现正相关的关系。这也说明，在索洛余值 A 里，完全可能还含有技术进步以外的其他因素。总之，只能认为索洛模型是一个缺乏微观经济学基础的经济增长的理论。

　　本文作者正在探讨的就是：能否从新劳动价值论[2]出发，弥补来自经验数据的索洛模型以及索洛－柯布－道格拉斯生产函数缺乏微观经济学理论基础的重大缺陷？这就是本文的主题。

二、关于新劳动价值论的 4 个基本公式

　　劳动价值论，其实是源于亚当·斯密的《国富论》。马克思在《资本论》第 1 卷（第 2 版）添加的一个注解中，曾引述了斯密写下的两段话："只有劳动才是我们在任何时候都能够用来估计和比较各种商品价值的最后的和现实的唯一尺度。"又说，"等量的劳动在任何时候和任何地方对工人本身必定具有同样的价值。"[3]显然，如果衡量价值的"尺度"是因时、因地、因不同条件而变化的一把"尺"，就无法真正确定、比较各种商品的价值。

　　①　萨缪尔森、诺德豪斯：《经济学》，第 490 页。
　　②　何祚庥：《何祚庥论马克思主义经济学》（增订版），北京：首都经济贸易大学出版社 2019 年版，第 200—228 页。
　　③　马克思：《资本论》（第一卷），北京：人民出版社 1975 年版，第 60 页。斯密：《国富论》（第一卷），胡长明译，南京：江苏人民出版社 2011 年版，第 19 页。

　　马克思对劳动价值论所做的实质性的添加进一步全面地定义了哪些劳动才能作为衡量价值尺度的"标准尺"。马克思在《资本论》的第一卷第 1 章第 1 节引入了一个"无差别的社会平均必要简单劳动"的理念[①]。认为只有这种人人都具有的，未经特殊培养和训练的，无差别的简单劳动——也就是马克思称之为抽象劳动的这把"标准尺"——才能作为衡量价值的最公平的一把"尺"。在物理学的研究里，这相当于在法国巴黎计量中心给出一个国际通用的米、千克和秒的标准计量单位。其重要性实在是超过了在当代经济学里常常用来研究比较世界各国名义 GDP 的实际大小，或又称为衡量真实 GDP 的实际大小的一种计量单位——不变价格。例如，麦迪森在《世界经济千年史》的大作中，就使用了以 1990 年美国的"不变价格"所定义的"国际美元"，作为比较世界各国经济发展数据的基准[②]。又如，在中国出版的《中国统计年鉴》中，所有国内生产总值，均按当年价格计算，至于国内生产总值"指数"，却按某一基年，如 1978 年的"可比"价格来计算。统计局一般隔若干年改变一次可比价格，作为基准年份。

　　相隔若干年即更新基年的计算方法其实并不很合乎严格的数学理念。用 20 年以前的不变价格来计算产值，特别是用来计算一些发展迅速的产品（例如电脑）的产值，其计算的数字结果往往太陈旧过时，并不能准确反映市场对产品相对重要性的评价。在定期改变基年时，这些迅速发展的产品的产出增长速度可能呈现出剧烈的、跳跃式的变动。例如：用 10 年以前电脑价格较高时的价格计算电脑产值时，电脑的产值可能会很高；改变基年后，用最近大幅降低后的价格计算电脑产出时，产出值会大幅度下降，而实际上的产出数量并不变[③]。

　　为了解决这个问题，美国经济分析局从 1996 年开始增加了一项衡量 GDP 的方法，环比加权真实 GDP（chain-weighed real GDP）。这种方法是用去年的价格计算今年 GDP 的真实增长，用今年的价格计算明年 GDP 的真实增长，依此类推。然后把这些增长率乘在一起，以便比较任意两年之间 GDP 的真实增长。也就是说，新方法每年都改变基年[④]。

　　最近，何祚庥等人将正在研究中的新劳动价值论做了新的更严密一些

---

①　马克思：《资本论》（第一卷），北京：人民出版社 1975 年版。
②　麦迪森：《世界经济千年史》，北京：北京大学出版社 2003 年版。
③　易纲、张帆：《宏观经济学》，北京：中国人民大学出版社 2008 年版，第 22 页。
④　易纲、张帆：《宏观经济学》，第 22 页。

的证明和推导[①]。这一证明实际上是使用了"不变价格"的计算方法来求出价值和使用价值以及效用的相对应的公式，得到

$$使用价值\ W_s \equiv 效用 = 价值\ W_J \cdot 社会平均效率因子\ N$$

此式中，实际上是用"无差别的社会平均必要简单劳动"为"基准"，作为衡量价值以及使用价值或效用大小的"不变价格"。

为什么用每年都不断修改的"不变"价格作为计量基准是更好的计算方法？很明显，这里是用马克思所引进的"无差别的社会平均必要简单劳动"作为更准确、更公平的计量基准。

问题是，"必要简单劳动"在不同社会、不同市场、不同历史发展阶段中，可能很不相同。所以，马克思心中的不变的基准应该是"简单劳动"所做的功，物理学中的功。功是有严格定义的，其单位是能量的单位。劳动量度量的正是人的劳动所做的功。这才是价值衡量的标准依据。

正因为价值衡量的是能量，所以它具有能量的基本属性：守恒。由此可以理解，马克思对劳动价值论所做出的另一项基本性的贡献——如恩格斯所指出的，是科学地弄清楚了"（转移到产品上的）劳动力的价值和劳动力在劳动过程中创造的价值，是两个不同的量"[②]，以及，马克思提出了剩余价值的理念。马克思认为，一切产品的价值均由两类形态不同的劳动所共同组成。一类是死劳动，其中一方面包含着已凝集在机器、原材料、厂房、土地等不变资本里的劳动量 C，另一方面包含着凝集在劳动力自身，又称为可变资本的劳动量 V。这两类死劳动（$C+V$）均以"折旧"的形式逐渐地将 $C+V$ 里凝集的劳动量转移并添加到产品的价值量之中。另一类是活劳动。来自劳动力在劳动过程中新添加的价值，又称为剩余价值 M。如果令产品里所凝集的形式不同的各类劳动所创造的总价值量为 W，那么，马克思就得到了如下形式可用来计算各类产品价值量的基本公式：

$$W = M + C + V \tag{4a}$$

在《资本论》里，正是马克思应用了这一基本公式（4a），总结、概括和

---

① 何祚庥、庆承瑞、张晓芳：《价值、使用价值与科技、使用价值或效用的计量问题研究》，《政治经济学季刊》2019 年第 3 期，第 149—165 页。何祚庥：《何祚庥论马克思主义经济学》（增订版），第 42 页。

② 马克思、恩格斯：《马克思恩格斯选集》（第三卷），中共中央马克思恩格斯列宁斯大林著作编译局编译，北京：人民出版社 1972 年版，第 244 页。

解释了资本主义社会原始积累阶段以前人类社会全部的，包括政治的、经济的、文化的多种活动。

1867 年 9 月 14 日，马克思发表了划时代的著作，《资本论》第 1 卷。正是此书科学地预见了人类社会必将进入社会主义社会。我国正在探索中的中国特色社会主义，也是这一伟大学说影响下的结果。

时代不断前进。中国特色社会主义的建设也进入了新时代。马克思主义政治经济学在解释当代社会时，正面临两大困境。

第一大困境。世界经济已在科学技术空前大发展的背景下取得飞速进展。脑力劳动已起着越来越重要的决定性作用。早在 1988 年，邓小平曾深刻地指出"科学技术是第一生产力"，又说，"知识分子是工人阶级一部分""要把'文化大革命'时的'老九'提到'第一'的地位"①。发达国家（如美国）中的知识分子已占到总人口的 90%。作为发展中国家的中国，知识分子也占到总人口的 20%。而传统的政治经济学仍然拘泥于讨论"无差别的社会平均必要简单劳动"对社会经济发展的贡献。这显然不能解释和理解当代社会。第二大困境。马克思的政治经济学只给出了由劳动计算价值的公式，$W = C + V + M$，却缺少对价值形态的另一侧面——使用价值的定量研究。然而，在当代市场经济的大发展中，"效用"，也就是"使用价值"，也已成为解释和理解当代社会经济不可或缺的经济学概念。现有社会经济的统计数字，都是"效用"的统计数字。在马克思的某些著作中，虽然也偶然讲到"效用即使用价值"的理念，却并未深入和展开。一个显见的事实是，如果马克思主义政治经济学再不寻求建立"价值和使用价值"或"价值和效用"之间的定量关系的理论，马克思主义学者将无法利用这些"堆积如山"的大量经济数据对当代社会经济问题做任何可信的分析！

反过来，上述两大困境的分析却启示我们，完全有可能建立一个能包括现代科技、脑力劳动贡献的"劳动和效用"相统一的新劳动价值论。在何祚庥、庆承瑞、张晓芳②的题为《价值、使用价值与科技：使用价值或效用的量化问题研究》的论文中，我们建议的方案是：

$$效用 \equiv 使用价值 = 劳动 \times 知识贡献的效率放大因子$$

---

① 邓小平：《邓小平文选》（第三卷），北京：人民出版社 1993 年版，第 275 页。
② 参见何祚庥、庆承瑞、张晓芳：《价值、使用价值与科技：使用价值或效用的计量问题研究》。

这一等式中的劳动当然是劳动价值论所定义的"无差别的社会平均必要简单劳动",也就是体力劳动所做的"功"的贡献,而知识效率因子的放大倍数则来自脑力劳动者的知识创新。

可以形象地概括为

$$效用 = 劳动 × 知识$$

这一"相乘"的简单算式,也体现出毛泽东一贯倡导的,知识分子必须和劳动群众相结合。结合,就是知识和劳动必须"相乘"。在"相乘"过程中,简单劳动者以"知识"为手段,大量获取了来自大自然的各种能量,添加到商品和服务当中,所以以新劳动价值论看来,衡量效用的最合适单位是消耗在其中的全部能量,包括人所贡献的能量。

马云模式获得的巨大"效用"正是来自生产劳动者所创造的"劳动价值再乘以(互联网以及支付宝、机器人分拣、高铁、电动自行车、运货车等系列市场"知识")所创造的"效率因子"。

那么,新劳动价值论将怎样计及知识分子的贡献?首先,如前文所说,一个最简单的修改,是必须将脑力劳动或知识分子自身的价值也添加在劳动者的行列,也就是将马克思原来的式(4a),扩充为下列的式中:

$$W_J = M_J + C + U + V \qquad (4b)$$

即《资本论》里马克思定义的商品或产品的价值,M_J 即原定义的剩余价值,现在只不过加了下标"J",便于理解这里的符号代表的是价值。相应地使用价值或效用则引入另一个符号,记为 W_S。由于使用价值或效用的生产也来自生产者的生产"劳动"所以,这里的使用价值或效用的计量就写为

$$W_S = M_S + C + U + V \qquad (5)$$

只不过这里引入一个描写"利润"的新经济量,剩余使用价值 M_S。式(5)中 C 仍是《资本论》里定义的不变资本,V 是支付给工人或农民的工资,U 是新添加的支付给脑力劳动者的工资,以及

$$W_S = N \cdot W_J \qquad (6)$$

N 是"知识"对"劳动"所创造的价值所产生的"效用"的"效率放大因子"。容易看出,这里的效率放大因子 N 中,既有来自科技工作者贡献的科技效率因子 N_S,也有来自各企业所有参与者,包括利用信息不对称所贡

献的市场效率因子 N_E，并有

$$N = N_S \cdot N_E \qquad\qquad （7）$$

以上式（4a）、式（4b）、式（5）、式（6）、式（7）就组成了新劳动价值论里 4 个基本公式。

由于在式（4b）里新添加一个脑力劳动力的价值项 U，因而在新劳动价值论中，相应地"剩余价值产生率" p' 应定义为

$$p' = \frac{M_j}{C + U + V} \qquad\qquad （8）$$

式（8）其实是《资本论》里所定义的利润率 $p' = \dfrac{M_j}{C + V}$ 的扩充。在《资本论》里通常将描写剥削程度的剩余价值率定义为 $m' = \dfrac{M}{V}$，这里 m' 和《资本论》里定义的 p' 的关系是 $p' = m' \dfrac{M_j}{C + V}$，由此，利润率 p' 和剩余价值率成正比。在新劳动价值论里，可将 p' 扩充并改写为 $p' = m' \dfrac{M_j}{C + U + V}$。《资本论》里还引入一个资本的有机构成比值 $\alpha = \dfrac{C}{V}$ 的概念，因而 $p' = m' \dfrac{1}{1 + \alpha}$，现在也可重新定义一个 $\alpha = \dfrac{C + V}{V}$，所以仍有 $p' = \dfrac{m'}{1 + \alpha}$。在有机构成比值 α 不变情况下，《资本论》里的剩余价值率 m' 和利润率 p' 成正比。因而《资本论》里定义的利润率 p' 又可视为描写剥削程度的经济量。注意在我们的理论中，将采用式（8）来表示剩余价值产生率。

这样，利用式（8）和式（4a）、式（4b）、式（5）、式（6），不难求出新劳动价值论里的利润 M，也就是新古典经济学里的总产出量，它们和其他变量相关的公式是：

$$Y \equiv M_S = [N(1 + p') - 1][C + U + V] \qquad\qquad （9）$$

而如果将新古典经济学里的总生产函数 Y 表示为全要素生产率 A、资本 K 和劳动 L 的函数形式，也就是

$$Y = A \cdot F(K, L) \tag{10}$$

并和式（9）进行比较，那么，对应新古典经济学里的全要素生产率 A 和 F 将分别是

$$A = [N(1 + p') - 1] \tag{11}$$

$$F(K, L) = [C + U + V] \tag{12}$$

而如果进一步令

$$C \equiv K, U + V \equiv L \tag{13}$$

就得到总生产函数 Y 的一个极其简单的线性表达式

$$Y = A \cdot (K + L) \tag{14}$$

需要注意的是，式（9）和式（14）里的变量，均是和时间 t 相关的函数。因为马克思主义历史唯物主义的知识告诉我们，人类生产力的发展是随时间发展不断演化的。从物理学的观点看，也是人类提供的能量和来自自然界各种形式的能量添加和积累的过程。

进一步要回答的问题是，我们能否从式（14）或式（9）的算式里消去时间变量 t，从而求出和式（14）或式（9）相关的索洛 - 柯布 - 道格拉斯生产函数的具体表达式？

三、新劳动价值论和适用于中国的索洛 - 柯布 - 道格拉斯生产函数

注意到，式（9）和式（14）中所有变量都是带有时间 t 的变量。因此，式（14）更准确的写法应是：

$$Y(t) = A(t) \cdot [K(t) + L(t)] \tag{15}$$

现在面临的数学问题是，能否从动态的随时间 t 变化的式（15），消去时间求出静态的，即不随时间变化的，或其中时间，仅随其中某些量作为外在参数，以准静态形式存在于公式之中的生产函数？在偏微分方程的教科书中的一个现成方法是对式（15）求对时间 t 的全微分，

$$dY = A(t) \cdot [\frac{dK(t)}{dt} + \frac{dL(t)}{dt}] \, dt + [K(t) + L(t)] \, dt \qquad (16)$$

而在消去式（16）中的公共因子 d 后，再在式（16）的两边分别除以式（15），并改写为对数的微分形式，因而式（16）就改写为

$$d\ln Y = \frac{K(t)}{K(t) + L(t)} \, d\ln K + \frac{L(t)}{K(t) + L(t)} \, d\ln L + d\ln A \qquad (17)$$

令

$$\alpha(t) = \frac{K(t)}{K(t) + L(t)} \qquad (18)$$

和

$$\beta(t) = \frac{L(t)}{K(t) + L(t)} \qquad (19)$$

因而这两者必有

$$\alpha(t) + \beta(t) = 1 \qquad (20)$$

将式（18）、式（19）代入式（17），就有

$$d\ln Y = \alpha(t) \, d\ln K + \beta(t) \, d\ln L + d\ln A \qquad (21)$$

在 $\alpha(t)$ 和 $\beta(t)$ 均为随时间 t 变化十分缓慢的情况下，可取

$$\alpha(t) = \alpha + \frac{d\alpha(t)}{dt} \cdot dt \qquad (22)$$

$$\beta(t) = \beta + \frac{d\beta(t)}{dt} \cdot dt \qquad (23)$$

由于有式（20）的恒等式，因而必有

$$\frac{d}{dt}(\alpha(t) + \beta(t)) \equiv 0 \qquad (24)$$

所以又可将 $\alpha(t)$，$\beta(t)$ 写为

$$\alpha(t) = \alpha + \varepsilon(t) \qquad (25)$$

$$\beta(t) = \beta - \varepsilon(t) \qquad (26)$$

其中 $\varepsilon(t)$ 是某一接近于 0 的极小的函数，而且恒有

$$\alpha + \beta = 1 \qquad (27)$$

将式（25）、式（26），代入式（21），就有式（28）

$$
\begin{aligned}
\mathrm{d}\ln Y &= \alpha \mathrm{d}\ln K + \beta \mathrm{d}\ln L + \varepsilon(t)\mathrm{d}\,[\ln K - \ln L] + \mathrm{d}\ln A \\
&= \mathrm{d}\ln K^{\alpha} L^{\beta} + \mathrm{d}\ln(\frac{K}{L})^{\varepsilon(t)} + \mathrm{d}\ln A \\
&= \mathrm{d}\ln(K^{\alpha} L^{\beta} (\frac{K}{L})^{\varepsilon(t)} \cdot A(t))
\end{aligned}
\qquad (28)
$$

注意在 ln 函数中，除 $\varepsilon(t)$ 外，$A(t)$ 的时间依赖也未全消去，因 A 的时间变化行为是多因素的，不能写为单变量的全微分。由此，认为 A 有随时间变化的行为是合理的。更由于式（28）的两边均有一微分符号，在积分时，还将添加一个也会随时间：而变化的任意积分函数 $\mu(t)$，因而近似地就得到

$$Y(t) = \mu(t) \cdot A(t) \cdot K^{\alpha} \cdot L^{\beta} \cdot (\frac{K}{L})^{\varepsilon(t)} \qquad (29)$$

从微积分学的观点来看，上述积分算式（29）中添加的函数 $\mu(t)$ 可以是任意的函数。通常可以将其吸收到 A 中，通过数据拟合定出 A 值。因此，从纯数学演算的观点来看，仅有微分形式的拟合经验数据的索洛余值公式是推导不出积分形式的索洛－柯布－道格拉斯生产函数的具体表示式的。但由于现在有了一个"劳动 × 知识＝效用"的微观模型，因而我们就更有理由认为，通常生产函数中出现的，是在一般情况下有 $\mu=1$，而有意想不到的天灾人祸的干扰时，$\mu \leqslant 1$，因而有下面的公式

$$Y(t) = A(t) \cdot K^{\alpha} \cdot L^{\beta} \cdot (\frac{K}{L})^{\varepsilon(t)} \cdot \mu \qquad (30)$$

和 $\mu \leqslant 1$。但是，因为 μ 原则上可以依赖时间，所以也可以将 μ 看成是反应外部影响的一个因子，可以是天灾人祸的反应，也可能是某一外部正面影响的结果如经济调控。所以从在特定条件下也会大于 1，此时会出现经

济振兴的现象。最后，含有指数幂的 $\varepsilon(t)$ 的项，因为 $\varepsilon(t)$ 是接近于 0 的一个小量，而 $\dfrac{K}{L}$ 又经常是某一不大的数值，因而在实际的数值拟合过程中，可以取为 0。因此近似地总有

$$(\frac{K}{L})^{\varepsilon(t)} \cong 1 \qquad (30)$$

或者说，在现有经济统计数据所能达到的精确程度下，形式为

$$Y(t) = A(t) \cdot K^{\alpha} \cdot L^{\beta} \cdot \mu(t) \qquad (31)$$

的索洛－柯布－道格拉斯的生产函数，是用以探讨当代市场经济诸多问题的一个较好的公式。在式（31）里的全要素生产率 A、投资 K 和劳动 L，就又称为驾驭经济发展的"三驾马车"。从我们所建议的"劳动 × 知识 ＝ 效用"的新劳动价值模型来看，式（1）中的全要素生产率 $A(t)$ 应该表示为

$$A(t) = [N(t)(1 + p'(t)) - 1] \qquad (11)$$

由于式（11）中 $A(t)$ 比通常的索洛模型中的 $A(t)$ 包含了更多的实质性的内容，例如，式（11）的 $N(t)$ 实际上是科技效率因子 $N_S(t)$ 和市场效率因子 $N_E(t)$ 的积，而式（11）中的 $p'(t)$ 还能给出剩余价值产生率的增大或缩小引起的政治的或经济的后果：这就使我们有可能通过实际经济数据的分析，反过来更深入地探索和理解为什么"全要素生产率"会出现增大和缩小。而且还由于进一步弄清楚所谓"全要素生产率"究竟包含哪些实际的经济因素，也就更便于弄清楚各不同企业或产业的具体的结构。很明显，进一步深入探讨式（11）所包含的种种"结构"及其相互关系将能为研究新提出的"三驾马车"对经济发展的贡献提供更多的信息。

近来，由于我国经济发展已进入"新常态"，我国经济体制的改革也就更加注意研究和分析"供给侧结构性改革"。因而由新古典经济学给出的索洛－柯布－道格拉斯生产函数就成为研究和分析"供给侧改革"的重要而方便的工具。最近，云南财经大学金融研究院的龚纲就再次用索洛－柯布－道格拉斯生产函数讨论了"论新常态下的供给侧改革"[①]。但由于龚纲的研究和分析中，不能用式（11）给出的 $A(t)$ 讨论究竟由哪些实际的"结

---

① 龚纲：《论新常态下的供给侧改革》，《南开学报（哲学社会科学版）》2016年第2期，第13—20页。

构"因素组成"全要素生产率",因而龚纲的论文并未能研究"结构"。

式(1)所表示的"三驾马车"用于分析和研究中国的经济时,虽然也获得诸多成就,但由于中国地域太大、人口众多,自然环境、劳动者素质和数量在全国不同地区,不同城市更呈现出千差万别的复杂情况。从新劳动价值论建议的4个基本公式来看,一个最简单的改进首先是将脑力劳动计入对经济发展的贡献。也就是我们应将表示为包含有知识分子以及企业家等群体贡献的"四个轮子"的经济学。或者说

$$Y(t) = A(t) \cdot [U(t) + V(t) + C(t)] \tag{32}$$

而 $A(t)$ 仍然是

$$A(t) = [\, N(t)\,(1 + p'(t)\,) - 1] \tag{11}$$

再利用前文所介绍的由式(15)—式(32)所给出的推导索洛-柯布-道格拉斯生产函数公式(1)的方法,得到一个最简单的推广,这里的"四个轮子"的生产函数,必将写为

$$Y(t) = A(t) \cdot U^{\alpha} V^{\beta} C^{\gamma} \mu(t) \tag{33}$$

而且有

$$\alpha + \beta + \gamma \equiv 1 \tag{34}$$

如果再考虑到中国有许多特殊国情,中国的地理环境、各地区发达程度和开放程度千差万别,最好将式(32)中不变资本 C 也扩充为 $C(t)$ 和 $D(t)$ 两项。重新定义的 $C(t)$ 仅包含机器、厂房等和地域特点关联度不大的资本的投资,而新引进的 $D(t)$ 将包括当地和外地居民对土地、矿山等资源的开发,甚至还包含来自土地财政所添加的劳动所创造的价值。因此,

$$Y(t) = A(t) \cdot [U(t) + V(t) + C(t) + D(t)] \,\mu(t) \tag{35}$$

由式(35),并使用上述类似推导方法,就有

$$Y(t) = A(t) \cdot U^{\alpha} V^{\beta} C^{\gamma} D^{\delta} \mu(t) \tag{36}$$

并有

$$\alpha + \beta + \gamma + \delta \equiv 1 \tag{37}$$

一个有趣并且也是很有发展前景的研究课题是,在讨论和研究中国情况特殊地区产业的"供给侧结构性改革"时,是否应考虑采用这里新导出

的式（33）和式（36）对各地区各产业部门的"特殊性"进行研究和分析？而如果未来对中国大地上的实际经济的研究进一步证实了这里导出的索洛－柯布－道格拉斯的式（30）和式（27）以及这里新给出的式（33）、式（34）、式（36）、式（37）。那就不仅证明索洛－柯布－道格拉斯生产函数是以微观经济理论为基础的生产函数，而且还反过来也证明了这里建议的"劳动 × 知识 = 效用"的经济模型也是有相当科学根据的经济理论模型。

四、在深化"供给侧结构性改革"的声浪中，更重要的是要研究全要素生产率 $A(t)$ 的变化和增长的规律

人们需要进一步探讨或找出真正影响"全要素生产率" $A(t)$ 的各种新动力或增长点，特别是全要素增长率的变化、发展以及如何"加速"增长的规律。

由式（11）中将效率因子 $N(t)$ 由括号中提取出来，可改写成为两个因素的乘积

$$A(t) = N(t) \cdot [(1 + p'(t)) - N\frac{1}{N(t)}] \qquad （38）$$

这里值得注意的是，不仅在原括号中的 $(1 - \frac{1}{N(t)})$ 在 $N(t) \approx 1$ 时可以十分接近于 0，而且括号中的 $p'(t)$ 还可能出现负值。或者说，片面强调"吃光、分光、用光"的福利主义社会，必定做不到可持续发展！而相反，如果在某一国家里的居民高度注意节约，并能维持较高的剩余价值产生率 $p'(t)$，那么这一国家也可能以持久持续的高储蓄率不断支持其经济社会的快速发展。

更重要的当然是式（38）中的 $N(t)$。如前所述，这里的 $N(t)$ 实际上是两类效率因子——科技效率因子 $N_S(t)$ 和市场效率因子 $N_E(t)$ 的乘积。而通常的经济学文献中，却往往将 $A(t)$ 仅归结于技术进步。其实，中国之所以能持续快速发展，市场效率因子的持续增长在目前阶段可能是更重要的因素。而且，我国在实际工作中还采取了"市场换技术"的战略。

所以，这里新导出的式（11）将比通常的索洛模型包含了更多的信息。

因此，比较不同类型产业的全要素生产率，如工业、农业的，劳动密集型和高科技型的产业，将提供出有价值的实证材料。

不仅如此，对式（38）及其各相关因素的增长、衰退的分析将有助于深入理解和总结为什么中国经济将能持续维持高增长率。进一步研究式（11）中的 $A(t)$ 将为中国经济带来哪些影响，也将是今后进一步研究的重要课题。

文化融合及创新发展：
理论与实践的对话

一、文化融合与创新发展的理论探讨

"边界"作为学术概念已从早期哲学和心理学的探讨，延伸运用于社会学、社会心理学、政治学、人类学、史学、文学等学科的研究和讨论当中。在人文学科与社会科学里，"边界"的内涵主要体现在象征层面，我们经常在观念和心理的意义上使用。[①]从中国的历史经验可以看到，族群"边界"的制造或维护，主要源于历史形成的社会关系而不是客观的文化差异，特定的资源竞争关系强化了主体性及边界意识。[②]比如在中国的族群混居地区，各族群之间的社会矛盾冲突多发，历史上土客冲突的频繁发生便是例证。土、客两词，分别是先住民和后住民的意思，按当地不同族群到来的先后进行区分。这些土客冲突的本质不是文化冲突，而是生存资源的争夺。再比如移民城市中的排外心理。有学者认为地方认同一旦与劳务分工联系在一起，便可生发出族群性的意涵。[③]也有学者指出族群性冲突是因为两个"族"的成员遭遇时对自身主体性的反应。[④]20世纪70年代至90年代香港人将来自中国大陆的移民称为影视作品中的"阿灿"，后来因为"阿

---

① 参见范可：《"边界"：社会科学的重要概念》，《西北民族研究》2023年第5期。
② 王明珂：《华夏边缘：历史记忆与族群认同》，上海：上海人民出版社2020年版，第467—468页。
③ 参见范可：《"边界"：社会科学的重要概念》。
④ 王明珂：《华夏边缘：历史记忆与族群认同》，第467—468页。

灿"而产生了"港灿"，用来形容不熟悉内地文化但要融入内地生活的港人。符号标签的背后即是以象征意义进行的群体区分。

社会生活中的区隔实为各种边界——通常以可见和不可见的方式——诞生于各种常规的法律制度/习俗惯例、仪式参与的限制（或身份限制）等。以往把"边界"视为区分或区隔不同类别/群体的分界，是隐形的障碍。我这里想特别强调"差异"的积极意义。文化融合与创新发展的逻辑起点是承认差异，尊重文化差异，并视融合为创新发展的内驱动力。中华优秀传统文化的创造性转化和创新性发展，其生发的内在逻辑也是在开放包容中进行新的多元融合，适应时代之所需。文化融合所体现的基本价值取向，对文化实践目标和方向具有指引性的作用。文化融合与创新发展是塑造开放包容的中华文明特质的应有之义，也是建构共享发展机制的内在要求。

如何打破区隔？经常性的接触有助于弱化族群边界，只有各主体性与共融性相合一，才能达到多样性与共同体的并存与和谐。融合不是统一或划一，而是多样性的存在。和谐并不意味着矛盾的绝对同一，而是在平衡、协调、合作的情况下，促进各主体性与共融性相互依存、相互促进、共同发展。刘洪一教授提出的"界论"，肯定了"差异性"和"同一性"的人类共存世界的普遍性。① 界的存在并不是障碍，而是要从"界"的逻辑起点出发，融通人类既有的认知思维和学科体系。而创新即在于如何处理"差异性"和"同一性"的关系，建立"差异统一的共同体"。构建"一种不同价值缓冲共融、协调共享的人类普惠新文明"，有助于提升各文化体系之间的可沟通性。在"再度全球化"的历史进程中，亟须推动全球建立共识，促进文明交流互鉴、包容合作以及世界的和平与发展。

成中英教授提道："建立一个新的整体性的认识，呈现一个新的秩序，创造一个新的文明世界。"② 我认为"一个时空定位的文明存在"体现的即是各文化体系的主体性。如果没有各文化体系主体性存在，也就没有文化的多样性。"一个开放的空间"要允许各文化体系主体性共存。"推己及人"是中国传统文化中处理人己关系的准则，这也应成为处理不同文化规则体

---

① 参见刘洪一：《"界"的范畴意义与工具价值》，《哲学研究》2021 年第 11 期。
② 成中英：《人文奠基与整合以及科学创新与应用》，载刘洪一主编：《创新向善：跨界的知识对话——饶宗颐文化论坛（2023）》，北京：商务印书馆 2024 年版。

系的准则——尊重别人的规则体系。当下无论是国际关系领域，还是不同文明的文化交往都需要将竞争性的人己关系回归到中国传统里相互尊重、平等交流合作的人己关系，以建立局部共同体为依归。这也是从实践领域发展文化融合及创新，以及操作层面以文化共同体的路径建设粤港澳大湾区的立论基础。"一个自我发挥与外在环境结合、配合的有机交换结构"是文化融合与创新发展的前提条件，并依此促进人类文明持续发展。这样所形成的人类文明体，既有整体全面性，又有内部不同的层次性。

二、文化融合与创新发展的实践探讨

文化作为全球公共产品，其如何发展关系到全人类的当前及未来。文化融合与创新发展，在联合国教科文组织文化领域最新的公约——《保护和促进文化表现多样性公约》[①]（2005 年）、联合国《变革我们的世界：2030 年可持续发展议程》（2015 年）中，均有不同程度的体现。《保护和促进文化表现多样性公约》的主要目标是保护和促进文化表现形式的多样性，鼓励通过对话、国际合作及本国建立可持续的文化治理机制来提高保护和促进文化表现形式多样性的能力。文化多样性保护不仅是消极的原样保存，更重要的是要实现可持续发展必须进行的文化创新，通过多元融合创造出新的、适应现代社会的表现形式，并积极地"走出去"。《变革我们的世界：2030 年可持续发展议程》是联合国 2000 年 9 月提出的千年发展目标到期之后，继续指导 2015—2030 年的全球发展工作的纲领。议程涵盖了 17 项相互关联的可持续发展目标。尽管表面上对文化可持续发展目标缺少宏观表述，但一些发展目标和相关具体目标中隐含地提及文化相关事项，并有促进城市创新和文化多样性的行动计划。文化既是直接促成经济和社会效益的推动力，也是促成发展干预措施的有效推动者。[②]

此后，为了达成文化可持续发展共识，2013 年联合国教科文组织在国际会议上发布《杭州宣言：文化与可持续发展》，直接呼吁将文化置于可

---

① 该公约和《保护非物质文化遗产公约》《保护世界文化和自然遗产公约》共同构成了保护物质和非物质文化遗产、保护世界文化多样性的国际法体系。

② 杨越明：《如何衡量一个国家或者地区的文化可持续发展水平——文化可持续发展的核心指标建构》，参见 https://mp.weixin.qq.com/s/PINECIrQM-EU27GXJaZKAw。

持续发展政策的核心地位。^①联合国教科文组织还组织专家开展了 2030 文化可持续发展指标框架（Culture 2030）的研究制定，为监测同一地区文化可持续发展能力提供指导原则和建议，也帮助各国和城市评估自身的进展、衡量其政策的产出与实效。一套指标体系所体现的基本价值取向，虽然可以发挥指引性的作用，但并不能为我们提供实践经验。2022 年联合国教科文组织和世界银行，在对世界范围内 9 个具有代表性的城市开展经验研究的基础上，提出促进城市文化与创意发展的"城市、文化和创意"发展框架（Cities, Culture, and Creativity: Leveraging Culture and Creativity for Sustainable Urban Developmentand Inclusive Growth，简称"CCC 框架"）。该研究期望城市可以利用文化和创造力促进可持续性发展和包容性增长。研究表明，这些创意城市的文化、艺术、文化和创意产业多样化的表达和想象力蓬勃发展。这些通过文化融合所产生的资产是创新和独特性的源泉，有助于社区形成创造性网络并推动创新和增长，为城市的可持续发展和包容性增长做出贡献。

从文化领域的发展来看，文化在公共政策范围内也越来越趋于融合。国际社会正在逐渐达成共识，呼吁在可持续发展政策和国际合作规划中，将文化融入战略维度。各国亦实施政策和措施来推动建设具有参与性的文化治理体系。^②文化政策作为公共政策的重要内容之一，其本身早已脱离艺术（文艺）政策狭义上的范畴，日益成为一种综合性政策，发挥着结构性作用。这使得文化融合不仅是多元文化内容的融合及传统文化与现代文化相结合进行创造性转化、创新性发展；而且也是文化与其他领域的融合，即跨界发展、整合资源为"我"所用；更是文化机制上的融合，即共建共享、提升现代治理能力。因此可见，当今城市和文化发展议程的联系越来越紧密。具体到中国语境，在中国式现代化的总体发展格局中，文化建设是经济、政治、文化、社会、生态五大建设之一，与实践有着极为紧密的

---

① 宣言提出以下措施：一是将文化纳入所有发展政策和计划中；二是推动文化发展和相互理解，促进和平与和解；三是确保所有人都能获得文化权利，从而推动包容性社会发展；四是推动文化对于减贫及包容性经济发展的作用；五是发展文化以促进环境可持续性；六是通过文化提升对灾害的适应能力，并与气候变化做斗争；七是珍惜文化、保护文化、将文化带给子孙后代；八是将文化作为实现城市可持续发展和管理的资源；九是利用文化开展可持续的新型合作模式。

② UNESCO, Re/Shaping Policies for Creativity: Addressing Culture as a Global Public Good (Executive Summary), 2022.

联系。①文化融合与创新发展更为贴切中国地方性实践，并在区域融合发展中发挥着不可或缺的作用。

作为行动指引，联合国《变革我们的世界：2030 年可持续发展议程》按多项可持续发展目标制定整体框架，自 2015 年通过以来，为广义上的文化融合提供了许多途径。在社会包容性发展过程中，文化和创意部门在创造和传播多元文化表现形式、推动社会转型等方面，均发挥了作用。习近平主席于 2021 年 9 月在第 76 届联合国大会一般性辩论上提出全球发展倡议，呼吁国际社会推动实现更加强劲、绿色、健康的全球发展，共同推动全球发展迈向平衡、协调、包容新阶段。②中国不仅在积极落实全球发展倡议，而且近些年国内文化建设在文化融合及创新发展方面也在探索研究自己的知识经验、积累实践经验。

为适应现代公共文化服务供给主体日趋多元化的趋势，满足人民群众对美好生活的新期待，近些年国内文化建设积极推进公共文化服务供给侧结构性改革，加快政府职能转变、提升文化治理能力。运行机制上探索基层公共文化设施社会化运营、拓展新型公共文化空间。一些先进城市加强了项目的跨部门协同运作、多元主体参与共建，有效激发了社会各要素资源高度融合和文化内容的创新发展。政策目标是促进以人民为中心，以文化权益及发展权保障为基础的文化治理体系建设，让广大人民群众可以公平地获得文化机会和资源。实践领域通过开放资源促进新型公共文化空间建设，进一步推动文化产品和服务的公平获取、开放和平衡，支持更为包容、平等的文化参与形式。但整体上仍需要在建立开放、透明的参与治理机制、可持续的伙伴关系和能力建设方面有所提升。相关内容所涉及的地区发展不平衡也依然存在。

如何应对挑战，促进文化融合以及创新发展？建议创新财政拨款方式、促进横向联动与纵向贯通的合作模式；合理分配目标预算并保持执行透明度和参与式机制；增加对文化领域的公共投资和支持机制；为民间社会机构制定公共资助计划，并组织在公众参与、数字技术、艺术管理等方面的专业培训和指导；通过多方利益相关者的参与和多层级的合作，培养政

---

① 参见李培林：《"文化学"应成为一种学科》，《北京日报》2024 年 1 月 22 日理论周刊。

② 参见周太东、余璐：《落实全球发展倡议，推动走好可持续发展议程"下半程"》，《可持续发展经济导刊》2023 年 8 月。

府＋全社会支持的文化发展模式；鼓励公共文化空间建设在更多功能、服务、合作的先锋性上进行探索。以下，我将以粤港澳大湾区为例，具体探讨区域内文化融合与创新发展的路径。

三、走向文化融合与创新发展的人文湾区建设路径 [①]

文化体现的是一个价值观念体系，文化作用于"我"（个体）和作用于"我们"（群体或共同体）是有区别的。对于前者来说，文化是"个体确定自我身份和意义边界的坐标"，也是"个体寻求同类和融入群体的标准和依据"。[②] 对于后者而言，文化确立了群体或共同体的社会归属性，并由"归属感"上升为"同属感"。共同体文化认同建构及其作为表征实践的文化生产，是其中一个重要的途径。开放包容的文化有助于将多元文化结构为共通、共感的精神空间，有助于相互理解与承认，达成共识，生产新知，促进创新。人文湾区建设的未来指向为：既要为铸牢中华民族文化共同体意识研究可行路径，又要为人类文明新形态的推进提供实践经验。鉴于粤港澳三地诸多制度上的差异及一些不利因素，以及粤港澳大湾区从地域社会逐步转变成为移民社会的现实，需要从整体视角介入差异性和多样性，我认为需要通过社会文化实践层面的互动与融合提升区域创新能力。我提出以下四个建设路径：

（一）重塑文化共同体及其身份表征

改革开放以来，粤港澳大湾区逐渐从地域社会转变成为移民社会。人口结构的变化决定了社会生活共同体呈现出多元文化的特质，同时也带来了融合和沟通方面的一些障碍和冲突。这就需要我们从中国优秀传统文化及融合共生的多元文化入手，不断塑造和丰富湾区共同精神价值内涵及身份表征载体。首先是坚持守正创新，传承发展以民为本的和美精神，彰显精神标识的当代价值和世界意义。在民众生活、生产领域进行创造性转化和创新性发展，实现岭南地区优秀传统义化基因与当下开放包容的环境相协调，与民众现代生活的需求相适应，推动粤港澳大湾区文化和社会重构。

---

① 以下内容参见任珺：《基于身份认同的人文湾区建设路径探讨》，《广州大学学报（社科版）》2023 年第 6 期。

② 佐斌、温芳芳：《当代中国人的文化认同》，《中国科学院院刊》2017 年第 2 期。

系统性开展大湾区文脉整理及人文资源研究与传播工程，保护、活化、利用粤港澳三地共有、共享文化遗产，丰富文艺创作及文化生产，以民俗节庆及大众流行文化为载体，释放人文湾区的想象力和创造力。进一步加强粤港澳三地人文交流合作，通过构建新的社会发展共识并拓展共同利益，促进港澳主体性与大湾区共融性合一。这不仅可以缩短大湾区内不同城市居民之间的心理距离，促进积极的交流与沟通、包容、开放与共享，而且其多方影响也将有助于再生各种文化资源及合作发展项目，增进可持续性的信任关系和协同创造。其次是利用市场机制及科技手段，带动促进区域产业合作与联动，在文化创造中获得价值实现和价值吸引。比如，软件、电脑游戏及互动媒体在香港知识型经济中担当了重要的角色，近年来视听及互动媒体货品为香港文化贸易进出口方面最大的组成部分。澳门文化产业规模虽然很小，但其中发展最快、产值最高的是数码艺术。从粤港澳大湾区整体看，利用互联网、信息技术等科技创新方式发展文化产业成为趋势。数字技术在文化生产领域的创新应用可以成为区域内未来竞合发展的重点。充分优化数字文化产业深度融合机制，推动文化资源的共创连接、文化生产的创意赋能和文化价值的协同共生。

（二）丰富基于集体记忆的认同实践

增强粤港澳大湾区文化主体性的认同实践，需要借助制度化的文化实践，让文化共同体的集体记忆在公共交往场域被叙述，并广为民众所接受。文化依托组织和制度以实践价值观的方式建立共同体并传承下去，尤其是组织和制度要以具体文化实践将表征与建构的逻辑予以接洽与整合，这将成为人文湾区未来软实力的根本。记忆是一种与他人相关的群体－社会现象。[①]利用历史经验和文化资源塑造集体记忆，通常被认为是一种建构认同政治的策略。集体记忆建构的领域一定要基于广泛的群众基础，扎根于地方性的日常交往和情感沟通，这样才能增强粤港澳大湾区文化共同体在最广大人民群众中的影响力及感召力。结合理论层面的探讨和经验现象的观察，我们可以发现：其一，传统以宗族为基础的民间交往对于文化塑造和建构仍发挥作用。传统宗亲组织活动对于加强流离异地的族人的联系以及与家乡经济文化上的互动具有重要意义。利用好传统宗亲活动服务于区域

---

① 参见陶东风：《记忆是一种文化建构——哈布瓦赫〈论集体记忆〉》，《中国图书评论》2010 年第 9 期。

内情感联系和社会建设，在当前仍具有现实价值。其二，民间交往记忆的再生或活化往往需要在地方传统民俗中挖掘并赋予新的内容，融入与新移民群体共同的经验，重塑大湾区文化共同体"活的传统、新的记忆"。新民俗节日场所（也是记忆场所）是重建社会互动的时空交汇点，社会文化实践的集体体验将各个家庭、世代与社区外来新群体联系在一起。试点推广"文化入生活，非遗在社区"计划，让文化传承发展扎根基层。适应现代公共文化服务供给主体日益多元化的趋势，引导社会力量利用地方文化资源，通过非遗、文创产品或服务，参与公共文化、公共空间以及社区重塑。增强基层文化服务民众的便利性、多样性，激活社区传统、公共精神和社会活力。在现代社会，生产与生活是密不可分的。鉴于创意设计产业在粤港澳大湾区城市群内的普遍优势，成立创意设计节，倡导全民参与、全域联动，让更多人了解什么是好的设计。激发创意设计跨界集成知识要素、整合各类资源的潜能，推动相关产业开放合作、协同发展；促进创意设计与其他领域融合，介入创新解决社会问题乃至日常生活诸多问题，提升人们在粤港澳大湾区内的生活质量。

（三）探索并改进湾区故事叙事策略

"家国同构"是儒家文化对于现实秩序的一种基本理解。中华民族将"家"的亲缘性与亲和性延伸至"国"，从建立家庭伦理到建立国家伦理，这一路径为现代中国的国家治理起到一定的启示意义。家国情怀作为中华民族重要的伦理传统，是国家认同建构过程中不可或缺的传统资源。立足家国情怀，梳理共享发展的经验和共建家园的内容，讲好湾区故事，有助于促进粤港澳大湾区文化交融与民心相通。讲故事是人类文化记忆的重要载体，我们从中可以感知相互的关联及归属。美国学者泰德·麦卡利斯特（Ted McAllister）指出，坏的历史叙事能解构一个民族，正如好的历史叙事可以形成一个民族。[①]可见，好的历史叙事对身份认同是至关重要的。这就需要我们高度重视地方史料文献的整理与学术文化的开展及利用，正本清源，将粤港澳历史人文资源充分服务于社会，筑牢中华文化根基。大众传媒时代，很多年轻人倾向于把电影/电视及媒体中的画面/叙事当作对历史本身来感知。从个人记忆到基于集体性的文化记忆转化过程中，是可能产

---

① 参见杨奎松：《如何认识历史人物的"历史问题"——以美国夏洛茨维尔事件和美国"改写历史"风波为中心》，《史学月刊》2018 年第 10 期。

生问题的。这涉及对于粤港澳大湾区过去、现在及未来的历史应该如何叙事。如何讲好人文湾区故事，我们需要从叙事学层面上思考叙事的逻辑起点——"讲述什么"。与此同时，还需要思考面对年轻人的叙事策略——"如何讲述"。有效的故事需要从当下出发联结过去与未来，发挥话语表征机制对身份建构的功用。需要让不同的对话者可感知，叙事既要具有真实性又要具有反思性。讲述方式则需要话语创新，需要借助新媒介并获得年轻人认可；需要讲述者与读者（或听众）产生交流互动。最后，"谁来讲述"也很重要。从民间视角把握时代脉络，效果更好。可依托新文艺组织和新文艺群体的创新能力和资源整合能力，推动粤港澳三地在文学、戏剧、影视、音乐、舞蹈、美术、民间文艺、网络文艺等领域的交往合作。在实践创造中、在人文交流中讲好湾区故事。

（四）文化赋能基层协同治理新模式

治理概念的出现，主要是针对社会管理中国家和市场在资源配置中的双重失效，强调以新的方法来善治。比如，将公共艺术活动作为社会参与、对话和社会互动的一种手段，以基层协同治理新模式来丰富公共文化产品供给。加强对社会资源的整合与动员，充分发挥政府、市场及社会多元主体各自优势，在社区公共空间营造、社会公共文化事务等方面开展合作，推动社区共同历史文化延续及终身学习开展。文化赋能基层协同治理，不仅可以彰显文化参与过程中的主体精神，而且还可以有效改善社区环境，提升社区公共文明和凝聚力，催生出大量社区共同兴趣团体，增加邻里交往并提高自治水平。这一新模式对培养粤港澳大湾区青年行动力和创造力具有积极意义。需要将青年获得社会认同的尊严感及实践自我的价值感，引向基层社区营造及社会建设实践。提供多元机会让粤港澳大湾区青年在文化交流中获得和谐沟通能力及参与社会治理的能力，在文化合作中增进相互了解、求同存异、提高共识。这一新模式可以借助民间参与的方法整合多元社会力量，推动粤港澳三地人文交流由专业机构的"小众"变成具有广泛参与度的"大众"，由局部走向普及。文化处在综合性体系之中，同时又建构其内部结构，是身份意义生产的重要机制。

从深圳文化创新看创新的理性秩序

深圳大学　吴俊忠

深圳是一个从边陲小镇快速发展起来的现代化、国际化新兴城市。40多年的发展历程，经历了从迅速崛起的"一夜城"，到初具规模的现代化新城，再到世界知名的现代化国际化大都市的转变和提升，建构了全新的城市文化形象，创造了世界工业化、现代化、城市化史上的罕见奇迹。究其原因，有改革开放强大精神动力的驱动，也有经济快速发展积累的雄厚物质基础的支撑，更有文化创新发展的创意和创新驱动，其中艺术创新是不可忽视的重要方面。正是作为一种城市文化形态的艺术文化的创新和艺术精神的弘扬，有力地推动了深圳城市文化形象的建构与提升。[①]

一、彰显城市文化形象：深圳城市初建与特区初创时期的艺术创新与城市文化形象建构

在深圳城市初建和特区初创时期（1979—1985），规划建设的重心是特区建设和经济发展，思考的重点是如何加快改革开放，真正担负起"窗口、排头兵和试验场"的历史使命，尚顾不上考虑城市文化形象的建构。但在城市建设的客观进程中，决策者和建设者的创新意识和创新理念，有意无意地推进了城市文化形象的建构。其中有三大事件突出体现了艺术创新对城市文化形象建构的促进和提升作用。

---

①　本文参考了深圳有关文艺资料和有关学者的研究成果以及媒体报道的相关信息，限于叙述方式和文章篇幅，未能在小注中逐一注明。谨在此对相关作者表示感谢。

（一）国贸大厦体现"深圳速度"，成为深圳的城市地标

1981年5月，深圳市委市政府决定集资在罗湖商业中心区兴建神州第一楼——国际贸易大厦，作为对外开放的一个商业窗口。经过招投标，由中国建筑第三工程局一公司承建，1982年5月正式动工。该公司使用滑模工艺建造大厦，创造了三天一层楼的建设速度，成为我国建筑史上没有先例的创举，是被媒体誉为"深圳速度"的象征，国贸大厦也因此成为当时深圳的标志性建筑，为深圳的新兴城市形象增添了绚丽的色彩，闪亮地呈现在世人面前。从而也赋予了这座快速崛起的"一夜城"建筑设计艺术创新的文化内涵。或者说，艺术创新让深圳这座城市闪亮登场，展现全新形象。

（二）兴建八大文化设施，建构崭新城市形象

1983年，深圳市委市政府在经费并不充裕的情况下，决定兴建科学馆、博物馆、图书馆、大剧院、电视台、深圳大学、体育馆、新闻中心等八项重点文化设施（俗称"八大文化设施"）。市委书记梁湘表示，我们就是勒紧裤腰带也要把八大文化设施建设搞上去。这些文化设施大部分在1983—1985年动工，80年代中后期或90年代初落成使用。其中深圳大学和深圳体育馆在1985年前就竣工并投入使用。这些文化设施成为深圳城市初建时期的突出亮点，建构了崭新的城市文化形象。尤其是深圳大学的设计和建设，坚持艺术创新，体现出与内地大学完全不同的设计理念和建筑艺术，建筑风格焕然一新，形象风貌别致美观，受到国内外专家的赞誉和好评。同时也进一步例证了艺术创新对城市形象建构和提升的推动和促进作用。

（三）创作雕塑"孺子牛"，形象地展现深圳城市精神

1980年，深圳经济特区刚一成立，深圳市委市政府就决定在市委大院内建一座雕塑，以体现经济特区的精神风貌，鼓舞广大干部群众。当时有关部门找到了广州美院的著名雕塑家潘鹤教授，请他进行雕塑造型设计。

据潘教授回忆，深圳市领导关于雕塑造型的最初构想有大鹏（寓意鹏程万里）、莲花（寓意"出淤泥而不染"）、狮子（以示威严）等多个方案，但在讨论过程中都被否定了。最后，潘教授提出，埋头苦干的特区建设者，是一群默默奉献的开荒牛，雕塑一个开荒牛形象最合适不过了。这一提议得到了市领导的认同。潘教授立即进行图纸设计，并很快开始"开荒牛"雕塑的创作。为了表现经济特区建设者艰苦奋斗、鞠躬尽瘁的精神，他特

意把开荒牛前脚稍做弯曲，以示开创的不易。

"开荒牛"雕塑落成后，经过市领导班子讨论，决定将"开荒牛"改名为"孺子牛"，有"俯首甘为孺子牛"之意，并将"孺子牛"三字刻在了雕塑的基座上，作为作品名。

"孺子牛"雕塑无疑是深圳艺术创新的杰出成果，它既寓意改革开放时代特区人的拓荒精神，也蕴含着敢闯敢试、埋头苦干的特区精神，更是号召广大党员干部永做人民的孺子牛，艰苦奋斗，无私奉献。如今，"孺子牛"雕塑已移至市委大院门外，供市民和游客摄影留念，成为深圳艺术创新的历史见证和深圳城市精神的一个文化象征。

上述例子表明，在深圳城市初建和特区初创阶段，虽尚无明确的艺术创新和建构城市文化形象的理念，但随着城市建设的不断完善，在建设进程中自然体现的文化创新和艺术创新，有意无意地丰富了城市形象的文化内涵，并深深地融会在城市文化设施的崭新形象和亮丽风貌中，有的艺术创新甚至产生了突出的文化效应（如雕塑"孺子牛"），从而使人们心目中快速崛起的"一夜城"，彰显出富有现代特色的文化意蕴和形象特征，这或许也是某种意义上的"无心插柳柳成荫"吧。

二、完善城市文化形象：深圳特区调整发展时期的艺术创新与城市文化形象的建构

1985 年至 1991 年，是深圳特区经济建设和城市建设的调整发展时期。1985 年 8 月 1 日，邓小平同志对深圳特区经济发展作出明确指示，要求"从内向转到外向"。1985 年底至 1986 年初，全国经济特区工作会议在深圳召开，会议确立了经济特区建立外向型经济的发展目标和工作重点。特区经济发展开始进行战略上的调整。深圳闻风而动，采取了一系列调整措施，至 20 世纪 80 年代末 90 年代初，初步形成了多渠道、多层次、多形式引进外资和出口创汇的外向型经济格局，取得了参与国际市场竞争的基本实力。

在上述调整特区经济发展格局的历史进程中，深圳的艺术创新在配合特区经济建设战略调整、努力增强城市魅力和引进外资吸引力的指导思想指引下，形成了扩大外向传播、讲好中国故事和深圳故事的全新理念，打造出一系列影响国际的影视精品，为完善和提升深圳城市文化形象，增添

了浓墨重彩。有两个标志性创新事件，引起了国内外的广泛关注。

（一）拍摄电视政论片《世纪行——四项基本原则纵横谈》，全面反映中国改革开放的历史变迁

1990 年 5 月 12 日，由深圳市委宣传部主持拍摄的电视政论片《世纪行——四项基本原则纵横谈》在北京人民大会堂举行首映式。中央领导同志观看后，对此片给予充分肯定。同年 8 月 4 日，中央电视台在晚间节目开始播出《世纪行》。在此前后，人民日报、经济日报、光明日报、中国青年报及深圳特区报刊登了《世纪行》的解说词。11 月 21 日至 25 日，中央电视台再次播放《世纪行》，中共中央宣传部发出《关于推荐电视政论片〈世纪行〉的通知》，要求各地重新组织发行。1991 年 2 月 24 日，国家副主席王震在深圳接见《世纪行》的主创人员，并为《世纪行》题词：祝影视界有更多的佳作问世；李先念同志为《世纪行》题词：百年奋斗求真理，历尽沧桑世纪行；5 月 20 日，江泽民同志为《世纪行》题词：人民创造历史的颂歌，社会主义优越性的明证；6 月 8 日，李鹏同志为《世纪行》题词：光辉的历程，时代的强音。6 月 25 日，中国文联、中国电视艺术家协会、中央电视台联合举办《世纪行》研讨会。一部电视剧，能够引起那么多党和国家领导人的重视，产生这么大的社会反响，这在中国电视艺术史上是空前的。它充分说明，深圳的电视艺术创新，不仅给深圳这座新兴的特区城市增添了光彩，提升了形象，而且为改革开放时代背景下的艺术创新树立了典范。

（二）电视专题片《希望之窗——中国深圳》首次打进美国电视网，扩大了深圳的城市知名度和国际影响力

1991 年 11 月 8 日，由深圳市委宣传部组织、深圳电视台摄制的电视专题片《希望之窗——中国深圳》，在美国纽约中文电视台播出第一期，这是深圳市首次打进美国电视网络的电视片。11 月 23 日，深圳电视台与美国纽约中文台在纽约曼哈顿地区有线电视台开辟《希望之窗——中国深圳》宣传栏目。这一艺术创新举措，产生了重大而又广泛的国际影响。不仅让美国华人和其他美国人民了解中国改革开放的历史巨变，而且让改革开放大潮中崛起的新兴城市深圳真正走向了世界，扩大了深圳的国际影响力和国际知名度，为把深圳建设成为国际化城市打下了重要的舆论基础。其意义已经超出了一般的艺术创新，产生了在国际舞台上建构和完善深圳城市形象的重要文化功能。

三、体现城市文化定位：深圳"二次创业"增创新优势时期的艺术创新与城市文化形象建构

　　深圳"二次创业"增创新优势时期（1992——2000）的艺术创新，是在改革开放掀起新高潮、深圳进一步明确城市定位和城市发展目标的宏大背景下进行的。1992年，小平同志第二次视察深圳，发表了重要的南方讲话，掀起了我国改革开放的新一轮高潮。1995年，中共深圳市第二次代表大会召开，明确提出"第二次创业"，决定把深圳建设成为富裕、文明、民主的社会主义现代化国际性城市。同年，深圳市文化工作会议召开，正式提出把深圳建设成为"现代文化名城"。这一系列重大决策，明确了深圳的城市发展理念，对城市发展目标进行了新的定位，在客观上为艺术创新营造了宏大背景和文化氛围。

　　这一时期的艺术创新，集中体现在三个层面：

　　（一）新建"新六大""新八大"文化设施，形成了建筑设计艺术创新的广阔平台

　　随着深圳城市规模的扩大和市民精神文化生活需求的不断提升，原有的八大文化设施已不能满足市民需求，也不能建构起"国际化城市"和"现代文化名城"应有的文化形象。1995年，深圳市委市政府决定将公共文化设施建设纳入城市发展总体规划，拟在"九五"期间乃至下个世纪的头十年，分期兴建一批面向未来、具有较高文化科技含量的标志性文化设施，以提高城市文化品位，建构全新的城市文化形象。经过几年的努力，深圳迅速崛起了一批高档次的文化设施。被称为"新八大"的有：关山月艺术馆、深圳画院、深圳书城、深圳特区报业大厦、深圳商报大厦、深圳有线电视台、华夏艺术中心、何香凝艺术馆；被称为"新六大"的有：深圳少年宫、深圳电视中心、深圳图书馆（新）、深圳音乐厅、中心书城、深圳市民中心。这些全新的文化设施，构筑起一道靓丽的城市景观，使深圳城市文化形象焕然一新。

　　从艺术创新的角度来看，这些文化设施不仅体现了实用的文化功能，而且是美丽深圳的艺术展现。无论是艺术馆的新颖别致，还是音乐厅和图书馆的独具一格，或者是少年宫和电视中心的雄伟大气，都承载着艺术创新的元素，给市民和游客留下了赏心悦目的观感和美不胜收的艺术享受。

尤其是作为市政府办公大楼的市民中心，大鹏展翅的造型更是把艺术创新的形象效果提升到了极致。深圳又名鹏城，大鹏展翅造型与深圳的城市称谓十分贴切。无论从设计到建造，都极具现代城市理念和时代特色。建筑造型的波浪线"若垂云之翼"，寓示深圳的发展如"鲲鹏展翅九万里"，体现勇于创新的拼搏精神；曲线给人以亲和感，具有很强的视觉冲击力；两侧的红黄两色塔楼，如擎天巨柱，支撑着蓝色大屋顶，寓意人民政权承托着一片蓝天，意味无穷影响深远。这样一座设计理念和建筑艺术全新的现代建筑，自然而然地成为深圳城市文化形象的突出标志。大鹏翱翔太空，深圳鹏程万里，留给人们无尽的遐想。

（二）建造邓小平塑像，展现深圳的文化象征

1994 年，深圳市领导提出制作邓小平塑像的动议，目的是在深圳建构一个以伟人形象为载体的文化象征，让人们永远怀念改革开放的总设计师，感受改革开放的历史巨变。雕塑家滕文金提出的形象设计方案，经过市领导的认真讨论，并询问了邓小平女儿邓琳的建议，决定用邓小平走路的姿态来呈现整体形象。塑像完成后，于 2000 年深圳经济特区成立 20 周年时揭幕，安放在深圳市中轴线的制高点莲花山。时任中共中央总书记江泽民同志亲自给邓小平塑像揭幕。自此，深圳多了一个独特的文化景观，深圳城市文化形象增加了一个突出亮点。

邓小平塑像的问世，无疑是艺术创新的杰出成果。雕塑家滕文金不仅在如何展现邓小平的伟人形象方面下足了功夫，使塑像栩栩如生，有气势，有亲和力，而且对塑像的高度也进行了精心的计算，最后确定连底座总高度 12 米，这样市民和游客在莲花山山顶广场有限的范围内，可以拍摄到塑像的全景。

邓小平塑像作为深圳的艺术创新成果，其象征意义在于：没有邓小平，就没有深圳经济特区；没有邓小平理论的正确指导，就没有深圳的超常快速发展；深圳经济特区的改革发展，实践并丰富了邓小平理论。邓小平塑像矗立在毗邻港澳的深圳经济特区，是党中央的英明决策，也是广大深圳人民的共同心愿。

（三）实施文艺精品创作工程，各类艺术创新系统呈现

深圳在增创新优势时期，决心增强文化创新优势，大力实施以"五个一工程"为龙头的文艺创作精品工程，有力地推动了影视、戏剧、音乐等各类艺术的创新，形成了艺术创新的系统工程。

在影视艺术方面，推出了一批反映时代精神、具有鲜明特色的优秀作品。电影《你好，太平洋》《联手警探》《一街两制》《过年》《找乐》《兰陵王》《花季·雨季》等获得包括国家政府奖在内的国内国际多项大奖；电视剧《深圳人》《泥腿子大亨》《特区少年》《北洋水师》等多部作品获得了包括"飞天奖""金鹰奖"在内的国内和国际上的多个奖项。

在戏剧艺术方面，粤剧《情系中英街》荣获"五个一工程"奖和文化部第七届"文华奖"。

在音乐舞蹈和其他艺术方面，歌曲《春天的故事》《我属于中国》《共圆一个梦》《我站在摩天楼上》《走进新时代》，交响乐《春到深圳湾》等一批作品在全国获大奖；摄影艺术在深圳迅速普及发展，先后有100多件作品在国际国内获奖；舞蹈《穆斯林礼赞》《一样的月亮》获"二十世纪华人经典作品提名奖"和"五个一工程"提名奖。

上述各类艺术创新的系统呈现，让深圳走到了中国艺术舞台的中央，给深圳这座城市增添了艺术的亮色，增强了深圳的城市知名度和显示度。不仅让国内外艺术界对深圳高看一眼，而且让世人都知道，深圳在创造经济快速发展奇迹的同时，也创造了文化超常发展的典型范例。

四、提升城市文化品位：深圳进入全面创新和先行示范时期以来的艺术创新与城市文化形象建构

步入新世纪以来，深圳城市文化建设进入了全面创新和先行示范时期（2000年至今）。这一时期，可细分为两个阶段。第一阶段是从2000年至2012年，第二阶段是从2012年党的十八大召开以来至今。第一阶段深圳城市文化建设的重点是全面推进文化创新，增创文化优势，增强城市文化竞争力。2004年3月2日，深圳召开实施"文化立市"战略工作会议，时任市委书记黄丽满做了题为《大力实施"文化立市"战略，努力把深圳建设成为高品位文化城市》的报告。此后，市委领导又提出了建设"两城一都"（即图书馆之城、钢琴之城、设计之都）的战略构想，阐明了实施"文化立市"战略的具体路径。这是深圳城市文化发展战略的重大调整，标志着深圳城市文化建设进入到一个全新的发展阶段。

高品位城市文化呼唤高水平高质量的艺术创新。深圳这一阶段的艺术创新，贯彻"文化立市"的战略思想，体现出高品位文化城市应有的创新

理念和艺术境界。主要表现为五个层面：

（一）创办深圳城市/建筑双年展，体现全新的艺术理念和设计理念

2005 年 12 月 10 日，在深圳市文化局创办的"创意 12 月"活动期间，首届深圳城市/建筑双年展（后来扩展为深圳·香港城市/建筑双城双年展）在华侨城 OCT 艺术中心开幕。"双年展"是当今世界常见的艺术展览形式，"深圳城市/建筑双年展"是第一个以城市（或城市化）为固定专题、具有专题性和周期性的国际艺术展览，是双年展的新品种，体现出全新的艺术创新理念和设计艺术理念。深圳城市/建筑双年展每届都有一个专题，如第一届的"城市，开门"，第 9 届的"城市生息"等。到目前为止，深圳城市/建筑双年展已经举办了 9 届，为打造深圳城市软实力，快速提升深圳城市文化品位，发挥了重要作用。

（二）配合世界大学生运动会，建造一批设计风格新颖的文化设施

2011 年，深圳成功申办第 26 届世界大学生运动会。为高水平高质量地办好这次运动会，深圳市决定在深圳湾畔建造大型体育场馆，命名为深圳湾体育中心。并明确要求，深圳湾体育中心的设计一定要特色鲜明，不落俗套，成为深圳城市建筑的又一个突出亮点，体现深圳改革开放新兴城市的崭新风貌。

深圳湾体育中心由北京市建筑设计院体育建筑设计室负责设计。设计师对体育中心一场两馆（体育场、体育馆、游泳馆）三大主要设施，进行了一体化紧凑设计，沿东西走向并行排列，可以互相灵活有效地共用各种配套设施。并把三大场馆组织成一个有机的整体，使之成为充满活力的城市空间。尤其是场馆造型的设计别出心裁，形成一个类似春茧的整体外观，寓意深圳这座年轻城市就像春茧一样，蕴含着蓬勃生机和无尽活力。

深圳湾体育中心建成后，市民亲切地称之为"春茧"，似乎忘掉了体育中心的本名。"春茧"的设计，不仅得到了市民的认同和赞赏，而且也得到了设计艺术界的高度肯定，获得了 2011 年第 18 届首都建筑设计方案和规划汇报展优秀方案奖。深圳也因"春茧"在中国的建筑和设计艺术舞台绽放出亮丽的光彩。

需要着重指出的是，在"春茧"附近矗立的大运会火炬塔，以书本叠加的形式呈现，也是一个不可忽视的艺术创新。这个造型寓意大学生正处于爱读书好学习的青春年华，他们的岁月红红火火，充满活力，代表着具有无限可能的光辉未来。

（三）深圳设计艺术创新得到世界公认，获得联合国教科文组织授予的"设计之都"荣誉称号

建设"设计之都"是深圳建设"两城一都"战略思想的重要组成部分。2008年，联合国教科文组织授予深圳"设计之都"荣誉称号，表明深圳已经具有一批高水平的设计艺术人才，有一批在国内乃至国际上有相当影响的设计公司，市民对设计艺术已有普遍认知和较高的鉴赏水平。

从艺术创新的角度来看，深圳获得"设计之都"称号并非偶然，而是设计艺术不断创新的结果。深圳聚集了陈绍华、毕学峰、韩家英、王粤飞等设计行业的领军人物，深圳的设计师先后获得法国肖蒙海报节、赫尔辛基国际海报双年展、墨西哥国际海报双年展、世界之星包装设计、美国酒店空间设计大赛、亚洲最具影响力设计大奖等世界顶级设计赛事和国际展览奖项的大奖，充分展现了深圳设计师的艺术创新能力。此外，深圳的设计产业迅速发展，创意设计年增加值达到70多亿元，在全国拥有优势地位。这标志着深圳正以设计之都、创意设计的城市文化形象进入国际社会，走向世界设计前沿。

（四）雕塑《深圳人的一天》，彰显深圳城市活力和文化气息

2004年6月16日，深圳园岭社区居住区南侧街边，展现出一个栩栩如生的雕塑群，名为《深圳人的一天》。这组群雕反映的是1999年11月29日这一天，雕塑家在街头随机采访的18个来自不同社会阶层、不同职业的市民群像。辅以4块黑色大理石浮雕墙，上面雕刻着当天深圳城市生活的各种数据：股市行情、农副产品价格、天气预报以及当天深圳晚报版面等。这组群雕从形式到内容都是史无前例的艺术创新，把城市雕塑的艺术性、思想性和人文关怀融为一体，充分体现雕塑的社会文化功能。无论是深圳市民还是外来游客，都能从中感受到改革开放进程中深圳普通人的生活轨迹。

从艺术创新的角度来看，这组群雕显示出城市雕塑向公共艺术的转型，充分体现出公共艺术与城市生活的融合，使公共艺术作品发挥为城市增添色彩，增加艺术魅力的文化功能。有评论说："群雕《深圳人的一天》所代表的不仅仅只是一个随意的时间段，应当是一个崭新意义上的历史时期。随着时间的推移，它所体现的意义和价值一定会与日俱增。"

2004年，《深圳人的一天》获国家建设部、文化部十年一度的"全国城市雕塑优秀作品特等奖"，2009年，又获得了建设部"新中国60年100

件优秀雕塑"的殊荣。

（五）影视、音乐等艺术创作精品纷呈，深圳城市文化影响力明显提升

2004 年，深圳市委发出《关于进一步繁荣和发展文学艺术事业的意见》，加大力度组织实施文艺精品创作工程，有力地推进了各个艺术门类的艺术创新，涌现出一大批讴歌改革开放、体现时代精神的艺术精品，扩大了深圳的城市文化影响力，提升了深圳的城市文化形象。

影视艺术创新是这一阶段的一大亮点。一大批影视艺术精品在全国大奖中获奖或得到高度评价，形成了全国瞩目的"深圳影视现象"。深圳拍摄制作的电影《夜·明》获全国"五个一工程"奖；《走路上学》获中国电影华表奖优秀少儿影片奖；纪录片《深圳民间记忆》获"纪念改革开放30 周年中国纪录片精品作品"奖；电视片《大爱无疆·歌者丛飞》获第二十三届中国电视金鹰奖；电影《守护童年》获第二十八届中国电影金鸡奖最佳儿童片奖；电影《鹰笛·雪莲》获第七届欧洲万象国际电影节最佳儿童故事片奖；电视剧《兵峰》获第二十八届电视剧飞天奖、长篇电视剧一等奖。尤其是 2008 年年底，由深圳组织拍摄的电视政论片《风帆起珠江》、文献纪录片《中国 1978》、纪录片《巨变》和电视剧《深圳湾》集束推出，从不同角度演绎了中国改革开放的历史巨变，形成了中央电视台纪念改革开放 30 周年影视播放的"深圳现象"，使深圳影视艺术的文化影响力提升到了一个新的高度。

音乐创作产生集群效应，是这一阶段艺术创新的又一个亮点。在国庆60 周年国家级庆祝活动中，深圳创作的《春天的故事》《走进新时代》《走向复兴》等原创歌曲唱响全国。在庆祝中国共产党成立 90 周年之际，深圳原创歌曲《迎风飘扬的旗》被选为大型文献纪录片《旗帜》的片尾曲，获得全国"五个一工程"奖。在中央电视台综合频道播出的"领航中国——喜迎党的十八大胜利召开大型文艺晚会"中，《我们的信念》《走向复兴》《迎风飘扬的旗》《你是一面旗帜》等四首深圳原创歌曲在晚会上响起。深圳原创歌曲所产生的文化影响，使深圳成为中国流行音乐的先锋城市，获得中国音乐家协会颁发的"改革开放 30 周年中国流行音乐先锋城市"勋章。

此外，这一阶段深圳原创戏剧和经典戏剧的形式和内容创新，也在全国产生了很大影响，获得多项国家级和省级艺术大奖。

如果说 2000 年至 2012 年这一阶段的艺术创新，是深圳全面创新和先行示范时期艺术创新的前奏和铺垫，形成了艺术创新的高原，那么，2012年党的十八大以来的深圳艺术创新，已从高原走向高峰，产生了艺术精品震撼全国、影响世界的轰动效应。近10多年来，在习近平文化思想指引下，深圳市委市政府牢记先行示范的历史使命，进一步加大了实施文艺精品创作工程的力度和高度，引导艺术家们把中国优秀传统文化的创造性转化和创新性发展，融入艺术创作的具体实践中，坚持为时代画像、为时代立传、为时代明德的创作目标，激发创意，推陈出新，以文艺精品绘画新时代的精神图谱和深圳城市文化创新发展的宏伟蓝图。

深圳艺术创新在从高原到高峰的攀登过程中，形成了突出主旋律、传播正能量的独特标志。党的十八大以来，深圳共有24部作品获中宣部"五个一工程"奖，73部作品获得广东省"五个一工程"奖。其中纪录片《柴米油盐之上》、广播剧《南海榕》、歌曲《少年》、电视剧《湾区儿女》等获奖作品实现了艺术的新突破，产生了极大的示范效应。

深圳文艺精品创作引起了全国乃至全世界的瞩目。仅从2023年年初以来，深圳就有一大批艺术精品刷新了深圳的城市文化形象。电影《邓小平小道》《奇迹·笨小孩》双双荣获中国电影华表奖优秀故事片奖；电视剧《青春之城》在央视一套黄金档播出；原创歌剧《先行者》登上中国歌剧节；交响乐《英雄颂》奏响国家大剧院；人工智能主题舞剧《深 AL 你》在全国巡演；尤其是原创舞剧《咏春》，刚一登场就立即走红，在国内巡演中掀起一场场热潮。同时还受到世界多国邀约，并即将赴海外巡演，担当起中国文化"走出去"的艺术大使角色。

此外，这一时期的建筑艺术和雕塑艺术创新也取得了骄人的成就，为提升深圳城市文化形象发挥了独特的作用。一柱擎天的平安金融大厦，高耸入云的京基100大厦，生机勃发的华润"春笋"大厦，都以其奇特的建筑造型，成为新时代深圳的新地标；正在规划兴建的"新十大文化设施"，包括深圳歌剧院、深圳改革开放展览馆、深圳创意设计馆、中国国家博物馆·深圳馆、深圳科学技术馆、深圳海洋博物馆、深圳自然博物馆、深圳美术馆新馆、深圳创新创意设计学院、深圳音乐学院等设计风格新颖、造型别致的现代建筑，它们的落成和投入使用，必将进一步展现深圳建筑设计艺术创新的突出成就，进一步提升深圳的城市文化形象。另外，人才公园内的名人塑像和华侨城区域的市井生活群雕，也都显示出全新的艺术创意，给观众留下了深刻印象。

　　有专家指出："改革开放初期，深圳人以敢为天下先的精神，开启了中国改革开放的浪潮，谱写了世界瞩目的创新篇章，写就了中国改革开放史上'春天的故事'。进入新时代，深圳文艺工作者又以自强不息的精神，不断推进艺术创新，让深圳在经济和文化方面达到了更高程度的和谐共振，建构了光彩夺目的城市文化形象，使深圳成为展示中国式现代化、中华民族现代文明的重要窗口。"

　　综上所述，深圳城市文化形象建构的重要原动力是持续不断的艺术创新，并在艺术创新的历史进程中不断提升。艺术创新为深圳增光添彩，深圳为艺术创新提供广阔舞台。艺术和城市的相互作用，成就了深圳现代化国际化城市的崭新形象。深圳正以全新的精神风貌，走向全球创新创意之都和社会主义现代化国家城市范例的宏伟目标。

"界本"思想中的边界、对反与工具

深圳大学　陈泳桦

在古希腊，有一位传说中的国王名叫忒修斯（Thēseus），他建立了雅典这座城市。为了纪念他，雅典人决定保留他在海战中的战船，然而随着时间的流逝，这艘船开始腐烂。人们想要修复和保存这艘船，准备用相同材料的新木板，将腐烂的木板换下。问题在于当这艘船被其他木材所替换的时候，他还是原来的"忒修斯之船"吗？当替换了多少块木板的时候，它不再是"忒修斯之船"？这就面临着一个边界的问题，也即是哲学上所说的"同一性与差异性"的问题①。在这里，存在着两种边界问题，第一种是物质内部的边界，第二种是物质与物质之间的边界。从物质的内部看，分子通过不断地分解与组合，形成了某种运动，产生了新的事物，也即是"忒修斯之船"从完好到腐烂的过程，但我们看不到腐烂的过程，只能看到腐烂的结果。从物质与物质之间的变化来看，则体现着一种人类实践行为，也就是上文所说的当人们替换了多少块木板的时候，它就不再是"忒修斯之船"了。这就类似于经济学中的"边际效应"（marginal utility）：当投入达到某个临界点时，收益就开始减少。当量变累积到某种程度时，质变就发生了。物质是一种存在物，能够唤起人类的感知②。问题在于，有些质变是可以感知的，比如木板发展成腐烂这一状态；有些质变则是难以判定的，比如替换多少块木板后，"忒修斯之船"就不再被称之为"忒修斯之船"了。之所以存在边界难以界定的问题，不是因为边界不存在，而是因

---

① ［美］诺桑·S.亚诺夫斯基：《理性的边界》，王晨译，北京：人民邮电出版社2023年版，第41—42页。

② ［法］保尔·昂利·霍尔巴赫：《自然的体系》，管士滨译，北京：商务印书馆2017年版，第28页。

为边界具有"模糊性"，这也从侧面证明边界问题是一个极为复杂和重要的问题。

一、多种边界

界是对空间范围、阈值、限度等的标识界定，它不仅是一般的界限尺度，还具有一种普遍性的范畴意义①。界具有普遍性和必然性，万事万物都包含边界的问题。从宏观层面、中观层面和微观层面来看，宇宙（天）、身体（人）和计算机（数码物）存在边界。这三者存在紧密的联系，且具有代表性和层级性：宇宙是世界形成和人类生存的起点；反过来，人类又常常将自身的身体呈现为宏观宇宙的一个微观缩影，在中世纪，人被视为小的宇宙，而宇宙则被视为人的放大，"人类方圆几何图"就是这一想象物的投射；除此之外，宇宙常被比喻为一台计算机，迈克尔·J. 斯皮维在他的《万物理论：自反性的物质、生命、系统和宇宙》一书中，将计算机的概念用于解释生命、宇宙和万物，在万物的运动中，存在一种嵌套关系，从灵魂到身体，从身体到环境、从环境到宇宙，从宇宙到计算机等，在这种嵌套之中，万物生长，无穷无尽。

（一）宇宙之界

从宏观层面而言，宇宙存在边界。霍尔巴赫提出"自然的体系"，将物质的不同特性、组合和变化的活动方式称之为事物的"本质"，而"本质"所产生出的事物的不同秩序、等级或体系的总和则称之为自然②。从某种广义上而言，"自然的体系"可被视为"宇宙的体系"，宇宙作为一个大的整体，不同物质在其间分解和组合，构成不同的形态，并形成某种普遍性。与之相对的是，牛顿从力学原理的层面出发，探讨天体运动，这是狭义层面上的"宇宙体系"。关于"宇宙如何起源"，即"宇宙的体系"如何形成与发展，是哲学家和科学家们一直关心的问题。有些神话认为宇宙由混沌产生，进而分化成天地和万物；有些神话则认为宇宙由神创造。到了现代，笛卡尔的"普遍怀疑论"开启了现代哲学的转向，他将上帝的存在视为"完满的一"。直到 1929 年，艾德温·哈勃（Edwin Hubble）通

---

① 刘洪一：《"界"的范畴意义与工具价值》，《哲学研究》2021 年第 11 期，第 66 页。
② ［法］保尔·昂利·霍尔巴赫：《自然的体系》，第 10 页。

过观测发现宇宙正在膨胀（expansion of the universe），通过这一发现，他推测出宇宙在诞生之初处于一种高温致密状态，也即是"宇宙大爆炸"（The Big Bang Theory）。爱因斯坦的"广义相对论"曾预言，时空在大爆炸奇点处开始，就会在奇点处结束。为避免宇宙的奇点，霍金（Stephen Hawking）提出了宇宙"无边界设想"，认为宇宙是完全自足的，不被外在事物所影响，既不被创生也不被消灭，因此宇宙没有开端[1]。为避免宇宙的初始问题，霍金将宇宙描绘成像地球一样的表面，即宇宙的尺度是有限的，但宇宙没有边界。霍金曾表示，任何物理学理论都只是一种假说，只是暂时性的，因此无法证实，这也为他的宇宙"无边界假设"的修正埋下了伏笔。在霍金生命的最后时期，他改变了自己的观点：他认为宇宙并不是创生的。他声称《时间简史》的视角错了，他先前以上帝的视角看待宇宙，现在需要一种新的（物理）哲学思想来为宇宙学服务[2]。这一观点被他的弟子兼同事托马斯·赫托格根据其遗愿整理成《时间起源》。霍金的"无边界假设"陷入一种"循环论证"的漩涡之中，他为了避免宇宙奇点而引入了"虚时间"的概念，并用这个概念来描述起点的不存在，"虚时间"的概念引发了宇宙"有限无界"的设想，继而通过这一观念来避免宇宙奇点。（另有学者提出"虚时间"与真实没有任何关系[3]，因此，霍金的"无边界设想"就更待商榷。）本文认为宇宙存在边界，这可以从物理学上找到两种依据，一是根据弦理论所论证的那样，宇宙可能存在"宇宙弦"这种物质，"宇宙弦"之间有线状边界，在M—理论中有一类"膜"就是这种"宇宙弦"，它可以截止空间，并被认为是时空的边缘，"镜像宇宙"就是这种理论下的产物[4]；另一种依据则是埃弗里特（Hugh Everett）的"多重宇宙"（Multiverse），他认为整个宇宙被分成了多个宇宙，在我们的宇宙之外，可能还存在其他的宇宙。"镜像宇宙"和"多重宇宙"表明，宇宙可能存在多重时空，它们相互叠加，而我们生活的宇宙可能只是其中一个。从这个层

① ［英］史蒂芬·霍金：《时间简史》，许明贤、吴忠超译，湖南：湖南科学技术出版社2017年版，第144—181页。

② ［比利时］托马斯·赫托格：《时间起源》，邱涛涛译，北京：中信出版社2023年版，第194—195页。

③ ［以色列］阿里耶·木-纳伊姆：《时间的起点》，李永学译，北京：北京联合出版社2021年版，第156页。

④ ［美］斯蒂文·斯科特：《弦理论》，季燕江译，重庆：重庆大学出版社2015年版，第100—105页。

面而言，宇宙是存在边界的。

（二）身体之界

从中观层面而言，身体存在边界。身体是一个极其含混的词语，它将物质与精神、主体与客体统摄于一体。在某种程度上而言，含混并不意味着没有边界，而是边界被悬置起来了。就如同门与窗一样，门与窗既不属于内部，也不属于外部，而是内部和外部的一个通道，是外部的"内部"，内部的"外部"。当身体作为外部的"内部"时，它是内嵌的，和感官、意识和精神等紧密联系，在这种语境之中，与其说身体存在一种边界，倒不如说身体充当一种环境。而当身体作为内部的"外部"时，它是向外开敞的，身体的皮肤有一层膜，"膜"本身就有边界的含义，身体作为一种边界，是通达外部环境与内在机体的中介。身体作为一种媒介，扮演着一种沟通的角色。一方面，媒介有"中介""居间性"的含义，隐含着"距离"之意；另一方面，媒介又试图消除这种距离。人类作为"最初的媒介"，这可以在麦克卢汉（Marshal McLuhan）的"媒介即人类的延伸"中找到依据；随着现代社会技术的发展，媒介不再仅仅是作为人类的延伸，而是呈现出相反的形态，"人类即为媒介的延伸"，人类成为"最终的媒介"。这可从基特勒（Fredirch Kittler）那句"媒介决定我们的处境"（Media determine our situation.）中发现端倪。人类从"最初的媒介"向"最终的媒介"的转变，是一种消弭距离的行为，体现出一种边界意识。身体的历史，是媒介化的历史，是外化于身体的物对身体的实践和改造，唐娜·哈拉维称之为"赛博格"（cyborg）、吉尔贝·西蒙东称之为"技术物"（technical objects）、贝尔纳·斯蒂格勒称之为"外在化"（exosomation）。身体作为媒介，与人类的感官存在接口，脑机接口就实践了这种媒介观，人的身体成为机器的终端，"缸中之脑"不再只是作为一种思想实验，而正在成为现实。当我们试图消除这种距离与边界的时候，也应该反思一个问题，即如果人控制、操纵生命本身的能力有界限的话，那么它的界限在哪里？[①] 这也是生物媒介技术所提出的问题，人类在对生物媒介技术进行反思的时候，反思的正是人类与外在于人类的物的界限问题。

---

① ［美］尤金·撒克：《生物媒介》，载［美］W. J. T. 米歇尔、马克·B. N. 汉森主编：《媒介研究批评术语》，肖腊梅、胡晓华译，南京：南京大学出版社 2019 年版，第 106 页。

（三）计算机界面

从微观层面而言，计算机存在边界，这个边界就是计算机界面。计算机界面作为一种媒介，是媒介的媒介，因此也被称为"元媒介"。计算机界面遵循点阵原理，由点成线，水平形式和垂直形式构成了矩阵，并将解码的图像投射在计算机界面上；计算机的矩形实体形成了多个视窗，人们可以在多个视窗中相互跳转，实现界面的多维观看和体验。计算机界面背后的逻辑则是通过操作系统对二进制 0 和 1 进行排序，形成一连串的数字序列，并在端口进行解码，形成图像；计算机界面作为一种界面，是一种界分，它区分了"屏幕之外"和"屏幕之内"。"屏幕之外"的客观世界被框定在"屏幕之内"，形成了一种视觉上的观看机制，它将注意力和知觉力从外部聚焦到界面之上，形成一种新的视觉透视。由于这种框制，计算机界面形成了一种边界，观看的范围、方式和体制都将发生改变。世界被框定在矩形的排列与嵌套之中，矩阵之外的世界是真实的，矩阵之内的世界是虚拟的，矩阵与矩阵之间相互嵌套，形成层次或超链接，在虚拟的视窗之间跳转。真实的世界与虚拟的世界同时共存，计算机界面成为沟通两者的通道。

万事万物都有边界，边界是世界存在的本质。本文从宏观、中观和微观层面出发，选取了三种具有代表性的边界，即宇宙之界、身体之界和计算机界面，并形成了"天—人—物"的逻辑结构。宇宙作为一种边界，使得宇宙从单数变为复数形式；身体作为一种边界，是通达外部环境与内在机体的中介，并使得外在于身体的物成为身体的延伸；计算机界面区分了界面的内部和外部，形成了一种视觉上的观看机制，并沟通了真实和虚拟的世界。界作为初始的范畴工具，对世界万物加以界分和义界，并生成为一种判断尺度，具有逻辑认知的范畴意义和工具功能①。界是一种逻辑工具，界的根基性使其作为一个逻辑起点，并通过界分形成差异，并在差异中创造新的价值和秩序。

---

① 刘洪一：《构建人类普惠新文明：机理机制与逻辑工具》，《中国比较文学》2021年第2期，第 190 页。

二、多种对反

在认知的逻辑序列上，界总比那些范畴早了一步，成为各类范畴的催生者、叫醒者，呈显了一种元范畴或范畴中的范畴之意义[①]。界作为"范畴的范畴"，是一种元范畴，划分了多种范畴，形成了多种对反。本文选取了三种对反，即物质性与去物质性、可见性与不可见性、对抗性与生成性。物质性是万物存在的基础；可见性是人类感知的方式；生成性则是存在与感知的延伸。这三者与其对反物不是简单的二元对立，而是通过界分产生差异，并通过相互作用形成新的秩序。

（一）物质性与去物质性

在宇宙在诞生之初，一切都还只是虚无，宇宙大爆炸经历了从"无"到"有"的过程，物质的凭空出现成为一个谜题和难题。量子理论或许可以解释这一难题。量子力学的基础之一是不确定性原理（uncertainty principle），指的是一个粒子的位置和速度无法同时测量，其中一个量越确定，另一个量的不确定性就越大。德国物理学家维尔纳·海森堡（Werner Heisenberg）将这种描述粒子速度与位置关系的不确定性原理用于理解质量和时间的关系。这一原理表明，在某段时间内，粒子可以凭空出现或消失。在宇宙诞生的 138 亿年间，共经历了大爆炸时期、普朗克时期、爆胀时期等不同时期，并逐渐发展成当前的恒星时代[②]。当时间 T=0，宇宙处于大爆炸时期，量子不确定性使时间、空间和能量以一种超致密混合形式而存在；当时间 $T=10^{-43}$ 秒时，宇宙处于普朗克时期，这是从混沌向界分的转换，发生了第一次宇宙相变，并产生了时间和空间；后面的几个时期则依次产生了多种物质，并由这些物质产生了星系。维兰克·维尔切克将这一过程描述为"物质混合到一起，温度上升；电子从原子中逃出，高速运动的电荷急剧地向外发出辐射；高速移动的质子和中子挤压得密密麻麻，形成一团沸腾的夸克－胶子汤"[③]。因此"无"不是"空无一物"，而是一团沸

---

① 刘洪一：《"界"的范畴意义与工具价值》，第 68 页。

② ［英］保罗·帕森斯：《宇宙起源：大爆炸始末》，蒋云、陈维译，南京：江苏凤凰科技出版社 2020 年版，第 42—45 页。

③ ［美］弗兰克·维尔切克：《万物原理》，柏江竹、高苹译，北京：中信出版社 2022 年版，第 141 页。

腾的粒子，在现实世界中徘徊[①]。量子理论解释了宇宙从"无"到"有"的过程，粒子在某段时间内，可以凭空出现；粒子出现后，则实现了从"一"到"多"的转化过程。

身体与精神存在一种悖论：一方面，精神不能脱离身体而独立存在，精神需要依附于身体，需要物质性的载体才能显现自身；另一方面，身体的一系列运行又受到精神的支配。身体和精神的关系如同形象（image）和图像（picture）的关系，image 代表着某种虚拟图像（virtual image）或者精神图像（mental image），强调其非物质性；picture 则是物质性。一言以蔽之，picture 即是 image 的物质性存在。有理论家提出了"无具身图像"（disembodied image）的概念，生动地描述了形象是脱离物质载体的图像。由于形象是虚拟的，在现实生活中，形象需要依附物质而存在，它通过依附物质，才能从一种载体转向另一种载体。就如同克里斯托夫·武尔夫所说的那样："图像赋予事物以形象，它并非实实在在存在于图像，却可以在图像中显现。"[②]思想和意识被认为是去物质化的，但神经元又是物质化的，思想不能跟大脑和神经系统中的一系列活动相分离的。在身体层面，一方面，身体的物质性嵌套着精神的去物质性，有限性是物质的，无限性是非物质的，无限性被有限性所统摄。正如威廉·布莱克所说的那样，"无限性"孤身存在于"限定"的和"确定"的"身份"中；也正如黑格尔所说的那样，真正的无限一般被认定是限定（determinate）的存在[③]。另一方面，两者的边界在不断拓展。"生物媒介不断提出两个要求：生物以信息的形式出现，同时，那个信息还要以基因或蛋白质化合物等质料形式出现。"[④]也就是说，生物既是作为物质而存在，也是作为信息而被储存。当生命作为一个信息处理的过程，通过基因测序等方式，将基因数据进行储存、修改和操控等，并合成生物有机体时，就是一个物质性与非物质性分离和融合的过程。

计算机界面是一个透明的界面，其终极目标是达到一个"无界面"的

---

① ［英］保罗·帕森斯：《宇宙起源：大爆炸始末》，第 34 页。

② ［德］克里斯托夫·武尔夫：《人的图像：想象、表演与文化》，陈红燕译，彭正梅校，上海：华东师范大学出版社 2020 年版，第 52 页。

③ ［美］W. J. T. 米切尔：《元图像：理论及其理论话语》，唐宏峰译，上海：上海人民出版社 2023 年版，第 79 页。

④ ［美］尤金·撒克：《生物媒介》，第 103 页。

界面，无论其界面设计得有多么"透明"，都能够感受到界面本身的存在，因此并不存在"无界面"的界面，"无界面"的界面只是一种理想的形态。计算机界面试图通过去除中介而实现沉浸式体验，这是一种透明性的体现。计算机界面以一种"透明直感"（immediacy）和"超媒介性"(hypermediacy)的双重逻辑运行，也即是我们的文化既想要它的媒介成倍增长，又想要抹去媒介化的所有痕迹：理想的情况下，它想在媒介化技术成倍增长的同时让媒介消失。[①]最典型的就是虚拟现实技术，一方面，它试图通过媒介融合实现技术的叠加（"超媒介性"），另一方面又试图通过否认中介实现沉浸式体验（"透明直感"）。"虚拟现实、三维图形和图形界面设计，都在试图让数字技术变得透明。在这种情况下，透明的界面是一个可以自我清除的界面，这样用户将不再意识到面对的是一个媒介，而是处于一个与媒介内容的直接关系里。"[②] 计算机界面的物质性和去物质性体现在这种"透明性"之中，一方面，虚拟影像需要借助界面而实现观看；另一方面，虚拟影像又通过去物质性和去媒介化而实现沉浸式体验。

（二）可见性与不可见性

在宇宙大爆炸后，宇宙中95%的物质都消失了，宇宙中还充斥着很多看不见的物质，这些物质通常被称为"暗物质"，"暗"即是"不可见"。关于暗物质的构成，有些科学家认为是由粒子构成的，而有些科学家则更倾向于暗物质是由看不见的普通物质所构成，黑洞就是一种看不见的普通物质。黑洞之所以被人类密切关注，是因为黑洞能够将它附近的物质以超快速度吸引过去，连光都无法逃脱。"黑"表示的是这种物体的绝对黑暗，黑暗的表面叫作黑暗的视界，由于光无法从黑洞里跑出来，因此视界外的人无法看到视界内的状况[③]。由于大量的物质和能量被压缩在一个非常小的体积和空间之中，从而使黑洞产生巨大的引力。暗物质难以观察到，对暗物质的观察通常是通过间接探测，即通过黑洞对可见物质的引力作用而间接探测黑洞。2019年天文学家通过这种间接探测的方法，勘测并发布了人类有史以来的第一张M87黑洞图像，这张黑洞图像曾被评论家们认为是

---

① ［美］杰·大卫·博尔特、理查德·格鲁辛：《再媒介化》，载《文化研究（第43辑）》，张斌译，北京：社会科学文献出版社2021年版，第4—5页。

② ［美］杰·大卫·博尔特、理查德·格鲁辛：《再媒介化》，第9页。

③ ［美］斯蒂文·斯科特：《弦理论》，第33—34页。

"我们已经在时空的尽头看到了地狱的大门"①。对不可见的暗物质的研究恰好是通过对可见性物质的观察而得到的,但我们之所以关注暗物质的形成和发展,恰恰是为了对宇宙中的物质及其结构做进一步研究,从而对整个宇宙做整体性把握。通过观测"可见性"探索"不可见性",并通过了解"不可见性"而把握"整体性"。

人类作为一种高级的生物,可以观察其他物种,但却不能反观自身。一方面,我们之所以看不见生命本身,是因为生命呈现出的非物质性是不能被计算的,除此之外,生命在大脑中的涌现过程也是不能被模拟的。这也使得生命科学显示出一种悖论性:人们试图用科学的方法去研究、分析和量化生命,但生命本身又是不能触碰和简化的②。另一方面,我们之所以看不见生命本身,是基于人类自身的局限性,正如我们不知道自己是否在做梦,不知道自己是否是"缸中之脑"一样。我们无法观看生命本身,是因为生命本身是不可见的;我们无法观看视觉本身,是因为视觉本身是不可见的。观察生命和视觉本身,需要借助更高层次的力量,正如柏格森所说的那样,"我们并没有超越我们的智慧,因为我们依靠我们的智慧,通过我们的智慧才看到意识的其他形式"③。就如同人类无法撬动地球一样,人类也难以认识自身,人类的智慧需要一个支撑点。但由于这个支撑点是外化于人类的,因此人类无法在不借助这个支撑点的情况下审视自己。

"计算机"的词源有一个隐形的目标:达成、完成明确的结果④。计算机的底层逻辑是计算机二进制以及函数的调取和运算规则。计算机使得一切都被数字化了,一切都被比特和字节所表征,比特和字节所表征的是有限性的,但调用字节的函数却是无限性的。数据结构将二进制的逻辑统摄其中,通过函数调取和运行等一系列操作,将抽象的数据可视化为图像或者符号。与之相对的是,客观世界的图像或者符号也通过这一规则存储在计算机中,以字符的形式保存。对于前者而言,是一种数据化的过程;对于后者而言,则是一种对象化的过程。在这种双向的过程中,装置成为两

---

① 〔英〕BBC《聚焦》杂志编:《太空的边界,揭开宇宙探索之谜》,邵杜罔译,杭州:杭州人民出版社2021年版,第127页。

② 〔美〕尤金·撒克:《生物媒介》,第102页。

③ 〔法〕亨利·柏格森:《创造进化论》,姜志辉译,北京:商务印书馆2019年版,引论第4页。

④ 〔意大利〕伊沃·夸蒂罗利:《被数字分裂的自我》,何道宽译,北京:中国大百科全书出版社2021年版,第9页。

者的沟通渠道，"功能执行者通过对他的外在之物（输入与输出）进行控制，但又因为装置内在的不透明性而被装置支配"①。一方面，装置是一个"暗箱"，功能执行者受制于装置的内部结构，无法观察内部的运行过程；另一方面，装置通过将自身程序化，在界面上以一种集成化的形式存在，方便功能执行者操作。但由于数据以打包的形式生成，并形成模块化，功能执行者无法操纵功能，反被功能所操纵。

（三）对抗性与生成性

在宇宙大爆炸中，光有物质是不够的，还需要反物质的存在。反物质与物质内部的结构一样，只是它们的极性发生了翻转。通过异性电荷相互吸引，相互抵消，产生巨大的能量。物质与反物质的相互作用，才能产生巨大的能量，从而引发宇宙大爆炸。宇宙在诞生之初，通过物质与反物质的相互作用力，使得自身不断膨胀。粒子的对抗性使得宇宙不断生成，这才使得哈勃观察到了一个膨胀的宇宙，但爱因斯坦却推断出宇宙正在收缩。爱因斯坦认为，随着宇宙向外膨胀，充斥其中的物质就越稀薄，暗能量对它的控制力就越强，再过几十亿年，宇宙将由暗物能量构成②。随着宇宙从膨胀到冷却，能量逐渐减弱，直到剩下一片黑暗的虚无，这就是"热寂"理论。恩格斯从物质不灭的角度去理解宇宙从膨胀走向热寂的过程，他认为物质在运动与转化中得以生成。就像戴维·波姆所说的那样，"变化过程本身就是一切，而一切物体、事件、实体、条件、结构等都是能够从这一过程中抽象出来的形式"③。物质是从运动和变化中抽离出的形式，物质在运动和变化中转化和生成。因此，宇宙在诞生之初，物质与反物质通过相互作用而产生巨大的能量，从而使宇宙膨胀。随着宇宙向外膨胀，可能会走向"热寂"，但宇宙能够进行自我调节，失衡本身又能自主平衡④。因此能量会以一直新的方式转化，并形成一种新的秩序。作为逻辑认知的启始，借助于自然秩序的最前端，以界的否定－肯定方式使混沌走向万物差异化

---

① ［巴西］威廉·弗卢塞尔：《摄影哲学的思考》，毛卫东、丁君君译，北京：中国民族摄影艺术出版社 2017 年版，第 26—27 页。

② ［德］托比阿斯·胡阿特、马克斯·劳讷：《多重宇宙：一个世界太少了？》，车云译，北京：生活·读书·新知三联书店 2014 年版，第 68 页。

③ ［美］戴维·波姆：《整体性与隐缠序》，张桂权译，洪定国、查有梁校，北京：商务印书馆 2023 年版，第 69 页。

④ ［美］凯文·凯利：《失控：全人类的最终命运和结局：修订版》，张行舟等译，北京：电子工业出版社 2023 年版，第 123 页。

的存在，其本质是走向宇宙秩序①。

在身体内部，神经元之间的相互作用使得信息得以交互。神经元之间通过突触连接，并通过轴突发送信号。人类的每一次决策行为的背后，都不只是一种突触行为，而是神经元在接收到几十种突触信号后协同作用所形成的，这种行为在前额叶这个枢纽中进行交互、反馈和同步。人类所有的意向都是从大量因果关系的复杂交互中涌现出来的，并且在这种因果关系中，存在着一个动力系统，不仅诱因会产生后果，后果也会反过来强调自己的诱因，这就是一个"自组织"的过程②。这个"自组织"的过程，不是由于某个部分所产生的涌现，而是由某种关系所共同决定的。神经元之间，既相互影响，又共同作用，从而为人类的决策奠定基础。当身体面向外部环境时，非生命的事物已经成为生命的延续。贝尔纳·斯蒂格勒认为技术是一种器官学的延伸（organological extension），而不是器官延伸（organic extension）——是生命借助于生命之外的手段而追求的东西③。器官学所包含的不仅是器官的，还包含非器官的，技术作为外化于身体的存在，作为一种非器官的表征，却成为身体和生命的延续。因此，身体无论是向内嵌入，还是向外开敞，都通过不同对象的相互作用而发展和生成。

艾伦·图灵在《计算机器与智能》的文章中提出了一种思想实验，这在后来被人们称为"图灵测试"。"图灵测试"通过假定一种"模仿游戏"，从而提出计算机在和人类的交互中，在多大程度上能让人类相信它也是人类。"图灵测试"和《仿生人能梦见电子羊吗？》中的"沃伊特·坎普夫测试"有类似之处，都用来测试人类与非人类之间的界限。无论是"图灵测试"还是"沃伊特·坎普夫测试"，都是基于一种"对抗性"原理，即通过对人类和非人类的交流和碰撞，验证其主体性存在。2022年，OpenAI发布ChatGPT模型用于生成自然语言文本，生成式对抗网络（Generative Adversarial Network，简称GAN）是一种深度学习模型，通过生成一个生成模型（Generative Model）和判别模型（Discriminative Model），并使两者通过博弈的模式进行学习。GAN是一种对抗式（adversarial）结构，通

① 刘洪一：《"界"的范畴意义与工具价值》，第69页。
② ［美］迈克尔·J.斯皮维：《万物理论：自反性的物质、生命、系统和宇宙》，刘林澍译，北京：机械工业出版社2023年版，第58页。
③ ［法］贝尔纳·斯蒂格勒：《南京课程：在人类纪时代阅读马克思和恩格斯——从〈德意志意识形态〉到〈自然辩证法〉》，张福公译，南京：南京大学出版社2019年版，第84页。

过一种对抗的训练方法进行学习。从"图灵测试"到"生成式对抗网络"，对抗的方式从人和机器之间的对抗变为机器和机器之间的对抗，并通过这种对抗实现了信息和技术的提升。

边界的出现使得混沌有了界分和多样性，从而有了差异及关联，也就是有了秩序[①]。秩序是流动的，流动意味着打破平衡，产生差异，这从本质上说明在一个整体性和系统性的世界中，否定与肯定，是与非等部分之间相互推动。任何差异物的存在有赖在相关对反物间建立联通的媒介，使对反的否定呈现为缓冲、过渡、可存续的逻辑秩序和自然价值[②]。通过对反物之间的相互作用，生成了新的平衡和秩序。

三、多种尺度

在事物的存在和界分中，先有工具，才能出现划分的尺度；其次，工具的界分才能产生边界和对反。其顺序是一种基于"工具—边界—对反"的逻辑，这是一种从本质到现象的过程。但在现实世界中，我们是先看到边界和对反的存在（边界虽然是先于对反而出现，也即是先有边界，才能形成对反，但边界的产生常常伴随着对反的出现，对观察者而言，边界和对反很多时候可以被视为同时产生），后才通过这两者去反推工具，其顺序是基于"对反—边界—工具"或者"边界—对反—工具"的逻辑，这是一种从现象到本质的过程。本文尝试从"边界—对反—工具"的顺序出发，通过现象透视本质，实则是想作为一种案例和思路，从而反思工具和尺度的重要性。承上文所言，对本质和现象的探究，存在两种不同的逻辑，一种是基于存在的逻辑，另一种是基于探究的逻辑。两种逻辑的顺序不同，就会导致其结果不同，其背后折射的其实是工具和尺度的问题，这既表现在工具的划分尺度上，也表现在工具的划分方式上。

对于工具划分尺度的问题，要用上一级的尺度去划分下一级，这是极为重要的。也就是说，划分尺度不是固定的，而是随着划分层级的变化而改变的，我们要根据对象的不同而变换尺度。"视觉不可视"的问题实则就

---

① 刘洪一：《边界的始基性与边界辩证法》，《中国社会科学报》2023年01月06日，第008版，第1页。

② 刘洪一：《"界"的范畴意义与工具价值》，第73页。

是划分尺度的问题，不能以同一级的尺度去划分自身，这会陷入一种自反性之中。从这个层面而言，我们可以推断出工具具有层级性和秩序性，只能通过上一级的尺度去划分下一级的尺度，而不能通过下一级去推断上一级，这就印证了为什么我们无法推断在宇宙大爆炸之前发生了什么，正如弗兰克·维尔切克所说的那样，"我们不能看到比大爆炸以来光走过的距离更远的事物，这定义了我们宇宙的视野界限，即视界"①。这种视界就是一种反推工具的做法，这种做法不仅不能推论出上一级，还能暴露出自身的局限性。

工具的划分方式的问题则显得更加复杂，以量子理论中的不确定性原理作为范例。不确定性原理表明，我们无法同时处理两个信息，因为它们彼此之间会造成干扰。如果要获取其中一个信息，就必须悬置另一个信息，反之亦然。但一旦先处理其中一个信息，另一个信息就会被损坏，这被称为"互补性"。因此，由于测量顺序不同，就会坍缩为不同的值，从而影响结果。在测量中，由于实验者也成为实验的一部分，成为一种测量尺度，因此无论实验者如何测量，都会影响实验的结果②。之所以存在这种情况，是因为存在两种尺度，一是将实验者作为一种尺度，二是将实验者所用到的测量工具作为一种尺度。测量工具是实验者的工具，是"工具的工具"，是一种"二级工具"，这被生动地比喻为"一根刺用来挑出脚底的另一根刺，然后丢在第一根刺的路上"③。一方面，"互补性"使得信息的测量存在"不确定性"；另一方面，实验者的介入使得测量结果的"不确定性"变得更加不确定。之所以造成这种双重"不确定性"，是因为工具作为一种媒介，本身具有透明性。媒介一方面使事物显现，一方面又使事物隐匿其中。以语言为例，语言作为一种工具，与思想密不可分，但当我们接触非母语时，思想的传达就需要依附语言的翻译和转化，思想无法完全显露自身，意义就会被遮蔽。"说意义是透明的，实际上是指意义在介质中完全显露自身，完全抹去介质的存在，从而以完全透明的方式来展示思想，也就是说，令思想的传达可以畅然无碍并准确无误。"④但由于工具作为一种介质，介

① ［美］弗兰克·维尔切克：《万物原理》，第27页。
② ［美］诺桑·S.亚诺夫斯基：《理性的边界》，第218页。
③ ［意大利］伊沃·夸蒂罗利：《被数字分裂的自我》，第49页。
④ ［瑞士］艾曼努埃尔·埃洛阿：《感性的抵抗——梅洛-庞蒂对透明性的批判》，曲晓蕊译，福州：福建教育出版社2016年版，导言第18页。

质本身不能隐于无形，就会使得思想和意义无法完全展示，这就是透明性的悖论。不确定性原理中的测量和透明性的逻辑极为类似，工具的介入使得测量结果发生变化，但测量又不能脱离工具而独立存在，这就使得测量陷入僵局之中。

还有一类有关工具的划分方式的问题值得注意，这和工具本身的不可知性有关。上文提到"忒修斯之船"存在一种边界的"模糊性"。对于"模糊性"，哲学家分为两个派别，一派认同本体论的模糊性（ontological vagueness），另一派则倾向于认识论的模糊性（epistemic vagueness），本体论的模糊性是词的确切含义不存在，认识论的模糊性则认为词存在确切定义，但不知道是什么①。"忒修斯之船"的问题是一个复杂的问题，本文认为"忒修斯之船"的问题属于"本体论的模糊性"的范畴，即我们很难对"忒修斯之船"给出明确的定义，不管是从"忒修斯之船"的质料和结构，还是对"忒修斯之船"所体现的历史和时代精神，都是难以界定的。之所以会出现"本体论的模糊性"，是因为对边界划分的条件难以作明确说明，这种划分条件是工具的前提，是工具的初始化状态。这就不难理解，当工具自身处于停滞化状态，无法从初始化向运动化发展，就会造成工具自身的不可知性和边界的模糊性。那么，现实世界中有关边界模糊性的问题就可以得以解决，这并非是边界不存在，而是工具本身具有不可知性。

综上所述，工具的划分尺度问题和划分方式问题，会影响对边界的界定。就工具的划分尺度问题而言，不同的工具具有不同的尺度，要根据对象的不同而变换工具的尺度；同时要注意划分顺序应从上一级到下一级，如果改变顺序，就会陷入自反性之中。就工具的划分方式问题而言，工具本身所具有的透明性和不可知性可能会引发边界的不确定性，但这并不能否认边界的存在，而是由于工具自身存在局限性，使得由于工具处于上一级，而对下一级的界分产生影响。

界是"范畴的范畴"，是一种元范畴，界的工具性、根基性和生成性具有重要作用。作为初始性的认知范畴，界在对世界万物的类性、质量做出最初的界分之后，世界万物的差异性和多样性才有了认知前提，人类不同的思想逻辑才有了序列的生发端点②。第一，界是一种逻辑工具，明确

---

① ［美］诺桑·S. 亚诺夫斯基:《理性的边界》，第 65 页。

② 刘洪一:《"界"的范畴意义与工具价值》，第 68 页。

了事物划分的尺度和方式，这对于边界的确定有重要的作用。第二，界具有根基性，这是由界作为"元范畴"所体现的，界决定了事物的起点。第三，界具有生成性，自旋（spin）、自催动（auto-catalysis）、自创生（auto-poiesis）、自组织（self-organization）是一种自我指涉（self-referential），很容易陷入一种自足和自我控制的闭环之中，从而被自身所反噬；生成性基于差异性而存在，通过作用力与反作用力的相互碰撞而呈现出螺旋式的发展动态。界的工具性决定了划分的尺度和方式，界的根基性决定了事物的起点，界的生成性则决定了事物发展的可持续性，事物在"有、无、合、变"的发展过程中形成新的平衡和秩序。

论界学的缘起

深圳大学　赵全伟

第三代新儒学代表人物之一——成中英教授在《两界学的问题、范式和界域：从〈两界书〉论起》中，盛赞《两界书》兼容并包，涵涉心灵与自然，借助半寓言、半历史的陈述风格，剖析人类对世界万物的求知精神及追求生命价值的激情，人类在此过程中身心也陷于存在的界限概念之网中难以挣脱。生命之有限、生活之复杂、历史之诡谲均在界限概念的射程之内，界限之学已经成为"存在"之学，思维工具之学。[1] 成中英教授将《两界书》中关于"界"的哲学运思总括为"界"的学问，正是看出"界学"具有认知世界的尺度意义。由于所有的界定或界限都必须从两个基本界限的确立和发展开始，故存在、认知与价值选择的界定与界限之学也可名为"两界之学"。[2] 基于"界"的概念所建构的有界认知、无界认知、合界认知、变界认知的范式体系，形成了一个圆融自恰的认知机制，以此达致对世界万物之绝对性、相对性、特定性和不定性的综合认知。[3] 在东西方哲学认知中，界不仅是一般的尺度，还具有一种普遍性的范畴意义和逻辑工具价值。[4] 换言之，两界学（界学）的哲学范式可以作为一个思维工具，有利于梳理社会发展的现实脉络。从历史发展的经验来看，"有界"的存在是一切"切近"联系的基础，也是事物发展的起点。可以说，界学是一种思想工具之学，犹如斩断纷乱思想、观念之快刀，庖丁解牛之"利器"。

---

[1]　成中英：《两界学的问题、范式和界域：从〈两界书〉论起》，《中国社会科学院研究生院学报》2018年第6期，第5页。

[2]　刘洪一：《界的叙事》，上海：生活·读书·新知三联书店2023年版，第3页。

[3]　刘洪一：《"界"的范畴意义与工具价值》，《哲学研究》2021年第11期，第66页。

[4]　刘洪一：《"界"的范畴意义与工具价值》，第66页。

　　界本思想具有廓清世界的哲学工具意义。混沌生"窍"而界出，界出而世界现，世界的发展演变均在界的范围内螺旋上升。界是存在的根本，界的存在是指认自身的证据，古代迷宫的隐喻表征早期人类对存在的界思，可谓之有界之思。有界的碰撞引起识域的交叠与含混的碰撞，纷争不可避免。但是，无休的纷争引起的消极因素，延宕了世界文明螺旋上升的步调。以界本思想，在历时性的维度上，探讨中国应对动变的思想经验，品读中华文明"思变、用变、能变"的智慧，从而回应全球命运共同体建设的世界关切。

　　《两界书》包孕万象，是混一的表达，是叙事的冒险，亦是对宇宙本源的探觅。士尔教授从农耕文明的腹地来到海洋文明的前沿，感念海洋、陆地、天空于有界中融乐无碍，于无界中共叙道"一"。教授历数文明之生灭变化，统摄为"六先"之论，中国传统社会常论"六道轮回"之接续恒长，漫漫循远道，汲汲于"元域"。"元域"之概念源出混沌，混沌生"窍"而界出，界出而世界现，界域之广狭变换无定，界本鼎定之功，则亘古不变。万物之别始于界分，万法归一终于界融。融、通、汇、合等语皆先分而后合，所以，界有先后之分。当下社会，界别繁复，形而上的观念朝生而暮死，变幻不定；形而下的万物熙攘无度，游疑不前。所以，向着文明本源探究的冒险既展现哲学之洞见，又对应时代发展之症结。元典叙事的难处在于"和合"广众于一域，冒险之处犹如手掌托沙而窥戈漠，虽有小大、多少之别，究其根本实为一物，所谓"一花一世界"的智慧。但是，不得不承认这个冒险有"举一隅而三隅反"的效果。

一、对界学的基本认识

（一）界学的存在论意义

　　叙事的冒险聚焦于其中的艰涩，回溯本源之行不是按图索骥般简易的游戏，而是在思维的迷宫中寻找出口。希腊神话中，迷宫里的米诺陶洛斯般的"怪物"横亘在前进的路上，让思维之径时而偏斜，时而倒转，迷失就在须臾之间。米诺陶洛斯自身复杂的隐喻本身就代表一种仙境般的存在。可以说，米诺陶洛斯本身就是"跨界"的产物，是由古希腊克里特国王弥诺斯之妻帕西淮与神变之公牛孕育的"怪物"。人、公牛、神聚合而成的产物，被圈禁于迷宫之中，其中透露出的事实不正是人类生存的地球与宇宙本身的关系的表征吗？界本论是世界的本体论，世界的产生是界分的产物，其中带有分类学意义上的准绳意义。上述米诺陶洛斯是人、神、动物共同作用的产物，本身不能被单独界分和归类，成为人类知识理性所不能接受的存在物，所以它被流放于迷宫之中，成为吞噬人类及消弭秩序的活物。它吃童男童女的残酷，表征人类处于幼态阶段的无助和茫然，只能任由那些不能被界识之物宰割与欺凌。内中也表达出人类对跨界的恐惧与困惑，一旦出现不属于原本界域中的存在，首先，会被贯之以"异类"之名，揣测、评判不断，成为自身指涉的对反面。社会学中陌生人的形象，就是这种难以界分而被排斥的典型对象。西美尔认为陌生人具有"既远又近"的混合气质，给原本处于同一界域的熟人共同体带来了某种根本性变化。在鲍曼看来，本质上就是陌生人在社交共同体中无法被归类的本性。陌生人的此种难以被归类的性质，导致了世界的无序性，因此也导致了恐慌与焦虑，以及对陌生人的憎恶。陌生人因此被当成"不洁的"（戈尔曼），是"污点"，像黏液一样令人感到不安全和不自由（萨特）。[①] 上述，米诺陶洛斯比陌生人的存在更加陌生化，是一种先天的"冗余"。它是人身而牛首的异物，同时兼具某些神性的力量。陌生人是被构建出来的产物，那么米诺陶洛斯就是被创造出的边界产物。人神之界、人与动物的种属边界暂时在无界中获得某种交融，这种交融成为一个需要被持续体认和接受的对象。接受这个异质的"活物"就是将它的"异"消除，消除的手段就是将其肉身消灭。米诺陶洛斯被忒休斯杀死的举动，证明它获得了"异质"的解放，它不用再世代生活于迷宫之中，成为一个观念意义上的所指，迷宫之喻的谜底就是找到怪物然后消灭障碍。它被杀死，说明其拥有与人一样的属性，皆有生死的规制，不可逾越。这样它就脱离了神属的范围，不属于奥林匹斯山上那群不朽的存在物。换言之，它的死反而将它纳入到人类的可知论领域，成为人类指认自身的对立面。人类与它共同构成了冲出迷宫所共有的经验。迷宫原本就是为了囚禁它而生。它与人类共同完成了消弭含混状态的行动。人作为有别于其他动物的存在，由于环境的影响，从文明的开始就产生了多元的文化，甚至趋向于基本前提相对立的文化，表现以阴—阳的内部结构。[②] 换言之，人类代表阳，而米洛陶洛斯则代表阴。世界"阴

①　泮伟江：《谁是陌生人？》，《读书》2018 年第 8 期，第 143 页。

②　刘洪一：《界的叙事》，北京：生活·读书·新知三联书店 2023 年版，第 13 页。

阳合济"推动人类从"幼态"成长为一个创造性的青年，这个青年以试修斯为表征。

（二）界学的认识论意义

人类的成长伴随着消弭边界龃龉的行动，上述迷宫中的米诺陶洛斯就是界分出现碰撞的结果，碰撞的开始，一定呈现知识域的溢出，导致上述不可识读、难以理解的窘境，甚至产生厌恶，继而萌生消灭的冲动。从人类历史实践来看，边界的碰撞产生的惊恐与不安，影响着全球的历史进程。士尔教授《两界书》中论述异族纷争，函族、布族拼杀的前奏，即函族兄弟出门，见饿羊成群，不禁惊慌。见庄稼禾苗被毁，顿生愤懑。[①]可以看出，冲突肇始于碰撞后的惊慌，类似于上述萨特口中论及的"黏液"般不安的感受。一系列的碰撞、拼杀、消弭，归于暂时平静的划界立国。这里的划界着重于空间的规制。碰撞的惊慌则是心理边界的失守，是敌人形成的基础。中国唐朝时期经营西域，设立西域都护府，有着清晰的边界意识，符合函、布等族划界立国的情形。但是，与大食国的碰撞导致了后来的"怛罗斯之战"，唐朝与阿拉伯国家的战争起因于对界的突破。两国力量投放的范围事实上部分重合，重合之处就产生了界分含混的隐患，对抗、拒斥，最后趋于平静，是动态界分被双方承认的结果。世界文明交往，多数依此情景。

世界源自混沌窍开，文明自分族、立界而异，士尔教授以诗化的哲理，将世界分为七族——雅、函、布、希、耶、微、撒。七族飘散各地，万物随风飘落，"天种"所至，肇启万端。[②]七族之地环境不同，风俗习惯各异，演化成各自独立的文明体系。高墙、游牧、河险等据自身环境之特性所赖，繁衍生息。但是，世界运转有度，永远处于动态之中，孤锁于一隅的偏安思想，在历史的经验中被证明难以长久自存，中国古代夜郎国旧事、晚近清朝闭关锁国等均为例证。可以说，栖于内守，独存于外要不得。界本思想讲求积极界分，界本是对反对成的存在。对反聚焦于辩证思维，阴阳之道，"共一"而分，幅度、比例之差，在时间、空间等因素的影响下，处于变动不拘的常态。所以，清朝锁国策略可存一时，开放之域的坚船利炮滚滚而来，僵化界分之稳态破碎，狼烟漫布国境，国人惊恐，一时间呼号

---

① 士尔：《两界书》，北京：商务印书馆 2018 年版，第 51 页。
② 士尔：《两界书》，第 45 页。

遍天，李鸿章惊叹"千年未有之大变局"。可见，锁国之稳态既除，"变"的思想复归，中国俗谚云："穷则思变"，正合此理。质言之，此种之变正是界本思想所表达的对反对成之变。界本思想的对反对成讲求整一性，即"道生一、一生二、二生三、三生万物"的整体观照。上述中国清朝闭关锁国的稳态与泰西诸国大航海、文艺复兴、工业革命之动态本身就是世界各自的组成部分，相类于士尔教授《两界书》中函人筑高墙以自保，布人游牧而生存的行为。那么，这里就可以看出，界本思想的一个重要的本质，即不承认文明之优劣。布人、雅人、函人不过生产、生活不同，彼此并未优等、劣等之别。世界各国疆域大小不一，族群肤色各异，语言千差万别，但是，各个族群"共有"世界。唯一的差别是"动变"思想的多寡而已。"动变思想"多者讲求新意、锐意进取，代表世界发展的精神向度。"动变思想"少者赖以一隅之地固守，族群之精神委顿，国家之事业凋零，发展难以为继。换言之，族群无分优劣，持动变思想之多者，进取精神契合宇宙演变之规律，诸事皆利。

（三）界学的本体论意义

族群不分贵贱，文明不论优劣。不同文明循各自发展轨道演进，最终百川到海，流归一途，成就"人类命运共同体"的"终人"之境。界本思想隐括的"界分—演进—界融"的过程论，在界的叙事中以"初人—中人—终人"为喻。人类命运共同体讲求的是一体，一体就是"合和"的思想，"初人"中分，男女生而人类繁衍生息不断。"合和"是理想之境界，也是世界文明发展的最终指向。当下的世界依然处于寻求"合和"之道的中途之中，世界经过两次世界大战，依然处于划界立国的逻辑视域。当前的各种族仇国隙的纷争，依旧处于马基雅维利式利益论调的延宕中，恩怨承袭，信奉弱肉强食，导致战乱不止。需要指出的是，战争之"变"不是积极的界分，而是欲念的侵袭。持有战争之"变"的族群与国家，德性日衰、灵道泯灭。美国发动海湾战争，皆因石油的利诱。美国国内深陷种族龃龉之忧，俄乌两国深陷军事胶着之困。全球化因美国构筑的贸易壁垒而衰退，全球经济因俄乌冲突而受巨大影响。各国、各族欲念交织，强者渐自以自大，骄堕奢靡日甚，弱者贫困自守，喘息不定。士尔教授所论人类"中人"之喻的警譬，不得不令人深思，世界文明之演进呈现的跌宕艰涩，困囿于各国、各族的私欲，成为一种纷争的"稳态"，文明前进的曙光在多数以西方世界为动因的纷争事件叠加下，变得暗淡无光。

　　东方世界，尤其以中国为代表的东亚国家则不同。早在先秦时期，中国就出现了"合"的思想，"合"有符合、结合之义。古代所谓"合一"，与现代语言中所谓"统一"可以说是同义语。合一并不否认区别。合一是指对立的双方彼此又有密切相连、不可分离的关系。[①]"和"是对于天地万物差分性、冲突性形相、无形相基本价值的承诺和体贴。和合显现的是一幅形相、无形相本身及其内在互相关系的差分、冲突、融合、绸缪、生生、创新、和谐画卷的全过程美景。[②]这些论断与界本思想展现的差异性、联合性、基始性、整体性、化异性等契合。《两界书》中的"六先论道"中，就包含这种和合的思想。六合花开隐喻"和而不同"的整一性代表人类文明思想同归一脉的本体思想。一枝根茎开一朵六瓣的花，正是一种人类文明向上的表征。花朵同处于一个水平界面，只是展露的方向不同而已，这里展现的界分思想就是由根茎的"一"，拓展为花瓣的"六"，由"一"到"多"，由简而繁，世界演化的至理。花瓣代表的各个文明的向度不同，或直向穹隆，或低首沉思，或横向舒展等形态各异。各个文明都有着作为世界文明一部分的意义。

（四）界学的文明通鉴意义

　　中华文明、古希腊文明、古印度文明、希伯来文明等均处在自存的"一瓣"之上，贡献各自文明向度对人类的观照。如果"一瓣"宣称自己代表整个花朵，代表整一性，那么与其说其狂妄，毋宁说其"无知"。目前，主导全球话语建构的文明是以西方为中心的文明，西方中心主义宣称自身代表整个人类文明的最高成就，其实，就是将自身"一瓣"之力描述成一个整一的实体。西方中心主义话语隐藏的话语逻辑，是以自身作为层级中的顶峰，其他文明或原始、或落后、或不可识读，成为想象的对象。实质上，自工业革命以来，世界正是在西方主导的话语下进行对话的。但是，这种对话并非是可靠的，也有些一厢情愿。以地理博物学为例，西方惯常对其他异于自身的地域进行博物学的分类，从而将陌生的地域纳入自身可识读的知识体系，继而变成西方文明主导下的可识别物，即成为一个纯粹的客体。在西方知识体系下的他邦与异域从被其涵涉的那一刻就丧失了其

---

　　① 张岱年：《中国哲学中"天人合一"思想的剖析》，《北京大学学报（哲学社会科学版）》1985年第1期，第1页。

　　② 张立文：《和合中华哲学思潮的探析》，《北京大学学报（哲学社会科学版）》2014年第2期，第18页。

主体性的可能，并且在西方知识的不断建构中，变成亦步亦趋的附庸。

　　西方凭借上述模式去开拓世界，夺印第安人之土地，成就欧罗巴之"新大陆"，大陆之新旧判断皆赖于西方知识体系的规制。北美土著惨遭屠戮，感恩节的丰肴佳馔的对面就是累累之白骨。而且，随着欧洲殖民力量在全世界的拓展以及各大洲殖民地的建立，从 18 世纪后期开始，植物采集作为当时科学帝国主义的重要组成部分，为构筑欧洲列强的博物学"知识帝国"添砖加瓦。[①]知识帝国如一个饕餮巨兽，将已知的与未知的东西悉数吸纳口中。一方面，此举事实上拓展了知识的采集与累积；另一方面，那些已经被他者文明识读的知识，变成了对自身知识的挑战。古代中国具有自身的物质与世界分类，因此，当作为外部观察者和参与者的西方博物学家以各种方式进入这片土地的时候，他们必然会面对一套独特知识体系的挑战。为应对这种挑战，这些西方博物学家往往会在知识框架层面与既有的中国本土知识达成妥协。[②]如果说，印第安文明尚处文明的原始阶段，那么中华之域历数千年之前进演化，文化兴盛，广披四海，西方中心主义的现代逻辑或可让中国人惊叹一时，谓之"变局"之端。不过，以中华文化的精深思想，吐故纳新的历史经验（对佛教的接纳），绝不愿久居他国之下。

　　中华传统文明的世代性经验与域外之新思想的有机结合，既构筑出新思想、新文化与新活力，又展现出中华文明不拘泥于自身界域，奋力走出一隅之限的"动变"之举。面对千年未有之变局，思变、用变、能变的过程就是中华民族重新富强的理论基础。思变是不变或有亡国之患的迫切之举；用变是选择他国异邦之新论，如善用马克思主义、平等、自由等思想；能变则展现中华民族以巨大的历史伟力重塑自身文明的能力与决心。重塑文明所展现的精神动力不再拘泥于中国一域，而是拓展为对全球命运的关切，一言以蔽之，就是致力于构筑全球命运共同体。构建全球命运共同体的一个重要的基础是推动全球各国、各民族之间的文明通鉴。文明通鉴需要做好以下几个方面，才能保障文明通鉴之路具有应有的共建、共创、共享的文明交融意义。简而言之，文明通鉴需要具备四重逻辑。

　　一是文明通鉴应具有"对标性"。文明通鉴不是"自说自话"的闷头

---

① 袁剑：《分类、博物学与中国空间》，《读书》2018 年第 5 期，第 133 页。
② 袁剑：《分类、博物学与中国空间》，第 134 页。

建设，而是从一个高的起点出发，审视全球诸文明之优势，寻求参考之标尺，从而构建具有内部与外部相比较的审慎文明发展水平的评价标准，这一标准事关文明通鉴的成败。外部标准以文明高度发达的地区为参照。美国的现代性、欧洲的艺术感与精致范儿等均是文明对标的范围。内部标准以文明创新素质为参照。科技与人文的融合、传统与现代的整合、文明特质的凝练程度等为对照。文明通鉴不要求达致所有文明的优势，而是需要保障文明创新的可供性，即凝聚一种福泽谕吉式的文明"风气"，培育文明的"风气"，首先，应注重人民智德的培养，例如，倡导城市居民阅读，因为智德是学而后进步，不学不进步，学会后不轻易退步；其次，应注重对优秀传统文化的继承与发扬，推动中华民族数千年凝聚而成的优秀素质进行现代性转化。

二是文明通鉴应具有"首创性"。以日本为例，日本国门被迫打开后，福泽谕吉曾谓其国文明是一种从火变水，从无到有的突变，这种突变就是首创。"首创"一次即形成前所未有的新形态。日本"脱亚入欧"的文明突变，有其历史的局限性，但是，其文明"首创"意识值得借鉴。文明"首创"可以说是文明通鉴的具体实践，将文明"首创"纳入国家发展战略，以文明创新建设实现文明发展的升维，旨在实现与世界文明发展逻辑相一致的创新发展，形成自身文明新形态建设的文明目标。首先，"首创"要求不"泥古"，在继承优秀传统文化的基础上，倡导一种敢于试错的体制机制，在坚持"不走老路，不走邪路"的基础上，创设新路、拓宽前路、规避歧路。其次，"首创"要求不"盲从"。"首创"要立足各国、各族自身的要素禀赋，以实事求是的发展态度，引领文明向前进步。"首创"要时刻牢记凝聚自身文明素质，需要着力提高自身文明素质的"辨识度"和"清晰度"，吸收上述文明构建的"现代性""艺术感""精致范儿"的有益之处，从而打造出具有自身特色的文明新形态。

三是文明通鉴应具有"升维性"。文明通鉴的本质之一是将"自身"文明成就的有益部分作为"知识"供给世界，即将自身文明进行"客体化"的有机过程。文明通鉴的路径也是一种文明素质"整合"的过程，过去分散积累的全球性文明"素质"在构建"通鉴"的框架里，被重新"回炉"，构造出一种新的"文明"范本，这个范本不是资本主义掠夺式的文明发展路径，也不是在承继颓墙残瓦的"故旧"中进行修补的文明路径，而是一种基于"新"的"更新"，是"新"的升维，是体现自身文明发展核心价值观的"形式"表达。

四是文明通鉴应具有"韧性"。文明韧性表现为抗干扰能力、自主能力、忍耐力与适应能力。不同文明主体可以借鉴异文明的经验，但也不能他者文明被"牵着鼻子走"，应该具有保持自身文明发展的定力，也应该保持文明发展的向心力，更应该保持文明创新的驱动力，还应该保持与人类文明新形态目标趋向一致的创造力。文明通鉴要充分发挥自身的自主性，要调动一切有益的文明素质，推动文明发展补短板、增长板、创新板，提升文明发展的创新水平，有利于提高文明创新性发展的"可供性"与"持续性"。文明通鉴应该始终坚持以"人"为中心的发展路径，适应"人"的生产生活需要，将世界文明建成一个"有机"的整体，建设有温度、有效度、有"风度"的新型人类文明。

倡导"文明通鉴"不仅是创建一个具有现实意义的概念，而是将文明通鉴的生动实践作为构建人类文明新形态这一宏伟目标的"试验田"，可以说，"通鉴"建设是全球文明创新发展的"先手"，也是实现"人类命运共同体"的关键"一招"。

二、"界学"的提出

界学的提出是学术界的一件大事，有利于推动哲学社会科学汲取"界"的工具价值，有利于推动跨学科建设，也有利于推动人类文明的通鉴，更有利于推动"人类命运共同"建设。换言之，界学的产生是跨学科发展的必然选择，也是文明通鉴的应然选择与人类命运共同体建设的使然选择。

（一）推动跨学科发展的必然选择

国家层面倡导新文科、新工科、新医科等新学科的建设，"跨界"成为实现上述国家"新"学科建设的关键，学科建设的跨界化发展趋势已经成为学界的共识。"跨界化"是指人文社会科学日益突破原有的学科局限与知识领域，以解决问题为旨归，不断尝试文科与理科、工科、医科、农科等"大科际"的跨越以及不同文科内部"小科际"的融合渗透，不断强调文科与新的科学进展、技术创新的结合，不断推进文科建设的模式变革与途径创新。[①] 可以看出，跨界具有大小、内外、强弱之分。"大"跨界是不同学

① 李凤亮：《新文科：定义·定位·定向》，《探索与争鸣》2020 年第 1 期，第 6 页。

科之间的跨越性接触、碰撞、创新，"小"跨界是一种自身的领域内智识的突破，是一种内在的自我革新；"内"跨界聚焦于学科内部的持续建构，力图推动学科内部的整合与进步，"外"跨界则强调依托外部的势能作用于学科内，期冀外力的冲击打破固识，从而形成新的发展方向、方法、方式；"强"跨界是一种剧烈的碰撞，是不同学科之间基于自身"异"的排斥性反映，"强"跨界的产生的结构通常是创新的基础。例如，抗生素的发现不是基于医学的探索，而是产生于染布时的偶然发现。化学与医学的跨界融合，推动了西医的整体发展。"弱"跨界则强调一种润物细无声"渗透"作用，需要借助时间的作用，构建一种缓慢且持久的影响，换言之，跨界已经成为学科突破自身、重构自身的主要驱动力之一，跨界思维成为一种推动学科发展的底层思维。进入智能时代，学科交叉与人才跨界培养成为顺应时代发展的必然选择。智能时代对人才要求的"学有专攻，多专多能"，唯学科交叉和跨界培养方能实现。[1]在"界学理论"中，"界"具有元范畴意义，即作为初始性的认知范畴，界在对世界万物的类性、质量做出最初的界分之后，世界万物的差异性和多样性才有了认知前提，人类不同的思想逻辑才有了序列的生发端点。[2]学科发展的跨界思维，需要对"界"的元范畴意义具有深刻的认识。换言之，对于世界万事万物，我们无一例外地可以从"界"这个"元范畴"的角度来加以审视、认知和诠释。[3]

界学的元范畴为跨学科发展提供一种根基性的认识，有助于认清跨学科发展的内在肌理，也有利于对跨学科的可持续发展提供理论上的诠释。界学赋能跨学科发展表现在以下几个方面，一是"界"的差异性有利于推动学科互渗、学科互动。学科边界是学科分化的基础，并逐步形成后来学科研究的基础，逐渐形成后来学科交叉的趋势。[4]质言之，一切的人文构制——学科的划分与文化的演进和交流，无不建立在以差异界分为基础的属性、层级、阈值等的秩序联结上，所谓跨学科、跨文化问题的内在机理，

---

[1] 李正良、廖瑞金、董凌燕：《新工科专业建设：内涵、路径与培养模式》，《高等工程教育研究》2018 年第 2 期，第 22 页。

[2] 刘洪一：《"界"的范畴意义与工具价值》，第 68 页。

[3] 谭载喜：《翻译的界、两界与多界：一个关于翻译的界学阐释》，《外语教学与研究》2021 年第 6 期，第 938 页。

[4] 刘洪一主编：《边界的意义——饶宗颐文化论坛文集（2021—2022）》，北京：商务印书馆2023 年版，第 24 页。

本质上都是演绎着边界的辩证法。① 二是"界"的融合性有利于推动学科的跨界融合机制。跨界融合发展成为高校改革创新体制机制的抓手，持续推动高等教育适应智能社会与未来发展。跨界融合发展具有两层含义，其一，跨界融合的国内实践。深圳职业技术学院（现升格为深圳职业技术大学）率先提出"专业+"的改革举措，取得了显著的成效——突破既有的专业壁垒和学科专业边界，实现跨界融合、资源共享；突破既有教育教学组织模式，建立开放、协同育人的运行机制；突破一考定终身的"计划型"弊端，把学习自主权还给学生的跨界融合发展机制。② 换言之，"跨界搭桥"突破学科组织边界壁垒、构建新型协同关系成为高校跨学科人才培养的必由之路。③ 其二，跨界融合的国际合作。以中外合办的商科高等教育为例，应采取国内商学院"走出去"与境外商学院"引进来"的双向合作策略。④ 三是"界"的思想"元工具"意识有利于廓清跨学科发展的内在逻辑。跨学科旨在克服边界壁垒和学科的程式化、游戏化，从逻辑根基出发，以界为元工具建构起新的认知范式和认知工具，目的是达至对事物本源性的接近。⑤ 元工具是工具的工具，例如火是元工具，其可以作为制造工具的工具。⑥ 同理，界也可以作为一种思想元工具，界学中的合界认知具有突破、融通、综合和重构的认知整合作用，形成对学科发展的重识与重构。

（二）构建文明通鉴的应然选择

当下人类文明进入了一个前所未有的临界状态，构建人类普惠新文明是文明危机状态下的必然选择，文明通鉴是基础，思想通约是关键。⑦ 基于信息时代对人类社会的深刻影响，人类文明也在信息化浪潮中不断被改变，过去具有确定性的生存方式、生活习惯、生命体验均处于巨大的"不确定性"之中，由此，人类引以为傲的自由、人文、主体意识等素质被剥

---

① 刘洪一：《边界的基始性与边界辩证法》，《中国社会科学报》2023年01月06日，第1页。

② 刘洪一、晋浩天：《"专业+"：人才培养模式新变革》，《光明日报》2016年01月27日。

③ 王嵩迪、文雯：《"跨界搭桥"：基于学术组织协同运作的跨学科博士生培养模式研究》，《中国高教研究》2024年第3期，第93页。

④ 张跃军、石威、朱恬恬：《新商科的理论内涵、运行逻辑和实践路径》，《天津大学学报（社会科学版）》2024年第1期，第33页。

⑤ 王顺然：《边界的意义：跨学科跨文化的理论与实践》，《中国社会科学报》2023年01月19日。

⑥ 张正华：《火的元工具特征探析》，《自然辩证法研究》2017年第2期，第124页。

⑦ 刘洪一：《构建人类普惠新文明：机理机制与逻辑工具》，《中国比较文学》2021年第2期，第184页。

夺、被损害、被侵蚀。在此情势下，构建人类普惠新文明是文明危机状态下的必然选择和目标追求，消弭鸡对鸭讲的隔阂与喧闹，深入发掘构建人类普惠新文明的机理机制和逻辑工具，不仅有前所未有的现实紧迫性，也有着自轴心时代以来人类思想演化的内在逻辑要求。①界学首先是超越与融合之学，界的分是为了界的合，融通古今、文明普惠的通鉴意义是界学构筑自身哲学逻辑的根基之一。界学融"道、约、仁、法、空、异"的观念为界学六论，本质上是汲取先哲的思想精华积淀为自身学术思想的汇通与整合。界学的产生有利于促进人类文明之间相互交流、相互借鉴，有利于形成人类文明通鉴的宏大叙事；同时，界学从神话、宗教等出发，阐发界之于人的实际意义。可以说，界学是一门"致广大而尽精微，极高明而道中庸"的思想杰作。界学对文明发展的意义具体表现在以下几个方面。第一，"界"是文明形成的基础。《两界书》中函人筑高墙、雅人挖大河、布人游牧等划界之举，对繁衍种族有积极意义。划界的开始标志着先民对自身主体性的初步体认。雅人、函人、布人依托各自的资源禀赋繁衍生息，创作各自独特的文明形态，世界由此变得多元、璀璨与丰富。由此，"界"的形成是文明形成的基础。现实中海洋文明、农耕文明、游牧文明的分野无不是基于各个文明中的人们依托各自资源禀赋优势创造出的独特生活方式。换言之，文明的底色就是界分的作用。例如，著名的"胡焕庸线"即是中国农耕与游牧的物理边界，至今，这条"线"依然实际影响着国家对"线"两侧的施政方略，"一带一路"战略的目标之一就是打破这条滞碍社会经济发展的自然环境屏障。近年来，学界呼吁要跳出"胡焕庸线"的西部大开发固定思维，在东、西部发展不均衡背景下，积极探索西部成为改革开放的新前沿。"界"是文明形成的基础，同时界也是一种消极的存在。上述"胡焕庸线"在某种程度上使人们难以用发展的眼光看世界，故而，跳脱"界""线"的束缚，可以获得积极的、开放的、创造性的新思路。第二，"界"是文明碰撞的开端。有"界"的存在将不可避免地出现碰撞与交流。"界"的出现有两方面的作用，从积极的角度看，"界"具有上述生发文明的推动作用；从消极的角度看，"界"可能引起文明之间的冲突，这也是亨廷顿式"文明冲突论"的逻辑基础。《两界书》中论及各族分界后，至十代以降，疆域愈分愈细，立国愈来愈多，以致群雄并起，弱肉强食，战

---

①　刘洪一：《构建人类普惠新文明：机理机制与逻辑工具》，第 185 页。

乱不断。① 可见，"界"的消极一面具有破坏的作用。故而，应该舍弃"界"的消极一面，即舍弃"文明冲突论"的滥调，聚焦探索"界"的积极的一面，努力推动文明"走出去、引进来"，实现不同文明之间的交流、碰撞，并最终实现互识、互动、互敬、互爱的"通鉴"大道。第三，"界"是文明跨越的力量源泉。人类各文明之间的"通鉴"基础，是实现各文明之间的跨越，首先，跨越"偏见"，文明的"偏见"之殇已经屡次被历史证明为是一种难以消除的"自恋与狂妄"的人性缺失。"黄祸论""优生学""白人至上"等的"怪论""奇谈"目前依然有传播的市场便是证明。第三，"界"是文明通鉴的"共有"之善。人类文明的终极价值是导向"善"的，这一点是全球的共识。从苏格拉斯、孔子、柏拉图等先贤到康德、马克思等人文先驱，无不以"善"作为人类文明发展的终极目的。在实践理性的批判中，康德把至善作为伦理生活的最高境界。② 马克思主义哲学创新应该是"向善的"。这是对马克思主义哲学创新的价值维度的要求。"向善的"问题实质上就是要解决"为谁服务"的问题，进而言之，就是为最大多数人服务还是为极少数人服务的问题。③ 向善成为古今人类先哲们的终极追求，也是人类生存价值的最终目的。

（三）推动全球命运共同体建设的使然选择

如何导向"善"？至善包含着幸福，但人为了得享幸福，必须首先使自己配享幸福，配享幸福的唯一条件就是道德。④ "人—道德—幸福—至善"是一条清晰的路线，道德成为人通向至善的起始点，也是人区别于动物的关键素质之一。亚当·斯密在完成《国富论》之后，却依然孜孜不倦地修改《道德情操论》，内中缘由是其发现了人类发展所不能缺少"道德"的存在，缺乏"道德"的结果是人类的发展走向不可挽回的歧路。斯密实际展开的是对各种各样的德性的品质、特性和特征的阐明，考察人们应该具备什么样的德性才能够增进自己、增进他人和既增进自己又同时增进他人，也即增进全社会的幸福。⑤ 亚当·斯密从审慎、仁爱、自制这三个构筑人类

---

① 士尔：《两界书》，第 54 页。
② 李秋零：《康德论人性根本恶及人的改恶向善》，《哲学研究》1997 年第 1 期，第 28 页。
③ 王善超：《马克思主义哲学创新的主旨、问题和路径》，《哲学动态》2004 年第 8 期，第 10 页。
④ 李秋零：《康德论人性根本恶及人的改恶向善》，第 28 页。
⑤ 罗卫东：《亚当·斯密晚年对自由放任思想的反思——基于〈道德情操论〉版本的考察》，《经济思想史学刊》2023 年第 2 期，第 52 页。

幸福的最高德性层面入手，探讨道德情操对增进人类幸福的影响，并指向人类趋于至善的终极追求。德性的建构需要审慎的态度、需要仁爱的情感、需要自制的操守。其中，三者均涉及个人与他者之间的关系，即构建一种"共有"素质的人类情感关系，是在"共有"基础上的一种"爱"的影响。这一"共有"是包含关切、联系与趋向未来的。换言之，这一"共有"是构建一种"人类命运共同体"。

界学融"道、约、仁、法、空、异"六论为一体，旨在吸收人类文明之精华，构筑出一种"通鉴"意义上的新联合。首先，界学强调文明之间各自的主体性。界学不是封闭之学说，而是强调保持各自独特的文明素质以增益他者文明，是"以己之长"助力"他者之短"的积极尝试，是在保证自身自主性的同时的一种"革新"。例如，中国长达千年的佛经翻译史就是一种在保持自身主体性的文化新变，最终儒、释、道合流构筑出一种独具魅力的中国传统文化。历史表明，儒、释、道三足鼎立、三教合流的连续性格局，深植于鲜活的、厚实的传统之中，任何政治资本企图灭绝之，任何文化资本希图取代之，都不可能如愿。①鲜活的、厚实的传统可以理解为一种文明的底色，是保持自身自主性的文化依仗，也是与域外文明碰撞、交流的基础。黑格尔对此有过精妙的阐释，他认为希腊艺术繁荣的基础就是在保持自身的基础上对他者文化兼收并蓄的结果。希腊人从一切民族中发现他们的神，肯把外来的因素吸收进来。古典型艺术的神具有精神的和肉体的个性，因而不是太一和唯一的神，而是一种特殊（个别）的神性，这种神性，像一切特殊的东西一样，身旁还围绕着一系列其他特殊的东西，或者把它们作为自己的另一面而与它们对立，它就是从这另一面产生出来的，这另一面就还保着它的效力和价值。②换言之，新"我"从与他者的接触而来，新的素质是从他者之处产生，不但可以保持自身原有的效力和价值，还可以产生新的效力和价值。一旦从"我"与"他"融合成"我—他"的文明新形态，将表明文明的进步与文明革新的成功，这也是全世界范围内文明演进的主要类型。例如，中世纪基督教文明与古希腊、古罗马文明的结合催生了文艺复兴；犹太文化与世界文化互动，形成独特的犹太文化

---

① 杨海文：《儒释道三教合流的历史经验》，《孔子研究》2013年第2期，第114页。
② ［德］黑格尔：《美学·第二卷》，朱光潜译，北京：北京大学出版社2017年版，第266—267页。

特性；马克思主义与中国优秀传统文化相结合，推动中华文明实现了实质性的变革。

其次，界学强调对"异"文明的尊重。人类社会一旦缺乏"异"，将引起"同质化"社会的灾难，这也是近些年"透明社会"成为学界关注热点的主要原因之一。透明社会被定义为同质化的，具有一种相同的趋向力。同质就是缺乏"异"，虽然同质化中依然带有"异"的部分，但是同质化让"异"出现短缺，甚至隐匿了"异"，因此成为短缺"异"的地狱。透明社会所表征的同质化也从另一个侧面说明了当下社会缺乏"界"的意识，缺乏用"界"的工具思维廓清含混的能力。①界学尊重"异"的存在，强调在保持"异"的基础上建立联系，不是依靠文明的征服去消除"异"，而是通过相互之间的"取长补短"获得最大公约数的"共有"；不是导向同质化的"地狱"，而是通向"美美与共"的"大同"之境。

最后，界学强调文明的开放性。文明一旦封闭势必僵化，历史也证明"闭关锁国"式的文明"自拘"会演变成盲目的"傲慢与偏见"，域外文明以武力敲开文明之门的代价极具破坏性。历史在鞭挞西方帝国主义侵略的同时，也让世人看到保持文明开放性的重要意义。不可将文明的发展"自锁""自拘"在"自大"的美梦中，应该以发展的眼光看世界，关注世界的新创造、新变化、新形势，从而可以"取长补短"。中国实施"改革开放"战略实现了中国经济的高速发展，完成了"脱贫攻坚"的伟大成就。界学强调"界"的"有、无、合、变"的发展，界学是发展之学，是"运动"之学，是反对僵化之学，是倡导应变以推动文明"螺旋上升"发展的未来之学。

三、"界学"日益成为"显学"的内在基础

界学是认识之学，也是融通之学，更是思想工具之学。界学有助于推动学界对"界"的重新理解与认识；界学也有利于推动学界对"异"的认同；界学更有利于推动"汇通"中外思想的理论实践。

（一）界学有利于推动学界对"界"的重新理解与认识

"界"的出现，使天地洞开，将万物框定，可以说，界是认识世界最重

---

① 刘洪一主编：《边界的意义——饶宗颐文化论坛文集（2021—2022）》，第16页。

要的思想工具。这一工具虽过早地被人类发现，却没有引起足够的重视。[①]
中国古人对界的认识非常深刻，通过对易的研究了解万物运行的规律。天
地设位，而意行乎其中矣。天地者，乾坤之象也；设位者，列阴阳配合之
位也。[②]"设位"系指天尊地卑、一高一低之意。天地为自然之界的基本划
分，古人在"天圆地方"的认知框架下繁衍生息，其文化观念也受天地界
分的影响，天有九重之别，地狱则有十大层之分，前者神仙所居，后者为
逝者之所。界的初始语义是一个空间概念，是对空间范围、阈值、限度等
的标识界定，蕴含了多与少、大与小、有限与无限等基本含义。基于界的
这一语义属性，界的内涵多有延伸、转化，比如界分、义界、界定、连接、
媒介等意义的生成。实际上，在东西方文化哲学认知中，界不仅是一般的
界限尺度，还具有一种普遍性的范畴意义和逻辑工具价值。[③]可见，"界"
具有三重意义，即界限尺度意义、普遍的范畴意义与逻辑工具价值意义。
"界"的上述意义有利于推动学界对"界"的重识。

一是界学对界限尺度的关注有助于学界构建"识界、破界、融界"的
方法论。当前，"跨界融合"已经成为创新发展的主要抓手之一。对"跨"
的界限与尺度的把握有待加强。新文科建设的一个重要的目标就是要打破
学科边界，实现学科建设的新发展、新方向、新作为。学科跨界如何跨？
跨的程度几何？跨的范围多大？这些问题与新文科建设的进展息息相关，
对其认知不可不慎、不可不究。界学将界限尺度作为首要的、基础性认识
方法。自然界这一超级复杂的系统是由若干更小的系统来构成的，在不同
的"尺度（或范围）"上，它们的大小各不相同，存在一定的尺度和比例
关系。例如，银河系、恒星、行星是由大到小的顺序，它们之间存在一定
的大小比例。[④]界限尺度是认识自然的基础，同理，跨学科研究也需要注意
界限尺度，不然容易走向泛化的跨学科发展，流于为了跨学科而跨学科之
路。故而，需要认识到跨学科应以相关性为依据构建跨的可能性。换言之，
以跨学科概念为工具，能够将各科学学科相关的核心素养统整、协调起来，

---

① 刘洪一主编：《边界的意义——饶宗颐文化论坛文集（2021—2022）》，第 18 页。
② 章伟文译著：《周易参同契》，北京：中华书局 2014 年版，第 23 页。
③ 刘洪一：《"界"的范畴意义与工具价值》，第 66 页。
④ 李瑞雪、王健：《美国科学课程中的跨学科概念：演进、实践及启示》，《外国教育研究》
2021 年第 4 期，第 108 页。

建立学科间的联系。① 整合各个学科的"相关"核心素养，使之成为交流、碰撞、创新的基础，是上述论及"我—他"结构的新表达，即充分发掘各个学科的"共有"，在"共有"的基础上酝酿、构建新的事物。

二是界学对哲学普遍范畴的关注有助于学界构建对"差异性"的认知。界作为思维认知与对象物的第一个交点，再集中不过地体现了"范畴"的本义，因为范畴（category）的原意即为种类、等级，是对世物类性与数量的界分定义，界的本质正是以对世界万物的初始性界分、基原性界定，呈现世界万物的差异性存在，并由此开启对万物的逻辑认知。② 质言之，差异性就是"非同一性"。从古希腊众多哲学家开始，就希望用一个世界本原来统摄万物的存在和变化，而这样一种致思传统体现在哲学上，就使得对"同一性"的追求成为主流和趋势。③ 纯粹的"同一性"并未出现，而对差异的探求成为康德、黑格尔、莱布尼茨、吉尔·德勒兹等探求真理的途径。黑格尔认为："差异是唯一的问题。"黑格尔之所以批评他的先行者们，是因为他们没能达致差异的绝对极大（亦即矛盾。矛盾的 [作为无限大的] 无限），而仅仅止步于一种完全相对的极大。他们没有冲向尽头的勇气。④ 换言之，矛盾是"运动着"的差异，并不断保持"无差异"的存在，矛盾会打破上述"无差异"继而进入变动着的"差异"。可以说，矛盾构成了"差异"与"无差异"的稳态，这一稳态需要被康德式的"设定"才能产生，即他在"完全规定"的名义下使它依赖于一种作为 [拉（最高的存在者）] 的实在全体的设定。⑤

三是界学对逻辑价值的关注有助于学界深化对事物认识"尺度"的理解。界在哲学认知中的意义和作用是贯通性的、全方位的，其工具价值首先体现在作为认知事物的基准（criterion）和尺度（scale）。⑥ 界分是万事万物开始的基础，"伏羲一画开天地"的宇宙开创性，为界分的基轴作用奠定了人类文明演进的思想底色。"一画"之力为万千世界的多彩多姿贡献了原初的潜势。人类社会就是在"一与多""少与多""阴与阳"等对反的概

---

① 李瑞雪、王健：《美国科学课程中的跨学科概念：演进、实践及启示》，第 112 页。
② 刘洪一：《"界"的范畴意义与工具价值》，第 68 页。
③ 赵凯荣、代志芸：《阿尔都塞偶然相遇唯物主义的"非同一性"意蕴》，《湖北社会科学》2023 年第 5 期，第 12 页。
④ ［法］德勒兹：《重复与差异》，安靖译，上海：华东师范大学出版社 2019 年版，第 85 页。
⑤ ［法］德勒兹：《重复与差异》，第 87 页。
⑥ 刘洪一：《"界"的范畴意义与工具价值》，第 71 页。

念中不断发展演进。以人类世为例，经过无数岁月的裂变、重构、创新等活动，人类已经成为影响地球的主要力量，"人类世"这一新的学术界分成为人类发展影响自然环境的表征。"人类世"指人类已经成为影响地球系统的重要力量，并导致地球的地表环境和空间样态发生巨大变化。[①]加拿大克劳福德湖作为人类世金钉子不久将被正式公布，到时地球年代在时间上的等级可以表述为：显生宙、新生代、第四纪、人类世。尽管人类世目前还处于地球科学的范畴，但随着人类世科学的发展，它将会与社会科学、人文科学高度交叉融合，成为一门超越传统地球科学范畴的新兴学科，服务于可持续发展，为人类社会发展进步提供强大理论支撑。[②]事物的"尺度"变化对人类发展的影响至关重要，人类时时刻刻处于"尺度"的变化之中，尺度也成为人们认识世界、自然、自身的逻辑工具。可以说，界的范式以界的元范畴为逻辑起点，以界尺的基准工具为杠杆，以世界万物界分存在的基本性态有、无、合、变为转换机枢，形成有界认知、无界认知、合界认知、变界认知四种主要范式。[③]"界"与"尺度"成为上述四种范式成立的基轴，并且时刻在发挥着作用。

（二）界学有助于加强学界对"异"的认识

基础主义和反基础主义的交锋成为现代发展的主流。基础主义又有传统的和现代的两种形式。前者以笛卡尔为代表，后者以分析哲学为代表。前者要直接为知识寻找到一个坚实的、不容置疑的、不可动摇的基础。为此，传统的基础主义者找到了"实体"（斯宾诺莎）、"单子"（莱布尼兹）、"绝对精神"（黑格尔）等作为知识的基础。而现代基础主义则采取了一种比较谦虚的形式——勾画理性反思和讲话的限度（界限），为知识提供证明，证明什么是可能的，什么是不可能的，在什么范围内是合法的，在什么范围内是非法的。[④] J. M. 艾迪则认为构成西方哲学"脊骨"的"白人"，柏拉图、亚里士多德、奥古斯丁、阿奎那、笛卡尔、斯宾诺莎、莱布尼兹到康德、黑格尔、胡塞尔都是"基础主义者"。[⑤]基础主义者们将寻求"基

---

① 任桂磊、高俊：《人类世地图：绘制人类世的地图》，《武汉大学学报（信息科学版）》2024 年第 4 期，第 624 页。

② 许琦敏：《地球历史即将"翻篇"？人类世发出警示》，《文汇报》2023 年 08 月 04 日。

③ 刘洪一：《"界"的范畴意义与工具价值》，第 71 页。

④ 王治河：《扑朔迷离的游戏 后现代哲学思潮研究》，北京：社会科学文献出版社1993年版，第 84 页。

⑤ 王治河：《扑朔迷离的游戏 后现代哲学思潮研究》，第 85 页。

础"与"阿基米德点"作为他们的毕生志业，而反基础主义者们力图动摇"基础"的存在性，否认"阿基米德点"的存在。列维那主张将"异"引入哲学，所谓"异"就是千百年来被体系哲学家从体系中排除和挤出的东西。列维那将异看作一个"对话者"。① 在罗蒂看来，西方反基础主义的一个共同的主题就是使西方摆脱现成的老框框，诸如欧洲中心主义，西方理性中心主义，这些老框框极大地妨碍了西方人对非西方文化的理解。他积极倡导西方文化传统和世界上其他伟大文化传统之间的"相互融合和渗透。"② 可以看出，反基础主义对基础主义者的口诛笔伐依然在持续，并且持续倡导一种对"异"的偏爱。"异"是"对话者"，是一种相互勾连的存在，力求摒弃歧视，接受和接收一切有区别的东西，即努力接受差异。

界学融合"六先"之论，本身就是一种融通思想，拒绝歧视"异"，并将"异"作为"界学"的主要支撑点之一。从界的认知原理看，异的范畴建立在与"本"的对反联结上，本的对面是异，异是对本的否定，是不是可以套用希腊人的话语，本是"完满的一"，异是"不定的二"，没有一就没有二，反之亦然；一通过二的作用演化万物。用中国的话语表述，异与本相辅相成，是阴阳互构的一对。异的意义很重要，在逻辑底层可能最为贴近界的原理和功能。③ 界学是接受、接收差异之学，其底层逻辑在一定程度上与西方反基础主义的观念想通，即肯定"异"的存在，由此，界学或可称之为中国的反基础主义之学的典范，是力图融通不同思想、理论、观念的新的思想实践。换言之，界学思想强调："人类的不同认知因应着世界的不同部分，应该被充分尊重，并且联合起来。不能硬着颈项一根筋，一只独眼看世界"④。"一根筋"和"一只独眼"或可理解为上述基础主义者们对"基础"和"阿基米德点"的执念，他们对"同一性"的固守，也让他们缺乏包容"异"的胸怀，并持续固化如早期维特根斯坦逻辑原子主义对"简单性"的追求。界学与反基础主义者们均表现出对"异""复杂性""多元性""多重性"的肯定，并坚持这一观点——面对鲜活的世界，认知工具箱应该是周全的，不是单一的；思想的资源库应该是丰富的、世

---

① 王治河：《扑朔迷离的游戏 后现代哲学思潮研究》，第91页。
② 王治河：《扑朔迷离的游戏 后现代哲学思潮研究》，第97页。
③ 刘洪一：《界的叙事》，第15页。
④ 刘洪一：《界的叙事》，第15页。

界性的，不是贫瘠的、狭隘的。[①]

（三）界学有利于推动"汇通"中外思想的理论实践

界学"有、无、合、变"的认知范式既可以理解为基本的线性认知，从有界、无界、合界到变界，又可以理解为一种综合的认知范式，即有界中包含"有、无、合、变"的尺度素质，构成一种"大中有小""小中见大"的认知方式。界学的"有、无、合、变"不是僵化的认知，而是时刻处于"运动"的认知，必须以发展的眼光看待界学的认知范式。"运动"和发展成为界学的典型特征，发展的基础如上述而言，不能因循守旧、不能自拘锁国、不能封闭自傲，需要以开放、包容而又自信的态度去观世界、识世界以及接纳世界，这样才具有发展的潜在可能，闭门造车式的自我遮蔽势必造成认知日渐趋窄，夜郎自大的根源皆因自我认知的人为遮蔽，可见，夏虫不可与之言冰也具有认知"尺度"上的某种合理性。界学的"运动"与发展观念有利于构建"汇通"中外思想的理论势能，"有、无、合、变"的认知范式可以成为融通的思想路径。

一是界学的"运动"发展观有利于拓展人类认知边界。成中英教授认为："这个宇宙不是死板的存在，而是一个生动活泼的变化过程"。[②]"生动活泼"是一种运动的显态，也表征"宇宙是一个活物"。人类的宇宙观念就是在界分中完成的。维柯在《新科学》中论及"诗性的宇宙"时，认为神学诗人们既然把他们想象为神圣的一些物体定位物理的原则，所以他们描绘宇宙也按照这种物理学，把世界看作是由天空，下界的诸神（拉丁文称之为 *dii superi*［尊神］和 *dii inferi*［卑神］）以及介乎天地之间的诸神（当然是拉丁人所称呼的"中神"［*medioxumi*］）组成的。[③]这里维柯将"诗性的宇宙"界分为三个部分——天空、中神、卑神，万物在宇宙的范围内生灭。可见，界是宇宙观念的一个重要的概念，上述"人类世"的确定实质上构建了一个新的话语体系，即人类成为地球最主要影响力量，已经是一个显著的事实。这一事实获得承认的基础，其一，表现了人类的"自主性"，其二，也表明了一个不容忽视的事实——人类世的未来发展是人类应负全责的发展，凸显"人"的重要性，将"新生世"过渡到"人类世"，

---

① 刘洪一:《界的叙事》，第 3 页。
② 刘洪一主编:《边界的意义——饶宗颐文化论坛文集（2021—2022）》，第 3 页。
③ ［意］维柯:《新科学》，朱光潜译，北京，商务印书馆 2018 年版，第 407 页。

可以理解为是从"多"到"一"的过程。世界的繁复是从"伏羲一画"的界分为起点，是从"一"到"多"的发展过程。"人类世"是一种暂时将"多"归于"一"的过程，这一过程是界学"有、无、合、变"的合界认知的一部分，其最终势必指向未来的"变界"，其中隐含的"地质分野""时间分野""空间分野"均指向未来。

二是界学的"界分差异"是认识事物的基轴。从上述维柯论述的"诗性的宇宙"的"天空"来看，就是在这种天空里诸天神先在大地上施行统治，和英雄们打交道，按照上文所已提出的自然神谱中诸天神的次序，从天神约瑟夫开始。在这种天空里，由女星神阿斯特里亚（Astraea）在大地上主持公道或正义。她头戴麦穗冠，手持天秤，因为最初的人类公道就是由英雄们颁布给人民的第一次土地法。当时，首先觉到的是重量，其次就是度量法，只是很慢很慢地才知道数目，最后，理智才停留在数目上面；因此，毕达哥拉斯把人类灵魂的要素摆在数目上，因为他不知道在各种物体上有什么比数目还更抽象。①维柯的论述揭示了"界"的两个基本事实，其一，界分是"公正"的前提。土地法就是关于"界"的强制性规则，土地法作为人民拥有的第一部法律是由神带给人的礼物，是界定公正、公道的依仗，这一依仗内含极深的"界"的意识，这也是"界"的最初含义之一，即畔或界，境也，本指田地之边界。边界的确立，使公正、公道的确立有了准绳。其二，界分是理智产生的根源。人类获颁土地法后，依次感知重量、度量法、数目及理智，理智的产生赖于"界分"的作用。由此，"界"具有本体论意义，是认识世界的根本。人类的视界之内普遍充满界分的现象，例如，男女、日夜、高低、长短等界分差异的万物存在方式，正是基于界分的内在本质所决定的。

三是界学的"对反性"是推动认知升维的理论工具。人类对"对反"的认知有着悠久的历史。《道德经》列举了一长串对反，包括长短、高下、音声、前后、有用无用、有无、善恶、昭昭若昏、察察闷闷、枉直、洼盈、敝新、重轻、静躁、雄雌、白黑、热冷、强羸、翕张、废兴、夺与、弱强、成缺、巧拙、辩讷、为无为、事无事、大小、多少、难易（第二、六、十一、二十、二十二、二十六、二十八、二十九、三十六、四十三、

---

① ［意］维柯:《新科学》，第 409 页。

四十五、六十三章）。[①] 在老子看来，反（返）对认识事物有着很强的裨益，从一物出发走向其对立面而后折返，即林语堂所论的"复归为始说"。易而言之，对于道之体来说，不可名，不可思议，故无对；而道之用体现为一切有形之物，则都是有对的。有对和无对处于一种相反相成的循环运动之中，有对必反为无对，而到了无对也不会停下来，仍然要反，在走到其对立面，道就是在这种"反"的过程中"周行而不殆"。[②] "将欲歙之，必固张之；将欲弱之，必固强之；将欲废之。必固举之；将欲取之，必固与之。是谓微明。柔弱胜刚强。鱼不可脱于渊，国之利器不可以示人。"[③] 两极之间有一种流变，先歙，再张，然后回到歙。[④] 可见，歙完成了一种复归，一种"复归为始"的存在。中国古代这一思想发至张载儒学变得更加精巧。张载用"象"→"对"→"反"→"仇"→"和"的范畴演化模式对矛盾的发生、发展和结局做出了独到的分析，对矛盾运动的具体过程进行了高度的概括，揭示了事物矛盾运动的辩证法，把我国古代辩证法提高到一个新的高度。[⑤] 换言之，对立着的双方经过互相交感、融合、转化，从而使得矛盾得以解决，旧的统一体破裂，新的矛盾统一体建立，于是又形成了新的对立和斗争。[⑥] 从《道德经》中"歙—张—歙"模式到张载的"象—对—反—仇—和"，共同揭示了一个基于"对反"的事物发展规律。

冯友兰肯定了客观辩证法是"仇必和而解"，同时也肯定了对立双方同归于尽和"一"与"二"同归于尽的情况的存在。[⑦] 冯友兰认为"仇必和而解"是最终的状态，但是需要一定的条件，并非一种必然的结果导向。这也为"仇必仇到底"预留了存在的空间。"和"的思想是中国古典哲学的一个独特的概念。在中国古典哲学中，"和"与"同"不一样，"同"不能容"异"，"和"不但能容"异"，而且必须有"异"，才能称其为"和"。……客观辩证法的两个对立面矛盾统一的局面，就是一个"和"。两个对立面

---

① ［新加坡］赖蕴慧：《剑桥中国哲学导论》，北京：世界图书北京出版公司2013年版，第85页。

② 刘固盛：《老子与老学思想研究》，武汉：华中师范大学出版社2023年版，第172页。

③ 《老子》，汤章平、王朝华译注，北京：中华书局2014年版，第135页。

④ ［新加坡］赖蕴慧：《剑桥中国哲学导论》，第85页

⑤ 佚名：《张载"仇必和而解"命题新评》，《国内哲学动态》1982年第1期，第34页。

⑥ 孙军红：《张载"和"之四因探赜》，西安：陕西人民教育出版社2020年版，第95页。

⑦ 钱逊：《冯友兰关于辩证法思想的反思》，《清华大学学报（哲学社会科学版）》1996年第2期，第6—7页。

矛盾斗争，当然不是"同"，而是"异"，但却同处于一个统一体中，这又是"和"。[①] 这样看来，"对反"就是"和"，就是一种"仇必和而解"的"过程"。界学强调："对反对成不是简单的二元对立，而是差异存在的叠加态和共同体，世界、生命、意义的一切奥秘都隐藏在这个差异叠加的共同体中。"[②]"共同体"的状态就是"和"的状态，差异叠加是"和"的表现形式。界学聚焦"有、无、合、变"的发展过程，其中"合界认知"具有一种趋近于"和解"的认同，无限趋近于完满的存在状态。界学在"合"的基础上，提出了"变"的思想，不再受制于上述"反（返）"与"复归为始"的拘囿，而将"变"作为事物发展的内在"势能"，即"变—有—无—合—新变"，这里"新变"不再与上述"翕—张—翕"的"复始"一般，而是一种螺旋上升之"变"，如事物发展尚未达致"变"，则依然处于"合"的范畴，故而，界学中的"变"思想是一种积极的运动发展学说。一方面，界学的"运动""发展"有利于人们升维对事物的认知，尤其在面对"变"的不确定之时，保有一种积极的向上态度；另一方面，从界的"对反对成"辩证地看待事物存在的状态及演进，不会固守于一隅之见，而是以升维的角度去审视当下的处于"有、无、合、变"的状态，从而调适自身以适应"变"的冲击，并进一步形成"临变、处变、应变以及主动求变"的认知态度。

界学的运动发展观念不但关注事物之宏大，也聚焦事物之"精微"。生命活动的本源就是从"界"开始的，DNA 双螺旋结构的"对成"符合古老"阴阳相合"的朴素哲学认知，随着科学不断进步，人类认识的视界趋向人类自身秘密的深处，男女各异的"染色体"，即 X、Y 的差异组合成为人类生命延续的密码。"界"始终存在生命的律动之中，不断通过"运动"命的奇迹。

---

① 钱逊：《冯友兰关于辩证法思想的反思》，第 5 页。
② 刘洪一：《界的叙事》，第 8 页。

戴密微先生的跨界、跨文化的知识对话给我们的启示

法国阿尔多瓦大学　李晓红

汪德迈先生的老师戴密微先生（1894—1979）、饶宗颐先生（1917—2018），包括汪德迈先生自己都属于活跃在 20 世纪初与 21 世纪初的中法学术界的老一辈汉学家。他们为了探索中法不同文明之间的融通之路做出了尝试，在他们那个时代，跨出国界，走跨文化的道路就是大胆的创新。戴密微是法国汉学 20 世纪下半叶的杰出代表，与 20 世纪以前的儒莲（Stanislas Aignan Julien，1799—1873）、20 世纪上半叶的沙畹并称为"汉学三杰"，被法国汉学界誉为"我们的光芒"[①]。戴密微、汪德迈（Léon Vandermeersch，1928—2021）作为法国学者，在他们本身具有的法国文化基础上，开始探讨、研究中国文化，研究汉学。饶宗颐先生自 1954 年与戴密微先生在伦敦会议相遇并屡次受邀后来到法国，参与到了法国汉学团队的研究行列，与法国同僚一起为敦煌文献的整理做出重要贡献。在法国汉学传承中，戴密微先生是一位中流砥柱式的人物，他起到了承上启下的关键作用。

一、法国汉学家所做跨文化综合研究的特点

其一，学者的知识结构均很完善，视野广阔，学者们多半具有多门语言的功底，并掌握多门学科知识。因此他们如果执掌某一领域的研究，则

---

① 陈友冰：《法国"汉学三杰"之戴密微——海外汉学家见之录之十》，2013年01月06日，见 http://www.guoxue.com/?p=8593。

希望该项研究具有跨领域性、跨文化性。

从戴密微的老师沙畹（Edouard Chavannes，1865—1918），再到沙畹门徒葛兰言（Marcel Granet，1884—1940）弟子石泰安（Rolf Stein，1911—1999），再到戴密微学生谢和耐（Jacques Gernet，1921—2018 ）、汪德迈都属于这种类型的学者。从他们的求学经历开始，就有意识地扩展知识面，同时注册多门学科的课程学习。

戴密微曾经研究过的其中一个学术门类现在就可能是当今法国汉学的一个分支。沙畹、戴密微等先辈学者们的成就和他们所研究的诸项成果覆盖了法国汉学界各个不同的分支领域，而在 21 世纪的今天，法国的汉学专家也许只是深入研究这其中的某一门，成为专家，例如甲骨文学家。

其二，法国学者常有一个研究范式，即以集体活动为轴心的团队工作方法。他们提倡的是跨学科、跨文化、跨领域的合作研究方式，以期加强不同文化、不同学科之间的会通交流，汲取别的学科有益的观点。

汉学家戴路德（Hubert Durt，1936—2018）认为，在二战之后的法国汉学研究中，法国远东学院有两位大师级学者，一位是戴密微，另一位是石泰安（Rolf Stein，1911—1999）。二战后因政治变迁，法国当时第一代人中先后赴远东学院（河内）工作的四位学者分别是：谢和耐、吴德明（Yves Hervouet，1921—1999）、汪德迈与雷威安（André Lévy，1925—2017），还有一位考古学家达尔让斯（Jean Lefebvre d'Argence，1885—1915）。20 世纪 50 年代末起，日本东京成为法国远东学院汉学研究的主要中心和东北亚的跳板。在很长时间里，京都都是汪德迈、雷威安、苏远鸣（Michel Soymié，1924—2002）和达尔让斯的科研基地。法国、日本团队合作工作的典范著作《法宝义林》就是团队合作的一则佳例。因最初对禅宗感兴趣，戴密微于 1926—1930 年在日佛会馆工作期间曾主持《法宝义林》（*Hônogirin: dictionnaire encyclopédique du bouhdhisme d'après les sources chinoises et japonaises*）[1]的编纂工作，他先是被录用当了日佛会馆寄宿生，后任该事典的编辑，再任主编。[2]这是一部根据中日文材料而编写的佛教百科事典，该事典开始时由法兰西学院（Collège de France）教授、印

---

① 蒋杰：《保罗·戴密微的远东生涯与他的佛学研究》，载《中国学·第一辑》，上海：上海人民出版社 2021 年版，第 460 页。

② 戴密微：《法国汉学史》，载戴仁主编：《法国当代中国学》，耿昇译，北京：中国社会科学出版社 1998 年版，第 45 页。

度学专家西尔万·列维（Sylvain Lévi, 1863—1935）和日本学者高楠顺次郎（Takakuzu Junjirô）主持，他们两位学者是该计划的奠基人。该事典在戴密微回法国后，由于形势不利，进展速度缓慢。直至戴密微任法兰西学院铭文与美文学院院士后，在法国远东学院和法兰西学士院的支持下，《法宝义林》计划才重新启动。他本人于1966年为此巨著再返日本。戴密微分别于1929年、1930年与1937年先后出版了此套书中的其中三册。其中大部分文章为他本人所撰写。他的努力得以让这个法、日两国文化（加上中国语言）的跨文化项目终有发展，戴密微深感欣慰。还有施舟人主持，29位欧美学者参与合作的《道藏通考》研究计划、戴密微与饶宗颐合作的《敦煌写本》的研究计划都属于跨学科、跨文化、跨领域的团队合作研究方式之列。

二、戴密微先生在跨文化知识对话中的楷模作用 对我们的启示

戴密微曾于1919年25岁时被法国远东学院录用为寄宿生，成为最早赴越南工作的远东学院成员之一。他又于1921年至1922年赴中国，做考古学、佛学等领域的考察工作，与学者、僧人打成一片，正因为他文学修养深厚，又有考古与佛学的专长，在参观孔陵、孔府、泰山之后，学术论文频出。自20世纪初至六七十年代，他对中国文化都有过高屋建瓴的综论，他所提倡的观点很多都是学术之外的大文化概念，对新近兴盛的中国新敦煌学、新考古学、新文学研究领域都有深远的影响。

这一切都源于戴密微是语言学家、文学家、历史学家、佛学家、考古学家的关系。他在文学、绘画、语言、音乐专业方面的知识水平令世人震惊，他的各科学识修养皆可与诗书画印兼通的中国文人修养相媲美。

戴密微与饶宗颐有多项中法合作学术成果，显现了法中文化罕见的巨擘合作效果。

（一）戴密微邀请饶宗颐先生1958年来法进行对伯希和手稿资料库目录的编纂工作。

（二）在戴密微再次促合下，饶宗颐又于1964—1965年期间应戴密微以法国国家科研中心（CNRS）名义发出的盛邀来巴黎帮助研究敦煌手抄本宗卷。戴密微与饶宗颐重要的学术合作成果还有很多，如《敦煌曲》。

敦煌学专家王志鹏就饶宗颐的《饶宗颐二十世纪学术文集》第 8 卷《敦煌学》研究谈道："饶宗颐先生和法国学者保尔·戴密微先生合著《敦煌曲》，在 1971 年由法国国家科研中心在巴黎出版。饶先生所著的部分用中文手写，戴密微先生的部分用法文完成，二者合为一书。饶先生校录敦煌曲辞凡 318 首，戴密微先生选取其中的 193 首译为法文"[1] 这是 20 世纪敦煌曲子词文献整理研究史上的一项重要成果。

（三）饶宗颐曾于 1978—1979 年在巴黎讲学期间，把散布在敦煌写卷的白描、粉本、画稿等材料汇编成《敦煌白画》，开创了研究敦煌白描画样的新领域，同时还写有题为《敦煌白画导论》的长篇论文。[2] 该书由饶宗颐编纂并用中文小楷书写，由李克曼（Pierre Ryckmans，1935—2014）译为法文，戴密微特为该书作序，法国远东学院于 1978 年分中、法两种文本出版。[3]

1979 年夏，饶宗颐与戴密微两位先生在瑞士勒芒河边的希雍城堡（Château de Chillon）前留影（照片由汪德迈先生提供）

---

① 王志鹏：《饶宗颐先生与敦煌曲研究》，载林伦伦主编：《饶学研究·第一辑》，广州：暨南大学出版社 2014 年版，第 53—54 页。

② 参见邓伟雄：《敦煌白画·重编后记》，载《敦煌白画》，香港：香港大学饶宗颐学术馆 2010 年版。

③ 饶宗颐、李克曼、戴密微：《敦煌白画》（*Dunhuang baihua Peintures monochromes de Dunhuang*），载远东研究院：《考古丛刊·第 8 集》，巴黎：法国远东学院 1978 年版；参见陈韩曦：《饶宗颐——东方文化坐标》，广州：花城出版社 2015 年版，第 115 页。

（四）戴密微一生做了很多佛学的研究，并翻译出版了大量书籍。他的佛学研究有对《弥兰陀王问经》[①]的翻译；有对《吐蕃僧诤记，印度与中国佛教徒与 7 世纪有关禅的一次大辩论》（*Le Concile de Lhassa, Une controverse sur le quiétisme entre bouddhistes de l'Inde et de la Chine au VIIIe siècle de l'ère chrétienne*）（缩写为《吐蕃僧诤记》[*Le Concile de Lhasa*]）的编撰。这些著作奠定了戴密微在佛教汉文资料里的地位和他日后长期从事的佛教研究领域的领导地位。

《吐蕃僧诤记》是戴密微撰写的一部涉及藏学、敦煌学和佛学研究的重要著作。根据耿升在《法国的藏学研究》一文中的介绍，除了书中故事情节外，戴密微在长篇注释中表现了他在梵藏文、佛教教理和经典方面的特长与渊博学问。[②]"戴密微的研究，能够在汉学、藏学、印度学、佛教学中交替转换，就是因为他跟法国印度学家、汉学家西尔万·列维学习过，受到列维影响。"[③]1962 年 12 月 24 日，戴密微用法文回复饶宗颐关于戴密微推荐他获得儒莲奖感谢信时写道："我已寄还给你关于拉萨佛教会议（即《吐蕃僧诤记》）的论文。同时寄上的是我的两份关于吐蕃僧诤记的论文抽印本（即后来发表的《新发现的吐蕃僧诤会汉文档案写本》）。在此文中，请注意我提到你的这篇文章在主题上给我们带来的新见解。非常感谢你对我这篇文章所做的修改以及提出的建议。我用法文写上了上述的话语，希望我们的学生汪德迈能帮助你辨认我这篇糟糕的笔迹。"[④]以上这段话充分反映了戴密微与饶宗颐以及他们的学生汪德迈之间亲密无间的中外学者学术合作和交往，也体现了西方文化在中国的再接受。

作为一代汉学宗师，戴密微几十年前就能高瞻远瞩地看到多元文化和学科交叉的重要性。他的研究涉及语言、文学、历史、佛学、考古、哲学、艺术、宗教等多种学科。他的独到眼光和远见卓识为当今文科建设铺垫了道路。他的理论完全没有过时，相反还会继续启迪中法两国学者，有极强

---

① 谢和耐：《戴密微评传》，《通报》1979 年第 1—3 期，第 131 页。

② 耿升：《法国的藏学研究》，第 460 页。

③ 王邦维：《有温度的"汉学"：汪德迈先生的学术情怀》，载《跨文化对话·第45辑》，北京：商务印书馆 2021 年版，第 392 页。

④ 郑炜明、邓伟雄、饶清芬等主编：《戴密微与饶宗颐教授来往书信集》，香港：香港大学饶宗颐学术馆 2012 年版，第 15 页；参见叶向阳：《戴密微与饶宗颐：20 世纪中外学者交往的楷模—读〈戴密微与饶宗颐教授来往书信集〉》，《国际汉学》2015 年第 3 期。

的引领作用。加强西方文化与中国文化的融通，满足跨界知识对话的世界文明发展需要。戴密微先生为中外学者之楷模，笔者将继续就"人文与科学的知识合作"议题做深入研究，对中国文化、域外汉学等诸项研究做贡献。本人浅见，敬祈指正赐教。

创新的思维传承
与知识合作

孔孟原始儒学的传承与发展

山东省委党校（山东行政学院） 孙　矩

新时代儒家思想如何传承与发展，是摆在我们面前的一个首要问题。当今世界可以用两个词来概括，一个是混沌，一个是迷茫。思想界、学术界是一片混沌。各国各族人民、各个阶层的人们均是一片迷茫。在这种情势下，按照德国思想家卡尔·雅斯贝尔斯在他的著名著作《历史的起源与目标》中所指出的，我们应当回到轴心时代去寻求答案。怎么回归轴心时代就是"澄怀观道、返本开新"八个字。首先要把我们脑子里的混沌的思想观念厘清了，胸怀敞亮了，才能看清方向。其次，返本开新是讲返回本来才能开辟未来。就目前而言，就是要返回到孔子创立的原始儒学那里去，返回到孔孟之道的基本思想上来。

（一）孔孟原始儒学概念界定及要义

原始儒学是指孔子创立的并由其主要弟子及继承人参与的儒家思想。孔子三十而立收徒办学40多年。他的主要传承人有弟子颜回、子贡、子夏、曾子，孔子的孙子子思及门徒的学生孟子等。因为孔子的传承人中孟子的学术成就最高，后人以孔孟并称为孔孟之道。所以，原始儒学就是孔子创立的儒学，或称之孔子思想、孔孟之道、孔孟思想，都是合适的。他们的著述、言行言论，都应该算在孔子思想或孔孟原始儒学的范围之内。主要著作就是《论语》《孟子》《易传》《春秋》《礼记》《孝经》《孔子家语》等。

儒学创立之后到儒学历史地位的确立还有两个儒学大家起到了至关重要的作用，一个是战国末期的荀子，一个是西汉的董仲舒。此不赘述。

原始儒学的精髓要义是什么呢？《千字文》中将其概括为有"盖此身发，四大五常，恭惟鞠养，岂敢毁伤？""四大五常"可以说是孔子思想的浓缩与精华，积淀了儒家的世界观与价值观。儒家的"四大"是指天地、君、亲、师。这四者是平起平坐、平等的。汉武帝时期，《白虎通义》成书之后，君王成为天地的化身，父母、亲人、老师成为礼拜君王的下人。儒家的"五常"指的是仁、义、礼、智、信中华传统美德中五种最重要的德目，常即恒常不变之意。

（二）关于四大：天地、君、亲、师

儒家的"四大"有不同说法，有的人把天、地、君、亲、师作为五个元素讲，但是作为孔子思想要义的"四大"应该把天、地合到一块，天地就是讲身外的自然界。"君"在儒家早期时代，主要是有诸侯王和周天子。"亲"就是祖先、先人、父母，"老吾老以及人之老"。"师"就是老师，当然儒家所说的老师除了亲授自己知识的人之外，还有"三人行必有吾师"，路人皆吾师，我身边的人和我接触到的人都是我的老师。"亲"与"师"存在一个狭义和广义的理解。

理解"四大"重点需把握以下三点：一是"天人合一"理念。我们都知道《三字经》上讲，"三才者，天地人"。这样就把天地人作单独的元素了，如果把天、地合起来，那又剩两个元素了，就是天和人。儒家、道家都讲天人合一，也是把"天""地"归在一起。所以，这里"君、亲、师"都是人，这样"四大"就构成了，天人合一。所以说"四大"也好，说五个元素也好，都可归结为三个方面，即天、地、人，两个方面就是天和人。天当然包括天、地了。天人合一就归为一体了。钱穆先生在《中国文化的最高信仰与终极理想》中讲道："我们今天简单来讲中国人的最高信仰，乃是天、地、人三者之合一。"在中国，天、地可合称为天，人与天地合一，便是所谓"天人合一"。二是天地君亲师各要素平等。三是以民为本。孔子有了思想萌芽，孟子作了详细阐述。

（三）关于五常：仁义礼智信

儒家的"五常"即仁义礼智信，在《论语》以及其他有关孔子的文献当中，仁义礼智信已经讲得非常充分。但是孔子没有把"仁义礼智信"放在一块，作为"五常"的概念说过。他说"仁"的时候就是讲"仁"，说"义"的时候就讲"义"，说"礼"的时候就讲"礼"，说"智"的时候就讲"智"，都是分别讲的，没把它们连接到一块。孟子也没有把这五个概念放在一起。但是孟子把前边四个"仁义礼智"放在一起称为"四端"。当然"信"，孟子是单独讲的。谁把"仁义礼智信"放在一起称为"五常"

的呢？是西汉初期的大儒董仲舒。他在《举贤良对策》当中把"仁义礼智信"明确地称为"五常"，提出了"五常"的概念。这个概括逐步地被大家接受了。

孟子曰："人皆有不忍人之心。先王有不忍人之心，斯有不忍人之政矣。以不忍人之心，行不忍人之政，治天下可运之掌上。""由是观之，无恻隐之心，非人也。无羞恶之心，非人也。无辞让之心，非人也。无是非之心，非人也。""恻隐之心，仁之端也。羞恶之心，义之端也。辞让之心，礼之端也。是非之心，智之端也。"仁的发端是从恻隐之心开始的，讲"仁"要从恻隐之心开始讲，要同情弱势群体，同情怜悯那些贫苦、受难的人。羞恶之心是义的发端。做人要知道羞耻。为什么礼的发端是辞让呢？人与人打交道的时候，比如说走路的时候，应该让别人先行。西方人说让女士先行，让老人先行，让小孩先行。即使是同事之间、同辈之间也要长幼让行，这就是辞让。辞让不仅体现在行为方面，也体现在物质方面。辞让是礼的发端。如果连是非都没有，那么人就没有智慧，当然非人也了。孟子从"四心"引出"四端"，而且明确表示没有这些就是非人，不算人。按孟子的思路，本人认为并提出"无诚实之心，亦非人也"。信发源于诚实之心，"诚实之心，信之端也"。下面笔者将详细展开论述。

一是仁。仁是从恻隐之心发端的，表现为"仁者，爱人"。孝为仁之本，仁又是从"孝"开始的。爱人就要是从孝开始，主要是从孝敬父母祖父母等自己的长辈亲属开始的，然后推及其他人。当然"仁"的含义很多，可以列上十来条。那么"仁"到最高是什么呢？就是尊亲为大。

二是义，"无羞恶之心，非人也""羞恶之心，义之端也"。义者，宜也。义就是要与你身边的人，要与你接触到的人和谐相处。"义"也是"五常"当中的一个核心概念，很重要的概念。"仁"是基础性的概念，"仁"也是一个核心概念，可以把义和仁相连接，和其他的概念也都可以连起来。义是尊贤为大，敬重贤人，敬重君子，敬重贤人，敬重有本事的人、比自己强的人，这是义的最高表现。见贤思齐、尊贤、尚贤、向贤者学习，这是义的表现。你见着人家比你强一点，你都极度排挤打击，甚至陷害或者使个小绊子，那就不是"义"。所以是"尊贤为大"。关于义有很多非常精彩的故事。诸如：鲁义姑义退齐军，赵氏孤儿，管鲍之交，冯谖买义等。

三是礼，辞让之心，礼之端也。礼涵盖很重要的概念是敬。礼对行为的规范与要求是要遵规循矩。也可以说是"礼敬为大。"礼有广义的和狭义的概念之分，广义的礼包括礼仪、制度、人们日常规矩及行为规范。狭义的就是礼仪、礼节、礼貌、日常生活中的习惯。孔子曰："不知礼，无以立也。"没有礼，就很难在这个社会立足。

四是"智"，在春秋战国时代，《论语》《孟子》都没区分"智"和"知"，都写作"知"，智者，知也。"知之为知之，不知为不知，是知也。"知道的"知"和智慧的"智"，当时是混用的，没有区分。智是从"是非之心"开始的，即明辨是非。如果你不能辨别是非，那你就谈不到智，就是一个残缺的人，不健全的人，或者说非人也。到荀子时期，两个字就区分开了。

五是信，"诚实之心，信之端也""无诚实之心，亦非人也"。信，就是要执着，你对自己的信念要执着、要坚持。如果认为是对的就要坚持，要坚守。信就是"诚实守信践诺"为要。

（四）理解孔孟原始儒学的关键——要有一颗平常心

平常心，指健康的、正常的心态。

本人认为现代社会理解的"五常"包括：常识、常情、常理、常规、常序五个方面。一是常识；二是常情；三是常理；四是常规；五是常序。理解这五个方面还得回归到这五个"心"，即恻隐之心、羞恶之心、辞让之心、是非之心与诚实之心。这五个心就是作为一个当代社会的文明人，应当具备的最基本、最基础、最起码的要求。可以说是起点，也是底线。但是想要做到还是真不容易。恻隐之心，就是人之常情的东西，必须要做到。常识，不要做违背常识的事情。违背常识就是违背自然规律。违背常规的事情，不按规则的事情，不按秩序的事情都是不符合儒家做人的要求的。总体来说是要放平心态，也就是用我们现代社会的常识、常情、常理、常规、常序这五个方面来理解孔子思想的"五常"。把这"五常"和孔子的仁义礼智信"五常"综合起来理解。

（五）坚守为人处事的底线

1. 什么是底线？

底线指人们的言语行为及处事方法，应以不妨碍别人，不侵犯别人利益，不干扰和破坏社会环境为基本准则。当然希望所有人都活得好，希望社会环境更优美，甚至为了别人的利益，为了维护社会环境，放弃乃至牺牲自己的利益，这是一种境界。

2. 为什么要有底线?

人类为了生存,必须要有底线,不能越过这个底线,所以说底线是人类的生命线。因为人是社会性动物,是社会的存在物,人们是相互依存的,不能设想单独一个人生活在这个世界上。苏武牧羊,其实他有仆人和陪伴的女人。《鲁滨逊漂流记》是小说,即使是小说,鲁滨逊还有一个星期五陪着呢。

3. 人类底线有几种?

(1)人性底线

(2)是非底线

(3)文明(价值)底线

(4)社会伦理(秩序)底线

(5)法律底线

4. 守住底线

中国人从来就有底线,做生意明码标价,童叟无欺;做学问言之有据,持之有故;做官不夺民财,不伤无辜;做人不出卖朋友。正是靠着底线的坚守,中华民族虽历经苦难,中华文明却得以延续。

(六)做好不同思想体系相结合的文章

马克思主义普遍真理与中华优秀传统文化相结合,当前就是要统一到社会主义核心价值观上来。

经济学与自然科学的融合发展[*]

南方科技大学　张晓芳　南方科技大学　王翔云

　　相较于自然科学，经济学并非是一门后知后觉的学科。尽管经济学作为一个独立的研究领域在 18 世纪才由亚当·斯密等人发展起来，但如果追溯到关于经济问题的思考，最早的经济学者则可以追溯至古希腊时期的哲学家。在公元前 355 年，苏格拉底的弟子色诺芬所作《经济论》（Oeconomicus）被认为是第一本经济学的著作，该书名来自于希腊语的经济学（economics）一词，他用"经济"一词来概括奴隶主对家庭财产、奴隶及生产的管理，当时的"经济论"有时也翻译成"家政论"[①]。

　　亚里士多德在他的著作《政治学》（De Politica）中借鉴和延续色诺芬的经济学思想，讨论了货币、价值、交换等经济问题，这些讨论被视为中世纪商业思考的基础，并对天主教关于市场行为的教义产生了深远影响[②]。在学科发展的过程中，经济学与自然科学的发展一直相伴相随，自然科学家们研究世界客观规律的方法往往能给经济学带来独特的视角，另一方面，更加严谨的研究工具也为经济学这门学科的科学化起到了重要的作用，数学模型和统计方法的应用使得经济学逐渐脱离了传统社会科学的研究方式，并逐渐转化为"经济科学"[③]。

　　* 本文获得了深圳市人文社会科学重点研究基地"南方科技大学粤港澳大湾区科技人文与创新文化研究中心"，中国科学院学部咨询项目"中国是否应发展经济物理学的研究"的支持与资助。

　　① Vladimir S. Bochko, "'Oeconomicus' of Xenophon: Its Significance for Modern Economic Science", *Zhurnal Economicheskoj Teorii*, Vol. 18, No. 3 (2021), pp. 341–356.

　　② Scott Meikle, *Aristotle's Economic Thought*, Oxford: Oxford University Press, 1995.

　　③ 赵文杰：《论近代自然科学对经济学形成的影响》，《南京农业大学学报（社会科学版）》2023 年第 1 期，第 40—45 页。

　　在古典经济学时期，许多古典经济学家都试图从流行的自然科学理论中汲取灵感。亚当·斯密在其著作《国富论》中提出的"看不见的手"概念，而这一概念蕴含了牛顿物理学中的自然法则，斯密认为经济市场中的个体在追求个人利益时似乎被一只"看不见的手"引导，促使他们的行为最终有利于整个社会的利益，而这种自发的秩序概念与牛顿力学的宇宙自然法则相呼应。李嘉图在发展其比较优势理论时受到了科学实验和逻辑推理的启发，通过简化的数学例子（如葡萄酒和布料的交易模型）来说明不同国家之间为何进行商品交易是有利的。马克思则高度赞扬了热力学第二定律和进化论的观点，他认为社会理论如同自然科学一样具有客观性，政治经济学中有关阶级斗争和社会发展的思想与达尔文的进化论息息相关。在分析资本主义经济的运作机制时，马克思也尝试使用数学工具而非文字描述来描述资本积累、剩余价值的产生和分配等经济现象，使其理论具有类似自然科学的逻辑严密性和预测能力[1]。

　　到19世纪末时，新古典经济学家更是毫不吝啬他们对数学和自然科学的热爱，数物理学模型的隐喻在新古典经济学的理论中随处可见。在"边际革命"的思想形成过程中，瓦尔拉斯的一般均衡理论在形式上受到了物理学中力学平衡系统的启发，他试图通过数学公式来描述经济系统中的各种市场之间如何通过价格机制相互调节达到均衡状态，这类似于物理学中的平衡和稳态理论。杰文斯的边际效用理论也受到了能量守恒和效用递减的物理概念的影响，他将消费者的决策比作物理过程，认为消费者在消费过程中会根据边际效用的递减来分配资源，以达到效用最大化。而这一时期恰好是经济学广泛数学化的过程，新古典经济学家们致力于将经济学打造成一个客观、严谨的学科。

　　在经济学进一步的发展中，相较于物理学模型的抽象和精确，生物学模型在处理动态性、非线性和复杂性的问题上都具有更大的优势，进化论的思想给经济学家带来了深刻的影响，而生命体以及生物群落都具有高度的复杂性，这些现象吸引着经济学家们关注如何从微观层面的行为和相互作用中解释宏观经济现象的发展和变化，并促进了行为经济学和演化经济

　　[1]　Peter Railton, "Marx and the Objectivity of Science", *PSA: Proceedings of the Biennial Meeting of the Philosophy of Science Association*, Vol. 1984, No. 2 (1984), pp. 813-826.

学的诞生 ①。

1972 年，《多者异也》（"More Is Different"）的发表引起了学界对还原论的思考，安德森（W. Anderson）② 指出宏观系统并不总是能通过研究其微观结构来进行理解，由微观个体量变引起质变，产生更高层级规律的过程，正是复杂性科学中"涌现"的概念③。在此思潮之下，科学家们意识到传统的学科分离方法将难以解释自然界和社会中的复杂现象，在默立·盖尔曼（Murray Gell-Mann）④ 的组织下，一个横跨多学科的复杂性研究中心——圣塔菲研究所（SFI）开始建立，而这也标志着经济学与自然科学的新一轮融合。

一、新古典时期的物理学隐喻

在经济思想史的研究中，许多学者对新古典经济学中的物理学模型引用持一个较为保守的态度，米洛斯基（Philip Mirowski）认为新古典经济学在很大程度上从物理学中借鉴了数学形式主义，特别是能量的守恒原则，而这种借用是因为经济学试图显得更具科学严谨性，因而无差别模仿了经典物理学的数学结构，却没有充分考虑这些结构是否适合社会科学，从而导致了经济理论中的重大概念混乱和局限性⑤。

科恩⑥（Cohen）指出，新古典主义经济学的创始人在努力为经济学打造一个物理学外衣时，大胆地采纳了数学物理学的隐喻（Metaphor），而这样做的目的是为了提高经济学在社会科学中的地位。

克罗斯（R. Cross）分析了在描述经济系统的动态行为时的新古典经济

① Martin Evison, "Economics and Biology", *Anthropology News*, Vol. 40, No. 4 (1999), p. 5.

② 菲利普·W. 安德森（Philip Warren Anderson），美国物理学家，研究领域涵盖了固体物理、超导性、磁性理论等多个方面，1977 年因对有序和无序系统中的电子行为的基础理论研究而获得了诺贝尔物理学奖。

③ Philip W Anderson, "More Is Different", *Science*, Vol. 177, No. 4047 (1972), pp. 393–396.

④ 默里·盖尔曼（Murray Gell-Mann），美国物理学家，以其在粒子物理领域的开创性工作而闻名。盖尔曼最著名的成就是提出了夸克模型，这一模型是理解强相互作用粒子（即强子）的基础，并为粒子物理学的标准模型奠定了重要的理论基础，1969 年被授予诺贝尔物理学奖。

⑤ Philip Mirowski, *More Heat than Light: Economics as Social Physics, Physics as Nature's Economics*. Cambridge: Cambridge University Press, 1989, p. 105.

⑥ I. Bernard Cohen, *Interactions: Some Contacts between the Natural Sciences and the Social Sciences*, Cambridge: MIT Press, 1994.

学，他指出，尽管新古典经济模型倾向于采用时间可逆的物理隐喻，如完美弹性碰撞等，这种方法忽视了经济过程中的本质不可逆性，比如资源消耗、技术变革和信息的流动与积累[①]。

尽管学者对新古典经济理论"嫁接"物理学模型的行为看法不一，但研究这一过程仍然是有意义的，深入研究这些隐喻可以帮助我们更好地理解新古典经济学理论的起源和局限性，通过批判性地分析这些从物理学借鉴来的概念和模型，可以解释为何传统的经济学模型常与实际现象相背离。

（一）"边际革命"中的物理学思想

边际革命是 19 世纪末发生的一场重要经济学理论变革，它标志着经济学从古典经济学向新古典经济学的转变。其核心在于引入了边际分析方法，这种方法重视最后一单位商品或服务的附加效用（即边际效用）对经济决策的影响。在这一过程中，边际主义的主要经济学家杰文斯（William Stanley Jevons）与瓦尔拉斯（Walras）均在其理论模型中体现了物理学的思想。

威廉·斯坦利·杰文斯是 19 世纪边际革命的重要人物之一，他的工作显著地推动了经济学向数学化和科学化的转变。在当时热力学发展的启发之下，特别是能量守恒和熵增原理，杰文斯在经济理论中引入了物理学的基础概念。他将经济系统视作可以应用能量转换和效率分析的系统，从而借鉴热力学来分析经济活动中的效用最大化问题。

杰文斯在他的著作《政治经济学理论》（*The Theory of Political Economy*）中提出了边际效用理论，这在形式上与物理学中处理力和运动的微分方法相似。他认为，消费者对商品的需求取决于商品的边际效用，即最后一单位商品所提供的满足度或效用，这种分析方法直接借鉴了物理学中的微分计算，用以处理变化量的影响[②]。

吉尼斯（Grattan-Guinness，2009）探讨了杰文斯在其著作《政治经济学理论》中如何应用微分方程来阐述交换原理，并分析了当时学界对这种方法的接受程度。一方面，有学者赞赏他将数学工具引入经济分析的尝试，认为这为经济学的科学性和精确性提供了新的可能性；另一方面，也

---

① R. Cross, "Metaphors and Time Reversibility and Irreversibility in Economic Systems", *Journal of Economic Issues*, Vol. 29, No.1 (1995), pp. 267-276.

② William Stanley Jevons, *The Theory of Political Economy*, London: Macmillan and Co., 1871.

有批评声音指出过度的数学化可能会使经济理论过于抽象，难以应对现实世界的复杂性和动态变化。尽管存在争议，杰文斯的方法对后来的经济学家，如阿尔弗雷德·马歇尔和莱昂·瓦尔拉斯等人的工作产生了深远影响。他们继续探索数学工具在经济分析中的应用，推动了经济学理论的进一步发展[①]。

"边际三杰"中另一位重要的经济学家瓦尔拉斯（Walras，1834—1910）则更加直接地强调了经济学中来自物理学的灵感。在《纯粹经济学要义》中，瓦尔拉斯认为通过数学的运用，经济学有潜力成为一门精确的科学，这将使得其地位和影响力可以与天文学和力学相媲美，并真正成为与物理、数学等科学相类似的学科。

1909 年，瓦尔拉斯在洛桑自然科学协会（Societe Vaudoise des Sciences Naturelles at Lausanne）发表了名为《经济学与力学》的工作论文，这篇文章也是瓦尔拉斯人生中最后一篇著作，在总结他在经济学中对数学的应用时，瓦尔拉斯认为，在经济学中对物理类比的应用很大程度上并不是对物理公式的刻意模仿，而是取决于使用的数学工具的相似性。在《经济学与力学》一文中他写道：

> 这篇文章的中心主题是说明经济学中的数学公式与力学中的数学公式之间的类比关系。因为，正如笛卡尔所断言的，任何涉及量的科学都可以用数学方法进行分析，从而成为一门数学科学。当然，这也适用于任何涉及量的科学。它们都有一个共同点：数学方法。[②]

随后瓦尔拉斯指出，经济学和力学都涉及"量"的问题，但两者所指的含义截然不同。他认为，就经济学而言，我们处理的是"时间内"的现象，对这些现象的评价会受到个人心理的影响，而旁人无法观测，因此是个人的、主观的，正如我们无法观测到一个人对一块蛋糕产生的愉悦程度。

[①]　Ivor Grattan-Guinness, "On Jevons's Handling of Differential Equations in the Context of His Principle of Exchange, and the Early Reactions", *History of Political Economy*, Vol. 41, No. 2 (2009), pp. 297-309.

[②]　文章法文名称为 "Economique et Mecaniqu"，是瓦尔拉斯在1909年洛桑自然科学学会上的演讲文稿，并未公开出版。

另一方面，力学处理的是"外部"现象，这些现象发生在客观世界，每个人都可以观察到，如同我们能观测到受力的物体运动了多远。

而市场的存在解决了这一问题，参与者在市场上的交换行为是可被观测的，两者都处理可观察到的现象这一事实使得数学方法在两种情况下都适用。这样，由于经济学和力学采用共同的分析方法，它们在数学表达上就有了一些相似之处。在洛桑大学保存的瓦尔拉斯的论文中，瓦尔拉斯用表 1 展示了物体下坠与交换之间的类比。

表 1　瓦尔拉斯在商品交换和万有引力之间的类比

物体下坠			交换	
$e = \dfrac{1}{2}gt^2$	位移	$e = F(t)$	效用	$u = \phi(q)$
$v = g \cdot t$	速度	$v = F'(t)$	边际效用	$r = \phi'(q)$
$a = g$	加速度	$a = F''(t)$	凹凸性	$c = \phi''(q)$

在给博内塞尼（Boninsegni）的信中他写道：

> 我将这些量纲（效用和边际效用）视作心理学上的量纲，只有体验它们的消费者才能理解和测量，在这个意义上，它们不同于所有观察它们的观众都能理解和测量的物理量级。此外，我只想证明，我们在经济学中处理这些［心理量级］，就像数学家在力学和天文学中处理物理量级一样……"[①]

（二）马歇尔经济理论中的物理学思想

马歇尔（Alfred Marshall，1842—1924)）在研究中也融入了许多自然科学的理论来解释经济学现象，这位伟大的经济学家认为经济学和一般科学均由"思维机器"（Mechanical Thinking）组成[②]，而思维机器与现实世界中的物质机器一样，能够对重复性的事件做出预料之类的反应。换句话说，当一个具有机械化思维的理性人在面对完全相同的信息时，他所做出的决

---

　　① Philip Mirowski, *More Heat than Light: Economics as Social Physics: Physics as Nature's Economics*. Cambridge: Cambridge University Press, 1989, p. 371.

　　② T. Raffaelli, "Marshall's Metaphors on Method", *Journal of the History of Economic Thought*, Vol. 29, No. 2 (2007), pp. 18-19.

策应该是如同机械一般完全稳定，不带有任何随机性。将思维过程同化为机械的这一思想，在马歇尔之后成为一种普遍信条。在写作《经济学原理》第一版时，他对经济机器——这个"类似于力学理论的发现具体真理的强大引擎"——的信心已经大大增强，在该书中，科学机器与物质机器之间的类比被用来评估经济规律的性质：

> 科学机器在知识生产中所起的作用，在许多方面类似于物质机器在商品生产中所起的作用；在这两种情况下，机器都会选择那些可以简化为系统的过程。在商品生产中，当同类的事情必须以同样的方式反复进行时，一般都需要制造一台机器来完成。但是，如果产品的细节千变万化，用机器生产不可能，或者根本无利可图，那么就必须用手工来生产。同样，在知识领域，如果在调查或推理过程中，同一种工作必须以同一种方式反复进行，那么就值得把这些过程归纳为系统，并安装科学机器来处理它们。但毕竟经济问题千变万化……，精确的科学推理很少能把我们一直带到我们所追求的结论。[①]

在马歇尔的著作中，这一比喻无处不在，并被反复阐述。马歇尔写道，在早期阶段，科学和机械常常是"笨拙的，而且常常有点可笑"，但随着时间的积累，它们慢慢地改变了世界的面貌。科学和机械一样，处理的是现实的标准化问题，但"永远无法完成一个问题的实用目的……就像即使是最好的机械产品也需要手工艺来完成一样"[②]。1901年的演讲《机械与生活》完全基于同样的类比："当一件事情需要大规模完成时，要节省肌肉和神经，使用机器……机械的进步也是世界财富的累积……思想的机械就是有组织的知识，尤其是科学：就像物质的机械一样，它是经济的、高效的、节省劳动力的，[是]世界财富，是累积的"[③]。

　　在研究方法上，马歇尔则认为经济学家的方法并无特殊之处，经济学的研究方法同样需要与其他科学家、技术人员甚至普通人的方法进行比较。

---

① Alfred Marshall, *Principles of Economics* Vol.I, London: Macmuillan, 1961.

② Alfred Marshall, "On Rent", *Economic Journal*, Vol. 3, No. 9(1893), pp. 74-90.

③ Tiziano Raffaelli, "Marshall on 'Machinery and Life'", *Marshall Studies Bulletin*, Vol. 4 (1994).

比如都需要学习相同的一般推理方法，并将一般规则应用于不同的实际问题，注重现象的重复性而不忽视其差异性。许多学科都使用"比照适用"条款：知识的增长是通过分解问题，分离出问题的各个组成部分，并依次处理每个组成部分，同时暂时假定其他组成部分不会影响结果。在马歇尔眼中，知识的增长是一个典型的局部过程，是通过创新和标准化实现的达尔文式进化，学科的知识积累正如同生物进化一样是一个由简单到复杂的过程。经济学与其他任何科学一样，也是一种逐渐进化的学科，受到内在的限制，而科学机器的这种零碎进化与技术的进化极为相似。

经济学与物理之间的类比既不新颖，也不令人回味（以至于很容易被忽视），但马歇尔将其内容具体化，结合了科学的机械分析观和生物进化论的观点。这个隐喻（Metaphor）是马歇尔著作中出现的第一个隐喻，它在这位经济学家的著作中十分低调，却暗示了马歇尔后来更具争议性的隐喻所具有的持续性和变化性的辩证关系，以及经济学研究从静态到动态的转变。

（三）万有引力和潮汐模型在经济学中的类比

在牛顿力学中，最常被融入经济学的部分便是万有引力的相关理论。1962年，荷兰经济学家丁伯根（Tinbergen）通过对星体间引力作用的类比创造了国际贸易理论中的"引力模型"[①]，这一模型基于牛顿引力定律的概念，即物体之间的吸引力与它们的质量成正比，与距离成反比。在国际贸易中，这一概念被用来描述不同国家之间贸易的程度，以及距离和经济规模对贸易量的影响。在模型中，两国的贸易量与经济体量成正比，而与两国间的距离成反比，这与万有引力的思想不谋而合。值得一提是丁伯根本人便是一名物理学博士，1969年他因为将偏微分方程的动力系统引入宏观经济研究而获得首届诺贝尔经济学奖。

无独有偶，自然界中的潮汐现象（Tidology）也是由天体间的引力所驱动，潮涨潮落之间也蕴含着经济学的哲思。库洛特（Cournot）首先将潮汐与商品间的价格变动进行类比，认为"我们只能参照其他商品来确定一种商品的价值"。也就是说，他的价值理论是以相对价值概念为基础的，并在随后指出："没有绝对的价值，但有价值绝对涨落的运动"，"因此，我

① Mariame Bakouan & Dorothee Boccanfuso, "General Equilibrium Effects of Trade Liberalization in ECOWAS Countries: Structural Gravity Approach", *Modern Economy*, Vol. 12, No.1 (2021), pp. 274-292.

们可以很容易地把相对价值的变化所表现的价值的相对变化，同商品之间建立联系的一种或另一种商品的价值的绝对变化区分开来"。在他眼中，商品价值的变化有两种：相对变化和绝对变化，库诺特解释道：

> 一个观察家如果通过查看一个世纪到另一个世纪的价值统计表，发现货币价值在 16 世纪末下降了约五分之四，而其他商品的相对价值实际上保持不变，那么即使他不知道美洲发现了矿山，也会认为货币价值很可能发生了绝对变化。[1]

除此之外，潮汐也引起了经济学家们对周期的思考，库尔诺认识到商品价值中"周期性变化"（variations pérodiques）和"世俗变化"（variations séculaires）的重要性，从而得出了在经济分析中使用数学公式的通用基本方法的标准。十分有趣的是，马歇尔的第一种经济分析方法便是商品价值周期性变化的分析方法，而这种方法正是受到库尔诺基于天文学方法的论点的影响。此外，在《工业与贸易》[2] 的附录中，马歇尔在评价某种科学方法的有效性时参考了天文学的现代发展。在回顾牛顿和莱布尼茨的贡献时，马歇尔指出了趋势分析相对于均衡条件分析的重要性。在这方面，马歇尔着重强调了趋势科学，它探索物理关系或机械相互作用的不稳定因素：

> 研究得出的结论是，对每种干扰原因所导致的变化趋势的研究，可以作为对几种原因共同作用的影响进行广泛研究的起点。……它最著名的成就是《航海年鉴》，它考虑到了任何两颗行星对彼此直接产生的干扰影响，以及它们对其他行星产生干扰的间接结果。[3]

（四）能量守恒定律与经济学模型的抽象过程

除了所使用的数学工具的相似性之外，经济学与物理学中假设和对实体的抽象也有着极大的相似性，正如没有任何一个人能满足"理性人"

---

[1]　Philip Mirowski, *More Heat Than Light: Economics as Social Physics: Physics as Nature's Economics*. Cambridge: Cambridge University Press, 1989, p. 207.

[2]　Alfred Marshall, *Industry and Trade*, London: Macmillan, 1923.

[3]　Alfred Marshall, *Industry and Trade*, p. 677.

的假设，自然界中也没有任何一个物体能满足"质点"的假设。帕累托（Pareto）通过类比揭示了物理学和经济学之间的实体概念相似性，在物理学中，当考虑一定数量的物体时，研究它们之间的平衡与运动关系，而不考虑其他任何属性，我们得到了一种被称为"力"的研究，进一步可以细分为两个子领域。同样地，在经济学领域，当我们观察一个社会并专注于财富的生产与交换中产生的人际关系，而不涉及其他因素，这种研究被称为"政治经济学"。这门学科同样可以进一步细分为两个子学科。这种方法论的相似性表现出两个截然不同的领域如何在基础研究方法上保持一致性。

物理学从研究质点和其运动开始，逐渐延伸到考虑实际物体的更多属性，如弹性、摩擦力等，再进一步扩展到更为复杂的领域，如光学、电磁学和热力学。这个进程从基础到应用，再到多学科交叉，体现了科学研究从简到繁的演化逻辑。与此相似，经济学最初的探索聚焦于纯粹的经济人模型，随后转向更为复杂的社会经济模型，进一步考虑人的多重身份和非经济因素的影响。费雪（Fisher）强调，除了经济学，人类的行为和决策还受到法学、宗教学、伦理学和其他社会科学领域的深刻影响。这种多学科交融的趋势不仅丰富了研究内容，还提升了理论的实用性和普适性。帕累托的对比也并非仅仅是为了寻找两者之间的相似点，更重要的是揭示出科学的本质——无论是物理学还是经济学，其核心目标都是寻找并解释现象背后的普遍规律。

通过这种跨学科的视角下，费雪为我们提供了一个全新的视角，在探索经济学的基础概念时，费雪采用了与力学相似的方法，通过一系列引人注目的类比来阐述其思想。他将"粒子"比喻为"个人"，将"空间"与"商品"相对应。力学中"力"的概念，在费雪的经济学观点中被转化为"边际效用"或"边际负效用"。而在物理学中用于描述物体在外力作用下产生位移的"功"，在经济学中则对应于"负效用"。同时，"能量"这一核心物理概念在费雪的经济学中变成了"效用"。更为有趣的是，就像"力"在物理学中是一个矢量，具有大小和方向，"边际效用"在费雪的理论中也被视为一个矢量，它指示了商品或服务的相对价值方向。尽管这个理论并没有被后来的经济学界所接受，但这种独特的比较方法，不仅凸显了经济学与物理学之间的某些相似性，还为我们提供了一个全新的视角，帮助我们更深入地理解经济现象。

费雪还建议，与物理学中"总能量"可以被定义为"推动力的积分"

一样，一个人的"总效用"可以被看作是"边际效用"的相似积分。进一步地，物理学的"平衡"状态是在"净能量"（即能量减去功）达到最大值的地方；类似地，在经济学中，市场的"平衡"会在"收益"（即效用减去负效用）达到最大值的地方。此外，物理学中的"平衡"还可描述为沿各轴的推动力和抵抗力相等的地方；而在经济学中，它可以解释为沿各轴的边际效用和边际负效用相等的地方。更进一步，费雪指出，如果我们从总功中减去总能量（而不是相反），所得到的差值是"势能"，这是一个最小的值。相应地，如果我们从总效用中减去总负效用（而不是相反），这个差值可以被称为"损失"，同样地，它代表一个最小值。这种将物理学的原理应用于经济学的方法，为我们提供了一种新的、深入的方式来看待经济活动和市场行为。

新古典经济学在引入了自然科学的抽象和假设方法后取得了巨大的成功，然而，尽管这种方法在经济物理学领域开展了新的探索，但并没有使新古典经济学变得更为科学化。相反，它遭到了许多批评，如知识结构过于狭隘且与社会现实脱节，对人性的过度抽象假设，以及对数学建模的过度追求。科恩对此解释道，尽管理论力学和能量物理学为经济学提供了许多重要的隐喻，但这些领域后来的巨大革命对经济学的影响却微乎其微。这是因为经济学的创始人们没有充分理解和采纳如能量守恒这些核心概念[1]。事实上，经济物理学所引用的统计物理和混沌物理学的研究成果都是建立在物理学的基本概念之上的，如果脱离这些基础，它们便难以成立。

数学和物理的引入使得经济学变得严谨和深刻，但正如马歇尔的一句名言——"经济学家的麦加在于经济生物学而不是经济动力学"[2]。在经济学模型中，苛刻的假设和严密的推导往往能推导出漂亮的结果，但这些华丽的公式往往并不能与现实情况相契合。

二、由生命科学的隐喻到演化经济学

相较于物理隐喻往往强调系统的可预测性和因果关系的清晰性，生物

---

① ［美］伯纳德·科恩：《自然科学与社会科学的互动》，北京：商务印书馆2016年版，第92页。

② Alfred Marshall, "Distribution and Exchange", *Economic Journal*, Vol. 8, No. 3 (1898), p. 43.

学思想在经济学中的融入则显得更加多元化。

　　生物学隐喻在经济学中引入了演化、自然选择和适应性的概念，强调经济行为者和机构如何适应环境变化。在面对经济系统的非线性关系和内在复杂性时，基于生物学的类比承认经济对预测行为具有局限性。在这种视角下，经济系统被视为一个开放和动态的复杂系统，其行为难以用简单的数学模型完全捕捉。除此之外，生物学隐喻特别适合于分析经济中的创新过程、市场结构的演化以及企业和技术的适应性变化，而创新的过程往往是难以被公式所度量的。

　　卡哈里（Khalil）探讨了生物学隐喻在经济理论中的五种不同应用，包括生物决策、系统演化、群体行为等，他认为这些隐喻丰富了对经济现象的理解，突出了经济活动的适应性和动态性，同时也指出了将生物过程直接应用于经济活动时可能出现的局限性和挑战[①]。

　　值得注意的是，生物学隐喻虽然更加新颖和具有创造性，但其思想来源却并不总是客观正确的。一些在自然科学领域被证伪的理论，如有机体理论和斯宾塞斯的进化论都对经济学产生了重大的影响，而这也体现了自然科学与经济学模型中的相对独立性。

（一）细胞学说和进化论对社会科学的影响

　　在19世纪，细胞学说和进化论的提出对社会科学领域产生了深远的影响。社会学家们基于胚胎和细胞学说发展出了有机体理论，这一思想可追溯至法国哲学家孔德（Auguste Comte），在《实证哲学教程》（*Course of Positive Philosophy*）中，孔德提出了"社会的紊乱应该被视作疾病"的论点。在随后的发展中，许多社会科学家在不同层次提出了类似的隐喻，如将每个人视作生物体中的细胞，而将整个社会视为一个有机体。在生命体中，不同的细胞各司其职来维护生命体的有序运转。涂尔干在其博士学位论文中则使用了人体与器官的隐喻，并以此提出了社会分工理论。布鲁塞（Broussais）提出的"健康与疾病之间的连续性"，冯·贝尔的胚胎学说以及菲尔绍的细胞病理学都对当时的社会科学产生了深远的影响。俄国社会学家利林菲尔德（Paul von Lilienfeld）对细胞病例学说高度赞扬，认为"人类社会与有机体都是同一力量的更高表达"，个人作为社会组织中的一

　　① Elias L Khalil, "The Five Careers of the Biological Metaphor in Economic Theory", *Journal of Socio-Economics*, Vol. 27, No. 2 (1998), pp. 199-222.

个细胞，不断组成部落、民族、国家，以至于整个人类社会，就像生物体中的组织、器官、系统一样。舍夫勒（Schaffle）认为动物的消化过程与人类社会的商品生产与流通具有一定的相似性，斯宾塞在他的作品中除了将进化论与社会科学相结合外，也常常使用有机体的隐喻。①

正如万有引力定律经常出现在经济学的类别中一样，进化论也常常被社会学家们所偏爱。英国社会学家斯宾塞在吸收马尔萨斯的人口理论以及达尔文和拉马克的思想之后，提出了"社会进化理论"，认为国家和民族间的竞争是一种社会层面的进化过程，并将这种竞争视作社会进步的必要过程，这种备受争议的理论导致了许多民族主义和种族主义的灾难。值得注意的是，尽管被公认为"社会达尔文主义之父"，斯宾塞与达尔文对"进化"的理解并不相同，某种意义上，拉马克"用进废退"的思想反而对斯宾塞影响更为深刻②。

（二）经济学学中的演化思想

1898 年，马歇尔的经济学研究中开始体现出他的进化论思想。在《分配与交换》一文中，马歇尔有效地反击了阿瑟·特温宁·哈德利（Arthur Twining Hadley），后者认为经济学仅仅是聚焦于需求与供给分析，而不涉及任何研究方法。马歇尔在物理学和生物学的类比之间建立了一个优先级，并认为经济学在其高级阶段类似于生命科学而非物理学："我认为，在经济学的后期阶段，从生物学中获得的类比要比从物理学中获得的更好；因此，经济学的推理应该从类似于物理静力学的方法开始，并逐渐变得更具生物学色彩。"③马歇尔指出，当经济和社会的"性质和大小"随着时间而变化时，动态方程将无法处理发展的问题，因此成熟的经济学必须"不是在粗糙的机械力量之间，而是在生命和衰亡的有机力量之间"寻求均衡。令人奇怪的是，均衡的概念在经济学的高级阶段仍然起着决定性的作用，马歇尔对此的解释是：科学即使在处理变化时，也总是在寻找重复的模式，而绝对的新颖性总是无法企及的结果。这些方法论的论述以一句名言结束："经济学家的麦加是经济生物学而不是经济动力学"。

令人遗憾的是，在马歇尔之后，基于生物学的模型在主流经济学中的

---

① ［美］伯纳德·科恩：《自然科学与社会科学的互动》，第 80—100 页。

② 牛天云：《斯宾塞社会达尔文主义思想研究》，硕士学位论文，湖南师范大学，2021年。

③ Alfred Marshall, "Distribution and Exchange", *Economic Journal*, Vol. 8, No. 3 (1898), pp. 37–59.

地位逐渐式微，并逐渐被新古典主义者们抛弃，而力学模型则逐渐占据了主流地位。[①] 我们必须承认的是，经济学以至于社会科学对生物隐喻的使用往往并不完美，有机体理论中一个很重要的矛盾点在于：生物体中的器官和细胞都不能脱离有机体而独立存在，因此每个细胞为了自身的存活，首要的任务是保证有机体的正常运行，但个人与社会的关系往往并非如此。在对进化论的吸收上，社会学家们也往往难以摆脱拉马克思想的影响。生物学隐喻开启了经济学由静态向动态转变的过程，当经济家们发现传统的新古典框架难以解释复杂的经济现象时，经济学界便催生出了演化经济学、行为经济学等新的领域，在基本假设与研究方法上对传统的经济学理论产生了冲击。

演化经济学的思想起源于熊彼特的"创造性毁灭"，1982 年，纳尔逊（Richard Nelson）和温特（Sidney Winter）所发表的《经济变迁演化理论》（*An Evolutionary Theory of Economic Change*）标志着演化经济学的兴起。在他们的观点中，社会经济的不断发展是一个蕴含了达尔文进化思想的过程，社会机制的逐渐复杂与生物体由简单向复杂的进步具有一定的相似性。在借鉴进化论的思想时，纳尔逊和温特既吸收了达尔文的"缓慢演化思想"，也承认在特定环境下经济现象有突变的可能性。同时，拉马克的"获得性遗传理论"[②] 即便已经被生物学界所证伪，但这一思想十分有助于解释经济的演化过程，因此也被吸收进了演化经济学的理论中。[③]

英国经济学家霍奇逊（Geoffery M. Hodgson）在 2000 年出版了《演化与制度——论演化经济学和经济学的演化》，将演化经济学的发展推向了新的高潮。霍奇逊认为，经济学中数学模型的过度使用让经济学家们醉心于精巧的数学游戏，而不是现实世界中的经济现象。以经济学研究中最著名的期刊《美国经济评论》为例，该杂志在 20 世纪 90 年代发表的论文中，90% 都是与代数、积分或计量模型有关的，这使得经济学开始沦为应用数学的一个分支[④]。霍奇逊对这一现象进行了严厉指责，他认为这种起源于瓦

---

① 程晨：《阿尔弗雷德·马歇尔的经济演化思想研究》，博士学位论文，浙江大学，2022 年。

② 该理论认为生物体在生活中适应环境所获得的特征可以通过基因遗传给后代，目前这一理论已被证伪。

③ 汤正仁：《西方经济演化思想研究》，博士学位论文，武汉大学，2010 年。

④ 霍奇逊：《演化与制度——论演化经济学和经济学的演化》，任荣华等译，北京：中国人民大学出版社 2007 年版，第 4 页。

尔拉斯的一般均衡理论是封闭而机械的，并不足以刻画现实世界中历史、社会和生物上的不确定性。在生物学隐喻的问题上，霍奇逊认为采用生物学的动态范式比机械物理的静态范式能更好地描绘真实的经济系统，基于进化论范式的思想能更好地处理经济学中的"不可逆性和长期连续问题"，并对社会中的"非均衡的情况"有更多的关注。[①]

三、复杂系统理论与经济物理学

爱因斯坦于 1905 年在其著名的论文中首次对自然科学中的随机漫步进行了理论描述，并涉及阿伏伽德罗数的测定[②]。在随后的几年中，维纳[③]对随机漫步的数学计量学进行了更严格的研究，并提出了"随机漫步"的概念。如今，随机漫步的理论已被大部分学科所接受，在经济学领域，罗伯特·霍尔（Robert. L Hall）将此概念引入了对消费问题的探讨，提出了著名的"随机游走"假说[④]，即在理性预期的情况下，消费者已经规划好了他们的所有行为，那么只有未预期到的事件才会影响消费。

（一）统计物理学方法在经济金融领域的应用

早在 20 世纪初，巴舍利耶（Bachelier）在金融数学的早期尝试中，首次将布朗运动应用于股票价格的动态变化，这为随后的金融模型打下了基石，股票价格的统计模型开始取得关键进展。然而，直到 1959 年，奥斯本（Osborne）[⑤]的研究为大家揭示，从 1916 年至 1956 年，道琼斯指数的月度收益率实际上都遵循高斯分布，这进一步证明了随机运动在金融市场中的

① Geoffrey M. Hodgson, "Biological and Physical Metaphors in Economics", in *Biology as Society, Society as Biology: Metaphors*, S. Maasen, E. Mendelsohn & P. Weingart, (eds.), Dordrecht: Springer Netherlands, 1995, pp. 339–356.

② Albert Einstein, "On the Movement of Small Particles Suspended in a Stationary Liquid Demanded by the Molecular-kinetic Theory of Heart", *Annalen der Physik*, Vol. 17 (1905), pp. 549–560.

③ Norbert Wiener, "Differential-space", *Journal of Mathematics and Physics*, Vol. 2, No. 1–4 (1923), pp. 131–174.

④ Stochastic, "Implications of the Life Cycle-Permanent Income Hypothesis: Theory and Evidence", *Journal of Political Economy,* Vol. 86, No. 6 (1978), pp. 971–987.

⑤ M. F. M. Osborne, "Brownian Motion in the Stock Market", *Operations Research*, Vol. 7, No. 2 (1959), pp. 145–173.

普遍存在。1963 年，曼德博（Mandelbrot）[1] 的研究带来了转折，他采用帕雷托定律来描述投机市场价格收益率的尾部分布，这与布朗运动模型形成了鲜明对比，并提示市场收益率的尾部风险可能被传统模型所低估。1995 年，曼特尼亚（Mantegna）[2] 和斯坦利（Stanley）进一步推进了金融模型的研究，他们使用特截尾列维分布来对 S&P500 指数的高频数据进行建模，这一研究揭示了市场动态中的某些非常规模式。1998 年时，戈皮克里希南（Gopikrishnan）[3] 及其团队的深入研究，发现了美国股市的个股和指数收益率存在一个显著的模式，即负三次方定律，这意味着大的价格变化比布朗运动模型预测的要频繁得多。这些研究不仅丰富了我们对金融市场行为的理解，也为统计物理学在金融工程和风险管理领域的应用提供了新的视角。

统计物理对金融和经济系统的融合可以追溯到 1936 年，当时马约拉纳（Majorana）撰写了一篇开创性的论文[4]，论述了物理学中的统计规律与社会科学中的统计规律之间的本质联系。

事实上，在 20 世纪 90 年代之前，极少有专业物理学家参与和社会或经济系统相关的研究。但自 1990 年以来，物理学领域的专家涉足社会科学领域的研究变得更加普遍，一个新的科学家群体开始崭露头角。这些物理学家的研究活动辅以金融学和数学金融学的传统方法，其中一个特点是物理学家强调对经济数据的实证分析，而另一个则是他们拥有过去 30 年在统计物理学领域发展起来的理论和方法背景，诸如缩放、普遍性、混沌系统和自组织系统等概念可能有助于金融和经济系统的分析和建模。[5]

但值得注意的是，人们有时会指出对金融或经济数据进行的实证分析并不同于物理科学中通常进行的实验研究。这样的局限不仅出现在经济和金融系统，也影响到物理学中已经成熟的领域，比如天体物理学、大气物

---

[1]　Benoit Mandelbrot, "The Variation of Certain Speculative Prices", *The Journal of Business*, Vol. 36, No. 4 (1963), pp. 394–419.

[2]　Rosario N. Mantegna & H. Eugene Stanley, "Turbulence and Financial Markets", *Nature*, Vol. 383, No. 6601 (1996), pp. 587–588.

[3]　Yannick Malevergne, Vladilen Pisarenko & Didier Sornette, "Empirical Distributions of Stock Returns: Between the Stretched Exponential and the Power Law?", *Quantitative Finance*, Vol. 5, No. 4 (2005), pp. 379–401.

[4]　E. Majorana, "Il valore delle leggi statistiche nella fisica e nelle scienze sociali", *Scientia*, Vol. 36, No. 71 (1942), pp. 58–66.

[5]　W. Brian Arthur, "Foundations of Complexity Economics", *Nature Reviews Physics*, Vol. 3, No. 2 (2021), pp. 136–145.

理学和地球物理学等。所以，与这些更成熟领域相比，我们发现可以对当前金融和经济相关的任何理论进行更加严格的验证。

（二）复杂性思想与经济物理学的诞生

著名的英国物理学家霍金曾预测，"21世纪将是复杂性科学的世纪"，这与普利高津的观点相呼应，他指出尽管经典物理学中的基本过程被视为决定论的和可逆的，但现今我们发现这样的决定论和可逆性仅在有限的简单场合下适用，而不可逆性和随机性成为主导。复杂性科学的范畴非常广泛，从早期的一般系统论、控制论和人工智能，到后期的混沌理论、分形理论和元胞自动机理论等。这一学科不仅在物理、数学和生物等自然科学领域取得了卓越成就，同时也在经济、社会和管理等领域展现了巨大的研究潜力。

在2014年5月，科学界的重量级期刊《科学》发布了一个专刊[1]，深入探讨了全球收入分布不均衡性的深层次原因。在此期间，经济物理学家雅克文克（Yakovenko）[2]的研究备受关注。他不仅深入挖掘了美国个人收入数据，还得出了一个引人注目的结论：90%的人口收入呈现出指数分布特性，而只有约3%的收入模式则遵循了帕累托分布。这一发现暗示着人类的收入分布并非单一模式，而是由这两种独特的分布规律共同构成的。然而，这一研究并未得到所有学者的一致认可。特别是伦敦政治经济学院的经济学家弗兰克·克威尔（Frank Cowell），他从更传统的经济学角度对雅克文克的发现进行了严格的审查。克威尔坚称，尽管指数分布在数学上可以精确地描述现实中的收入分布，但它在经济理论上缺乏深度，因此在实际应用中可能并不具有广泛的指导意义。他进一步指出，仅仅依赖数据的拟合而忽视了背后的经济理论是有问题的，因为这不能为政府或决策者提供有效的政策建议。这次学术争论不仅展现了经济物理学与传统经济学之间的差异，也揭示了科学研究中数据解读与理论构建的复杂关系。

经济学家和物理学家都在研究被称为"经济物理学"的领域，但他们的关注点却有所不同。经济学家认为，混沌物理学的研究对象与经济学的研究对象在性质上十分相似。例如，热力学系统中的分子运动具有分子扩

---

[1]　Adrian Cho, "Physicists Say It's Simple", *Science*, Vol. 344, No. 6186 (2014), p. 828.

[2]　Adrian Drăgulescu & Victor M. Yakovenko, "Evidence for the Exponential Distribution of Income in the USA", *The European Physical Journal B-Condensed Matter and Complex Systems*, Vol. 20 (2001), pp. 585–589.

散、涨落、分子密度、速率和碰撞等特点；与此类似，经济体系中的"商品运动"也有商品扩散、价格波动、商品密度、流通速率和竞争等特点。这两者都具有"数量极大"和"运动随机"的特性。而物理学家则认为，为了使经济物理学成为一个新的研究领域，必须解决研究目标与底层逻辑的一致性问题，并采用与实证数据相一致的研究方法。

新古典经济学在其追求科学性的旅程中，大量借鉴了物理学的方法，但在这个过程中，它似乎忽略了物理学背后深层的价值观。许多社会科学和人文科学的学者认为，物理学过去300年的显著成功源于其所采用的一种特殊方法——"科学方法"①。他们认为，为了让社会科学和人文科学达到与物理学相似的成功，首先需要理解和明确这种方法，并在社会科学和人文科学中加以应用。但这引出了两个核心问题：首先，这种被视为物理学成功关键的"科学方法"究竟是什么？其次，是否可以将这种方法从物理学中提取出来，并合理地应用于其他领域。

物理学被誉为硬核科学，它不仅代表了人类对宇宙本质的探索，还代表了我们通过观察、实验和思考揭示自然现象背后的本质理论和方法。尽管物理学采用了大量基于经验的假设，如"绝对光滑平面"，但这些假设其实是对真实现象的抽象。例如，虽然我们很难在自然界找到一个完全光滑的平面，但直线运动是真实存在的。这些假设帮助我们更好地理解和描述现实。事实上，物理学首先是基于经验的科学。我们相信，随着物理学的进步，我们正在逐步接近真理。

查尔默斯在他的著作《科学究竟是什么》中进一步强调了科学的特性。他认为，科学的独特之处在于它基于事实，而不是单纯基于个人的观点或信仰。这意味着，尽管人们可能对文学作品如查尔斯·狄更斯的小说和D.H.劳伦斯的小说有不同的评价，但在科学理论，如伽利略的相对性理论和爱因斯坦的相对论之间，人们的评价是基于事实和证据的，而不是主观的观点。"我们普遍认为，爱因斯坦的相对论之所以被视为突破性的，是因为它更准确、更完整地解释了与之前相对性理论相关的事实。任何否认这一点的观点都是站不住脚的。"②

物理学和经济学之间的交集正在于对复杂性问题的研究与认识上。而

① ［英］A.F.查尔默斯：《科学究竟是什么》，北京：商务印书馆2007年版，第35—40页。
② 参见［英］A.F.查尔默斯：《科学究竟是什么》。

正如"众里寻他千百度，蓦然回首，那人却在灯火阑珊处"这句诗意的描述，有时需要我们退后一步，从一个全新的角度去看待问题，才能找到答案。古典经济学的诞生和发展与社会经济现实问题密切相关，它植根于现实，生发出一个大的理论框架，通过直面复杂问题，给出一个统一的解。随着新古典主义的到来，这个解题的过程逐渐代替了问题本身，一个完整的真实变得越来越不重要了，大数据的拟合和数字模型的模拟、新的假设层出不穷……新古典主义经济学处处渗透着后现代主义的解构哲学。

　　然而正如面对自然界的壮丽与神秘、复杂性与不可预测性，统一场论依然是物理学的一个伟大的追求，面对复杂的社会经济现象，建立统一的经济学，也依然是经济学家心目最崇高的理想。我们希望古典主义经济学与新古典主义经济学将在全新的时代相互成就，这个时代是科学的时代。

马克思与古希腊的"政治经济学"

中国人民大学　彭　磊

一、"经济学"三义

大体而言，西方"经济学"的内涵经历了三次大的转变。

从词源上说，Economy 源于古希腊语 oiko nomia，即治家或家政，最初只是家庭治理之义，色诺芬（Xenophon）著名的《经济论》更准确的译名应该是《治家者》（*Oikonomicus/Economics*），其后还有人假托亚里士多德之名写了一部《家政学》。一般来说，"治家"的内容涵盖甚广，包括建造房屋、整理家务、经营产业、教育妻儿、统治奴隶等，其目的主要在于增加家产。治家既涉及统治，也涉及普通意义上的致富。

从统治的角度讲，治家与治邦既重叠又相异。柏拉图对话中的爱利亚异乡人声称，治家者、王者、治邦者拥有同一种技艺，即王者的技艺。色诺芬在其作品中声称，"农作术、治邦术、治家术和战争术共通的东西是统治"，又及"不要看不起善于治家的人，因为关切私事仅仅在数量上不同于关切公事"，家庭虽然在规模上小于城邦，但治家的技艺同乎王者的技艺，一个好的治家者也能成为一个好将军和好治邦者。不过，亚里士多德《政治学》卷一辨析家庭与城邦的关系，认为城邦在发生次序上后于家庭，但在自然上先于家庭，"人依其自然是城邦的动物"，而非家庭的动物。换言之，城邦生活才是符合人的自然本性的生活。亚里士多德否认治家同乎治邦，因为前者是统治奴隶，后者是统治公民，不可同日而语。亚里士多德在此实际反驳了柏拉图和色诺芬作品中的观点。

到了 17 世纪，随着近代商业力量的崛起，"治家学"突然摇身一变为"政治经济学"。1615 年，一位法国诗人和剧作家安托万·德·蒙克雷蒂安

（Antoine de Monchrétien）写了一部著作，题为《论政治经济学》（*Traicté de l'Oeconomie Politique*），其内容尽管杂乱无章，却是"政治经济学"一词在历史上第一次出现，因为其目的在于劝导法国国王更积极地从事国家的商业活动。政治经济学的出场，反映出经济事务开始突破家庭的私域，上升到国家层面，同时也反映出古今政治的变化：古代政治的目的在于德性，现代政治的目的在于财富。政治经济学一方面论证财富对国家的重要性，将追求财富确立为国家的目标，另一方面又要努力为国家提供更有效获取财富的计策。卢梭在 1755 年为《百科全书》所写的"论政治经济"（De l'économie politique）词条开头便说，"经济"一词的含义被扩展为对大家庭也就是国家的治理，由此人们区分了普遍经济或政治经济与家庭经济或私人经济。卢梭虽然点出了从"家庭经济学"到"政治经济学"的变化，但他的词条解释却几乎没有落脚于"财富"，而落脚于统治和美德，并且明确主张限制财富：政府最重要的事务之一是"通过一切手段阻止人们积聚财富"。卢梭的政治经济学，更接近古典视域下对于政治和经济活动的理解。

1767 年，"亚当·斯密进入经济殿堂的领路人"斯图尔特（Sir James Steuart）出版了英国第一部以政治经济学为题的著作《政治经济学原理研究》（*An Inquiry into the Principles of Political Oeconomy*），序言中同样辨分 oeconomy 与 political oeconomy：oeconomy 是提供一个家庭所需要的所有东西，political oeconomy 则是为一国之民储蓄生活资料，提供社会所需要的所有东西，并且雇用国民创造互惠性的关系，满足彼此的需要。亚当·斯密于 9 年后发表了他的《国民财富的性质和原因的研究》（1776），书中讨论了政治经济学的两个体系，即当时法国盛行的重商主义和重农主义，其中他将政治经济学界定为"政治家或立法家的一门科学"，其目的在于"富国裕民"（enrich both the people and the sovereign）。斯密没有称自己的著作为政治经济学，据说一是因为当时这个语词在 1776 年还很新，二是因为斯图尔特《政治经济学原理研究》一书的出版商也是斯密著作的出版商。

至此，"政治经济学"度过了语词的发轫期，政治经济学家们不再强调政治经济学与家庭经济学的区别，而直接围绕着生产、价值、分工等展开探讨。因此"古典经济学"的经典著作多以"政治经济学"为题，诸如萨伊（Rean Baptiste Say）的《政治经济学概论》（1803）、李嘉图

（David Ricardo）的《政治经济学和赋税原理》（1817）、西斯蒙第（Jean Charles Léonard de Sismondi）的《政治经济学新原理》（1819）、马尔萨斯（Thomas Malthus）的《政治经济学原理》（1820）、穆勒（James Mill）的《政治经济学要义》（1821）、霍吉斯金（Thomas Hodgskin）的《通俗政治经济学》（1827）、麦克库洛赫（John Ramsay McCulloch）的《政治经济学原理》（1825）、李斯特（Friedrich List）的《政治经济学的国民体系》（1841）和穆勒（John Stuart Mill）的《政治经济学原理》（1848）。

马克思1859年出版的《政治经济学批判》及其之后的《资本论》（1867）无疑沿用了当时流行的这一含义，马克思着眼于经济与政治的关系：生产力决定生产关系，经济基础决定上层建筑。对照古希腊的原初视域，不仅"治家"的含义完全消失，经济与政治的关系也完全颠倒，居于本位的不再是政治，而是经济。

在马克思之后，"古典经济学"的时代结束了。"古典经济学"附着了政治、法律、道德的诸多关切，但大约从19世纪70年代开始，经济学逐渐技术化、专业化、学科化，从原来的"政治经济学"变成了"经济学"，这一名称的变化表明了经济学本身的完成。一位经济学史家这样描述这一变化：

> 经济学成了主要掌握在学者们手里的一个学科，而不是主要掌握在从事其他工作的人手里的学科。……学科的性质也微妙地脱离了它的实践之根，由原来试图解释世界以便改变世界变成了一种更加抽象的理论探讨。……政治经济学的首要关怀在于对政策发生影响，而经济学从那以后的主要目的则在于使自己更像一门科学的学科，其关心的主要是拿出一些令人信服的关于各种关系的理论来，其中匡世济时、政策导向性的内容则越来越少。[1]

经济学最终切断了经济事务与政治事务之间的关联，成为经济学家们的专业。这一学科充斥着高度抽象化的专业术语和数学模型，它不再反思古人们所思考的问题：经济生活是否是合乎人的自然生活？

---

[1] 米尔斯：《一种批判的经济学史》，高湘泽译，北京：商务印书馆2005年版，第190页。另参同书第200—201页。

二、马克思的古今之辨

马克思在《资本论》第四篇讨论了"分工和工场手工业"，其间说到"政治经济学"的性质：

> 政治经济学作为一门独立的科学，是在工场手工业时期才产生的，它只是从工场手工业分工的观点来考察社会分工，把社会分工看成是用同量劳动生产更多商品，从而成为使商品便宜和加速资本积累的手段。①

马克思认为工场手工业起于 16 世纪中叶，止于 18 世纪末叶，随后进入了机器大工业的阶段。他延续了斯密对分工问题的关注，认为工场手工业的实质是通过分工降低商品价格和加速资本积累，政治经济学实际与工场手工业捆绑在一起。为了说明政治经济学的现代性质，马克思特别对比了古典时代作家的观点：古典作家也非常强调分工，但古典作家只注重"质和使用价值"，而政治经济学看重"量和交换价值"。在这个地方，马克思显示出了他对古典作品的熟悉程度，他广泛援引了古希腊作家荷马、塞克斯都·恩披里柯（Sextus Empiricus）、修昔底德、柏拉图、色诺芬、伊索克拉底的作品（多为希腊原文），凑巧的是，这也是他在《资本论》中唯一谈论柏拉图和色诺芬之处。

马克思认为，古典作家已经意识到分工的必要性和优势，只有分工，商品才能制造得更好，人的不同志趣和才能才会为自己选择适宜的活动范围，如荷马所言："不同的人喜欢从事不同的工作"②。虽古典作家"偶尔也提到产品数量的增加，但他们指的只是使用价值的更加丰富。他们根本没有想到交换价值，想到使商品便宜的问题"。这呼应了《资本论》开篇对使用价值和交换价值的区分。使用价值是商品的有用性，决定于商品的质；交换价值则是商品中蕴含的抽象的人类劳动，只有量多量少的区别，无质的区别，通过减少劳动量，就可以降低商品的交换价值。古典作家虽然强

---

① 马克思：《资本论》（第一卷），北京：人民出版社 2004 年版，第 422 页。
② 马克思：《资本论》（第一卷），第 423 页。

调分工，但只是通过分工来提高和丰富商品的使用价值，而不是为了创造更多的交换价值。换言之，古典作家主张依据人的天性安排适宜的工作，让适合种地的人去种地，这是为种出更好的粮食，而不是为种出更多的粮食。马克思对此举出的核心例证就是柏拉图的《理想国》和色诺芬的《居鲁士的教育》。

柏拉图笔下的苏格拉底在创建理想国的开始，确立了"一人一技艺"的原则，因为人与人的天性不同，不同的人适合完成不同的工作，一人从事一种技艺胜过一人从事多种技艺。基于人的天性的差异，苏格拉底创建了一座理想城邦：哲人王"专门"从事统治，城邦卫士专门从事战争，民众专门从事各种生产，三者各安其位，对应灵魂中理智—血气—欲望的高低秩序。马克思正确地指出，柏拉图以分工作为社会划分阶级的基础，并下了一个长注说明这一点。柏拉图认为，个人有多方面的需要，但个人的才能却有限，共同体内部的分工由此产生，如果劳动者同时从事好几种手艺，从而把这种或那种手艺当作副业，那就不可避免地让工作去适应劳动者（等待劳动者的闲暇），而不是让劳动者适应工作（专心致志地紧跟工作流程）。马克思援引了《理想国》卷二 370b-c 中苏格拉底与格劳孔的对话：

> 苏：因为劳动不能等到从事劳动的人有空时才做，劳动者必须坚持劳动，而不能把它当做副业。
> 格：这是必要的。
> 苏：由此可见，如果一个人根据自己的天生才能，在适当的时间内不做别的工作，而只做一件事，那末他就能做得更多、更出色、更容易。[①]

马克思引用的是希腊文，并注出了他所引用的《理想国》版本为 Johann Georg Baiter 和 Johann Caspar von Orelli 编的 *Platonis Opera Omnia*（1—12 卷），可见其古典学养之深。马克思极其敏锐地发现了柏拉图对分工论的论述：如果一个人专门从事他天性所适合的职业，他将生产更多的东西，他的工作将做得更容易、更好。马克思随即对观修昔底德《伯罗奔

---

① 马克思：《资本论》（第一卷），第 423 页。

尼撒战争史》伯里克利葬礼演说中关于航海术的说法："同其他任何一种行业一样，航海业是一种技艺，不能在情况需要的时候当作副业来做；而其他手艺也不能当作航海业的副业来做。"尽管伯里克利的本意只是强调航海术只能是一个人专门从事的职业，并非所有行业都是如此，但这并不妨碍马克思拿来印证柏拉图的观点。马克思还强调，柏拉图认为劳动者不能错过生产的紧要时机，否则就会糟蹋产品，英国漂白业主曾反对工厂法规定全体工人在一定时间吃饭，因为这将中断工作流程，这完全是柏拉图思想的映射。马克思就此感叹说，"哪儿没有柏拉图主义呀！"（Le platonisme où va-t-il se nicher!）

在《居鲁士的教育》第八卷，色诺芬展示了居鲁士如何规避来自强大的贵族的恶意，如何获取贵族们的友爱，从而确保他自己的安全。其首要的方法是赏赐食物，让受赐者感受到居鲁士的关爱和人们的尊崇，因为"如同其他手艺在大城市中特别完善一样，国王的食物准备地也特别精心"，这完全是由分工所致。色诺芬由此插入了一段关于大城市与小城市之分工差异的"离题话"：

> 在小城市里，同一个人要制造床、门、犁、桌子，有时还要造房子，如果他能找到使他足以维持生活的主顾，他就很满意了。一个从事这么多种工作的人，是绝不可能把一切都做好的。但在大城市里，每一个人都能找到许多买者，只从事一种手艺就足以维持生活。有时甚至不必从事整个手艺，一个人做男鞋，另一个人做女鞋。有时，一个人只靠缝皮鞋为生，另一个人靠切皮鞋的皮为生；有的人只裁衣，有的人只缝纫。从事最简单工作的人，无疑能最出色地完成这项工作，这是必然的。烹调的手艺也是这样。①

色诺芬在此呼应了柏拉图《理想国》中"一人一技艺"的说法，只不过他说的要比柏拉图"现代"的多。无怪乎马克思称赞色诺芬具有"市民阶级所特有的本能"，认为他已经更加接近工场内部的分工了。

有赖于马克思的论断，如今柏拉图被认为第一次详细阐述了劳动分工

---

① 马克思：《资本论》（第一卷），第424页。

的重要性，色诺芬则被认为预见到了亚当·斯密著名的观点，即社会中分工的规模必然要受到产品市场范围的限制①。但这无疑缘于马克思对柏拉图和色诺芬的"政治经济学化"。马克思固然强调了古今之间的差异，但他以分工、价值、市场等范畴来看待古代作家，实际拉近了古今之间的距离，建构了古希腊的"政治经济学"。他把《理想国》中政治性的内容降解为经济性的内容，把一个整全的视域切割为一个专业的视域，"柏拉图主义"由此变成了关于劳动和分工的政治经济学。马克思只是政治经济学的完成而非开始，早在马克思之前，这种对古典精神的"政治经济学化"早就开始了。

古代政治与现代政治具有诸多巨大的差异。其一，现代政治取消了古典哲学的人性论基础，即人与人的天性是不同的，苏格拉底据此建造了理想国。马克思虽然引用了苏格拉底的分工原则，但丝毫没有谈到人性的差异，并认为柏拉图的理想国只是埃及种姓制度在雅典的理想化，并援引伊索克拉底赞颂埃及的作品《布西里士》(Busiris)佐证自己的观点。不唯马克思，亚当·斯密早已把分工的因由归结为人与人之间互通有无的倾向，与人的天性的差异无关，而且人的天性本无差异。他在探讨哲学家与街上挑夫的分工时再明确不过地指出了这一点：

> 人们天赋才能的差异，实际上并不像我们所感觉的那么大。人们壮年时在不同职业上表现出来的极不相同的才能，在多数场合，与其说是分工的原因，倒不如说是分工的结果。例如，两个性格极不相同的人，一个是哲学家，一个是街上的挑夫。他们间的差异，看起来是起因于习惯、风俗与教育，而不是起因于天性(nature)。他们生下来，在七八岁以前，彼此的天性极相类似，他们的双亲和朋友，恐怕也不能在他们两者间看出任何显著的差别。大约在这个年龄，或者此后不久，他们就从事于极不相同的职业，于是他们才能的差异，渐渐可以看得出来，往后逐渐增大，结果，哲学家为虚荣心所驱使，简直不肯承认他们之间有一点类似的地方。……就天赋资质说(in genius and disposition)，哲学

---

① 罗斯巴德：《亚当·斯密以前的经济思想》，张凤林等译，北京：商务印书馆2012年版，第17—19页。

家与街上挑夫的差异，比猛犬与猎狗的差异，比猎狗与长耳狗的差异，比长耳狗与牧畜家犬的差异，少得多。①

其二，政治所追求的目标发生了变化。古代政治以人性的完满发展作为最高目的，所谓国家和民众的富裕只是极其附从性的目标，无论《理想国》还是《居鲁士的教育》都未曾把财富作为城邦或王者追求的目标。经济原本是"治家"，家庭作为私有领域把财富作为目标在情理之中，而如果把财富作为国家和民族奋斗的最终目标，并调动法律、习俗和道德去实现经济的发展和财富的积累，这难道不会助长奢靡，导致德性的沦落？亦如卢梭所曾慷慨陈言的：

> 难道我们的哲学也敢于否认，对于种种统治的长治久安来说，好的道德风尚才是根本，而奢侈全然与好的道德风尚背道而驰？……一旦人们不惜任何代价只求发财致富，美德会变成什么样子呢？古代政治家不厌其烦地讲道德风尚和美德，我们的政治家只讲生意和赚钱。这个政治家会对你说，一个男人在某个国家的价钱恰等于其在阿尔及尔卖出的身价；另一个政治家照着这个估计发现，在某个国家里一个男人一钱不值，在另外一些国度，则竟至于比一钱不值还不值。他们估价人就好像估价家畜牲口。按照他们的说法，一个人对于国家的价值，不过等于他在那里的消费。②

在当今消费主导的社会，我们是否还可能重获美德？在时代的症候中，不断重新辨析古今的差异，既属必要，又是一种好的治疗。

---

① 亚当·斯密：《国民财富的性质和原因的研究》（上卷），郭大力、王亚南译，北京：商务印书馆 2010 年版，第 15 页。
② 卢梭：《论科学与文艺》，刘小枫编，刘小枫、冬一、龙卓婷译，上海：华东师范大学出版社 2021 年版，第 50—52 页。

同情之圈：同情能带来共识吗？

深圳大学 陈雅文

一、根本的道德分歧

道德分歧是道德哲学与政治哲学共同关心的主题，它描述了道德生活中的这样一种现象，人们关于道德信念、价值和判断持有截然不同甚至相互抵触的观点，并且，这些分歧在撇开一系列干扰因素后（诸如缺乏证据、个体偏见、认知和推理能力的不足等）依然存在。道德分歧的事实不仅促使我们询问产生分歧的原因，追究道德知识的本质，还向道德规范乃至政治规范的权威性提出挑战。

关于道德分歧的来源，最直接的论证来自文化相对主义。这种论证基于人类学的经验观察：不同地区、时代、社会存在迥异的道德规范，在一个群体中被全然接受的道德准则在另一个群体看来荒谬无比。麦凯就此评价说，这样一种论证的说服力，仅仅来自这种被观察到的文化差异"能更容易被解释为它们体现了不同的生活方式这个假设"。[①] 它面临一种常见的反驳，即文化分歧只是表象，不同文化的深处有更根本的共通原则，因此，具有普遍客观性的基本道德价值依然成立。例如，因纽特人社群里杀害女婴的传统，只是受制于他们严酷的生存环境和游牧的生活方式。当我们仔细考察引起差异的原因，就会发现背后的分歧不似表面看起来那么大。可是，即使承认文化现象可以追溯至某些基本价值，这些基本价值也依然彼此冲突。在《两种自由概念》中，以赛亚·柏林指出，一个将诸种道德价

[①] ［澳］约翰·麦凯：《伦理学：发明对与错》，丁三东译，上海：上海译文出版社2007年版，第26页。

值体系发挥到极致还能和乐共处的社会，是无法实现的乌托邦，这是因为人们的道德主张是来自多样而非单一的思想资源，这些资源在最抽象的层面上互不相让。内格尔更细致地论述了造成多样化的原因，他认为这是不同伦理价值的不同渊源所造成的。他给出了一些示例，诸如在特殊关系中所承担的责任、人类的一般权利、效用（一个行为对他人的福祉所产生的影响）、完善的价值（科学或艺术成就的内在价值）、自我的人生计划，等等。思想渊源之间的冲突不一而足。[①]麦金太尔（Alasdair MacIntyre）把这种现象概括为"每个立证在概念上的不可通约性"：每个论证在逻辑上都有效，所有的结论都源于各自的前提，但对于这些对立的前提，我们没有任何合理的方式衡量各个不同的主张，因为每个前提都使用了与其他前提截然不同的标准或评价概念。这是诸种价值在最高层面的竞争和辩论。

为何恰恰是道德价值间存在如此大的分歧？一种解释指向道德知识的性质。哈曼（Gilbert Harman）指出，道德知识具有一种与科学知识不同的特殊性，即道德知识不能通过观察被确认。一名物理学家观察到云室里的一道轨迹，这种观察既包含他的理论知识背景，也包含一个粒子走过这一事实——他的观察可以作为证据支持或反驳他的理论。但道德观察不同。当我看到小孩虐猫，尽管此时我也需要调动背景知识来帮助理解观察到的情形（诸如知道有血有肉的生命以及疼痛是什么），但是，"关于道德事实的假设和关于你的判断的解释事实上毫无关系"，此处不存在一个正确或错误的道德事实——唯一的事实只有你的道德感受（moral sensibility）。[②]究竟根源，是因为

> 经验性证据在科学中的地位与其在伦理学中的角色不一样，科学原则最终可通过它们对观察所提供的解释而得到证明，这是科学原则的解释角色。道德原则不能以同样的方式被证明。在道德原则和具体观察之间，不存在科学原则和具体观察那样的解释链……科学的实在是观察可以通达的，但伦理的实在则不能[③]。

---

① Thomas Nagel, *Moral Questions*, New York: Cambridge University Press, pp. 128-131.

② Gilbert Harman, *The Nature of Morality*, Oxford: Oxford University Press, 1977, p. 7.

③ Gilbert Harman, *The Nature of Morality*, p. 9.

　　道德知识的这种特殊性动摇了道德事实和道德真理的地位。如果道德真理是存疑的，而我们又不能完全放弃道德，那么对道德判断的解释就可能指向对道德感受的解释。之所以存在道德判断的分歧，是因为人的感受和态度存在分歧。这也解释了为何撇开证据不足、认知有限等干扰因素后，深刻的道德分歧依然存在：因为即使人们关于事实的信念达成了一致，人们的感受和态度依然千差万别。正如麦凯所言，"人们判断某些东西是好的或正确的，而其他东西是坏的或错误的，不是因为它们是一般原则的示例，而是因为与那些事物有关的某个东西在他们之中直接地引起了某种反应"，"和'理性'比起来，'道德感'或'直觉'是对那支撑着我们大部分基本道德判断的一个内在地更合乎情理的表述"[1]。因此，在理智之人之间依然存在根本的道德分歧。

　　根本的道德分歧为道德哲学和政治哲学提出了严峻的挑战。如果道德（或政治）争论的前提是多样而不可化约的，那么，道德（或政治）的规范原则上哪里寻找其正当性？在人们争吵不休的那些重要问题上（尤其在一切形而上的保证都失落的现代社会里），应该如何为共同的实践生活找到规范原则？一种办法指向了人类最朴素的道德情感之一——同情。正如休谟的洞见，人性中有一种最重要的特征就是"同情别人的倾向"，"这种倾向使我们经过传达而接受他们的心理倾向和情绪，不论这些心理倾向和情绪同我们的是怎样不通，或者甚至相反"[2]。也许，我们可以通过同情建立道德共识和政治共识。[3]

二、同情、共识与分裂

　　休谟就这一点给出了著名的阐述。休谟所说的同情不是怜悯，更接近于共情。这是一种对他人的喜怒哀乐感同身受、互为镜像的能力或心理机制。休谟这样描述：

---

　　① ［澳］约翰·麦凯：《伦理学：发明对与错》，第 27 页。

　　② ［英］休谟：《人性论》，关文运译，北京：商务印书馆 2006 年版，第 352 页。

　　③ 这一点具有争议。我们是否能从同情中寻找规范共识，取决于我们持有何种关于人性的假设。如果我们认为同情是人性中普遍共有的一种属性，那么这一点就能成立；如果我们认为人性是如此千差万别，不同人有不同的基本倾向，那么，这种方式只会得出更加多变和相对的结论。本文在这里以前一种为基本假设，不对后一种展开讨论。

　　一切人的心灵在其感觉和作用方面都是类似的。凡能激动一个人的任何感情，总是别人在某种程度内所能看到的……当我在任何人的声音和姿态中看出情感的效果时，我的心灵就立刻由这些效果转到它们的原因上，并且对那个情感形成那样一个生动的观念，以致很快就把它转变为那个情感自身。同样，当我看到任何情绪的原因时，我的心灵也立刻被传递到其结果上，并且被同样的情绪所激动……别人的情感都不能直接呈现于我们的心中。我们只是感到它的原因或效果。我们由这些原因或效果才推断出那种情感来，因此，产生我们的同情的，就是这些原因或结果。[①]

　　在我同情他人时，我首先从这个人所显露的特征中产生一个观念（idea），这种观念的强烈程度与他与我的相似度相关，紧接着，这种观念被转化为我心中的印象（impression）：

　　当任何感情借着同情注入人心中时，那种感情最初只是借其结果，并借脸色和谈话中传来的这个感情观念的那些外在标志，而被人认知的。这个观念立刻被转变为一个印象，得到那样大的程度的强力和活泼性，以至变为那个情感自身，并和任何原始的感情一样产生了同等的情绪。[②]

　　严格来看，同情并非一种道德情感，而是一种植根于我们天性之中的自然本性：“自然在一切人之间保持了一种很大的类似关系；我们在别人方面所观察到的任何情感或原则，我们也都可以在某种程度上在自身发现与之平行的情感或原则。在心灵的结构方面是这种情况，在身体的结构方面也是这种情况。”[③]因此同情具有一种天然的基础性，而“憎恨、愤怒、尊重、爱情、勇敢、欢乐、忧郁，这些情感则大都是由传达、而很少是由我自己的天性感觉到的”[④]。但是，同情能触发我们的道德情感：“同情产生了

① ［英］休谟：《人性论》，第 617—618 页。
② ［英］休谟：《人性论》，第 353 页。
③ ［英］休谟：《人性论》，第 354 页。
④ ［英］休谟：《人性论》，第 353 页。

我们对一切人为的德的道德感。"① 换言之，同情是道德情感的必要条件。

那么同情的心理机制如何在道德情感中起作用呢？当我耳闻目睹他人的言行举止时，会在我心中产生一种感官印象，这种印象以观念的形式储存在记忆里，当我回味这些观念，印象被唤起，成为反省印象。根据人类生理和心理机制的相似性和邻近性，我们在此过程中为他人受益而感到愉快，为他人受苦而感到不安，从而产生认同或不认同的道德情感。休谟认为，道德认同是由一种特殊的愉悦所引起的："由德发生的印象是令人愉快的，而由恶发生的印象是令人不快的"，"发生德的感觉只是由于思维一个品格感觉一种特殊的快乐。正是那种感觉构成了我们的赞美或敬羡"。② 也就是说，关于某事之善恶的判断取决于我们对其的态度是认同抑或不认同，而我们认同与否的态度直接受制于我们是否与导致该事的情感和动机感同身受。

一个显见的问题是，我们的同情可能是受蒙蔽的。我们可能误判同情对象与我们的相似性和邻近性；也可能当局者迷，从而歪曲了同情的基点。休谟对此的回答是，道德情感的愉悦或不快具有抽离于个体之特殊情感的普遍性："我们只是在一般地考虑一种品格，而不参照于我们的特殊利益时，那个品格才引起那样一种感觉或情绪，而使我们称那个品格为道德上善的或恶的。"③ 尽管休谟也承认，"由利益发生的情绪和由道德发生的情绪，容易相互混淆，并自然地互相融合……不过这并不妨害那些情绪本身是彼此各别的，而且一个镇静而有定见的人能够不受这些幻觉的支配"④。总的说来，休谟持有一种乐观的态度，他认为我们通过经验的累积（特别是情感对诸多情形做出远距离的考虑）有能力调整那些偏颇的同情，从而克服此时此地的偏见和局限性。

与休谟相似，当代情感主义的重要代表斯洛特（Michael Slote）也认为，认同／不认同的心理状态是道德判断的基础，不过斯洛特更明确地把认同的状态建立在共情的基础上，换言之，共情不仅触发了道德情感和道德判断，更是道德判断的唯一基础。⑤ 我在道德上认同某事，绝非因为我是

① ［英］休谟：《人性论》，第 620 页。
② ［英］休谟：《人性论》，第 510—511 页。
③ ［英］休谟：《人性论》，第 512 页。
④ ［英］休谟：《人性论》，第 512 页。
⑤ 斯洛特明确区分了共情与同情。在同情中，我们为受苦的他人感到难过，而在共情中，"就好像他们的痛苦侵入了我们"参见 Michael Slote, *Moral Sentimentalism*, Oxford: Oxford University Press, 2010, p. 15。

该事的受益者，而是因为我对该行动的动机产生了共情。概言之，共情是建构规范原则的起点，"道德认同"即为在看到他人的关怀行为时所产生的共情式心暖，而"道德不认同"则是在看到他人的冷漠行为时所产生的共情式心寒。[①] 但与休谟不同，斯洛特更接近一种动机论，他强调旁观者对当事人、对他人的共情动机的共情，也就是一种二阶共情（而休谟以苦乐为基础的解释最后导向了一种后果论，且无法说明我们为何对同样能造成人类苦乐的自然事件不抱持任何道德评价）。

斯洛特借助"指涉确定理论"（reference fixing theory）来解释共情的体验。他说，关于红色的体验有助于我们确立在使用词项"红"时的指涉，这是理解"红"之意义的一环。（客观的）"红"是一种引起我们视觉上的红色体验的东西，这是先天为真的——仅当一个人能够通过自己对红的体验来确定"红"的指涉，他才充分理解了"红"这个词。道德词项可以类比于颜色词项："正当"是先天的，它是引起我们主观上感到温暖的行为——仅当一个人能够体验针对某个行为的暖意，他才理解了"什么是正当"，这也解释了为什么精神病人不能真正理解道德判断。[②] 一个支持性的实证论证来自尼可拉（Shaun Nichols），他区分了道德规则（moral rules）和习俗规则（conventional rules）。他指出，某些规则是道德的而非习俗的，其关键差别在于是否造成了伤害——这种伤害行为会给加害者施加感受上的压力。因此，我们说杀人掠货是道德上的错误，而不得体的举止仅是习俗上的错误。一个明显的反例是精神病患，他们缺乏共情能力，从而感受不到施暴时的精神压力；即使他们按规则行事，也只是以为他们把这些规则处理为习俗规则，但他们不能区分道德规则和习俗规则。[③] 因此，共情的动机是我们识别是否是真正的道德判断的关键。

这种强版本的观点更须说明基于共情的道德判断如何取得规范性：我感受到的心暖或心寒如何免于偏颇，以及我的感受为何能（在可普遍化的意义上）作为评判你的行为的标准？斯洛特的回应有两方面。一方面，正如上文所述，他认为共情能够提供一种先天的客观性保证："道德上的善（或正当）是先天地由共情机制所传递的、针对行为主体并产生温暖感觉

---

①　Michael Slote, *Moral Sentimentalism*, p. 34.

②　Michael Slote, *Moral Sentimentalism*, pp. 57–59.

③　Shaun Nichols, *Sentimental Rules*, Oxford: Oxford University Press, 2004.

的东西"①。作为当事人和旁观者采取同一种共情，就会做出相同的道德判断："作为当事人，我们的共情倾向提示了关于什么更冷酷或更温暖的直觉感受。换言之，同一种共情使我们作为当事人产生某些偏好或选择，也支配着我们作为旁观者或慎思者对（其他）当事人所做之事的冷酷或温暖的共情反应。"②另一方面，在共情能力发展得足够充分和良好的前提下，有限度的偏倚性应该作为我们日常道德直觉的一部分，这不仅是可以接受的，而且理应如此，这能妥当地解释我们对家人、朋友和所爱之人的特殊的道德义务。但是，这种回应似乎难掩共情直觉的难题，对当事人的温暖之感并不足以证明这种感觉就能构成道德认同。例如，当看到一个母亲给女儿裹小脚，她认为这是为了女儿日后的婚姻前程，张三和李四都共情地捉到了她的温暖动机，却会就这种做法正当与否陷入分歧。这种分歧是关于是否与母亲之共情而共情的分歧。斯洛特细化了我们对这种分歧的理解，但依然不能解释道德认同/不认同的规范性，他无法解释为什么给孩子裹小脚是错的，特别是在一个全体社会都会认同裹小脚的情形下。③

在情感主义内部，也存在颇多关于同情/共情的争议。一种尤其值得关注的批评认为，同情/共情不仅不会像休谟和斯诺特所以为的那样带来理解和团结，反而会导致分裂。一种反驳来自布鲁姆（Paul Bloom）。他认为，同情可以解释我们的道德评价，但不能作为道德评价的唯一标准，因为同情意味着当事人具备在先的同情能力，在认知上有所觉知。例如我同情饥荒中的孩子，是因为我对饥饿有认知；我同情舞台上出丑的演员，是因为我体验过尴尬。但这就导致一个问题，对于没有在先觉知的人而言，就无法产生同情，也就逃脱了道德评价的约束。④

另一种更强的挑战来自普林兹（Jesse Prinz），他认为，道德评价的情感构成是愤怒、厌恶、愧疚和仰慕，但不是共情。首先，共情并不是道德认同的构成性前提，因为我们的道德认同由丰富多样的情感所组成，例如，张三帮助了一个人，受助者感到感激，而我则感到钦佩，感激与钦佩是不

---

①　Michael Slote, *Moral Sentimentalism*, p. 61.

②　Michael Slote, *Moral Sentimentalism*, p. 62.

③　此外，斯洛特认为，道德不认同是因为我们不能在该行为的动机中找到共情，这一点上也有颇多批评。例如，一种批评认为，我们的道德不认同（道德责备）来自其他情感，如愤怒、恶心等。

④　Paul Bloom, *Against Empathy: The Case for Rational Compassion*, New York: Ecco, 2016.

同的情感，钦佩不能被理解为对受助者的感激的共情式反应。在这个道德认同的例子里，施惠者、受惠者、旁观者所感受到的感情都是不同的，但可以撇开共情。其次，共情也不是道德认同的原因性（causal）前提，许多道德不认同是不涉及共情的，例如没有明确的受害人的乱伦行为或受害人是抽象而模糊的逃税行为（在面对群体而非个体时，我们的共情会较少发挥作用）。再次，共情也不是道德认同的发展性前提，例如，尽管缺乏同理心是精神疾病的一个诊断标准，但此类病患也同时缺乏恐惧等情感。此外，共情也不完全是道德认同的经验性前提，因为共情的在经验上的作用并不稳定，那些具有情感缺陷的人，即使不能模仿情感表达，也依然可以根据情感表达的外观去识别它们。最后，共情还不是规范性前提，因为共情与正义在道德推理中独立地为行为者提供动机。

此外，共情在我们的生活实践中颇有消极影响：首先，同情是充满偏见的情感，我们同情的是那些与我们相似的人，或者那些与我们在时间和空间上更迫近的人，如此，同情会强化小圈子，并加剧排斥与自己意见相左的群体，使不同的群体距离更远。其次，同情具有特殊性，我们同情的总是具体的某个人，而缺少道德判断所必需的普遍性。再次，同情和愤怒是一体两面，会加剧仇恨和分裂。最后，共情不能有效地激发行动，只能在成本较低的情况下，共情才能激发行动。①

我认为，普林兹在如下四个方面有意轻视了共情的作用。首先，从构成上讲，共情是道德认同的重要情感（尽管不是唯一情感）。普林兹认为，在抢劫的情形中，我如果与被抢者共情，那我应该感到绝望和恐惧，但作为旁观者的我感到的是愤怒。一种解释是，旁观者的共情是事后情感，正如被抢者事后也一定会感到愤怒，旁观者的反应其实是对下一步情感的共情。其次，从原因上讲，普林兹否定了"亲亲而仁民，仁民而爱物"的可能性，拒绝了从对一个具体的人的道德情感拓展到关怀整个人类命运的情形。再次，从发展上讲，同理心尽管不是唯一的判断精神疾病的标准，但的确是其中一项重要指征。最后，从规范性上讲，共情和正义是协同工作的，例如在林纳（M. J. Lerner）关于企业裁员的研究中，经理们觉得使用正义标准（如绩效）做出裁员的决定完全合理，但这样做又让他们对被解

---

① Jesse Prinz, "Against Empathy", *The Southern Journal of Philosophy,* Vol. 49 (2011), pp. 214-233.

雇员工感到内疚，因为他们对这些员工产生了共情。尽管乍看之下，这里出现了情理冲突，但这种共情一定会唤起关于裁员标准的正当程度的反思。[①]

以上争论让我们注意到共情的一个特点。共情在当事人的道德认同／不认同中也许存在偏颇（正如普林兹指出的那样），但却是一种适用于旁观者之道德认同／不认同的重要情感。换言之，共情主要的规范意义不在于共鸣的感受，而是一种换位思考当事人之道德动机和理由的能力。这就把我们引向了一种斯密式的同情。

三、无偏倚的同情

在《道德情操论》开篇，斯密这样描述同情现象：

> 无论人们会认为某人怎样自私，这个人的天赋中总是明显地存在着这样一些本性，这些本性使他关心别人的命运……这种本性就是同情，这是当我们看到或逼真地想象到他人的不幸遭遇时所产生的感情……（但）由于我们对别人的感受没有直接经验，所以除了设身处地的想象外，我们无法知道别人的感受。[②]

概言之，斯密认为，我们并不能直接体会他人的感受，只能想象自己在类似状况下的感受。

斯密与休谟的主要区别正在于此。休谟的同情是传染式的，而斯密的同情是借由想象的投射。传染式的同情强调情感的本能，旁观者可能被当事人的喜怒哀乐感染而不自知，譬如，存在这样一种情况，旁观者和当事人因为十分不同的理由各自神伤，不过呈现同样感伤的表象。而投射式的同情不同，旁观者不是被动地受到感染，而是需要有意识地将自己投射在

① Steven L. Blader & Tom R. Tyler, "Justice and Empathy: What Motivates People to Help Others?", in *The Justice Motive in Everyday Life*, Michael Ross & Dale T. Miller (eds.), Cambridge: Cambridge University Press, 2009, pp. 226–250.

② ［英］斯密：《道德情操论》，蒋自强等译，北京：商务印书馆1997年版，第5页。斯密在该书中的用词为sympathy，但鉴于empathy一词的出现晚于斯密，而斯密的对sympathy的使用实则采取了empathy的意义，所以本文以共情来理解斯密所谓同情。

对方的处境中，通过想象力努力理解他人的感受。斯密就此论述说，

> 在知道别人悲伤或高兴的原因之前，我们对它们的同情也总是很不充分的……一般的恸哭在我们身上引起的与其说是真正的同情，毋宁说是探究对方处境的好奇心以及对他表示同情的某种意向。我们首先提出的问题是：你遭遇了什么？……同情与其说是因为看到对方的激情而产生的，不如说是因为看到激发这种激情的境况而产生的。[①]

斯密认为，这种解释更符合我们的日常观察，例如，我会为一个粗鄙的人感到尴尬，尽管他本人并未意识到自己行为不当；或者，我为死者感到悲哀，因为他再也无法享受生活的乐趣，但对死者而言，他已不存在。[②]

因此斯密所理解的同情具有认知性和反思性。它有如下三个特点：其一，旁观者能意识到自己与当事人的真实距离，知晓彼此的感受在内容与强度上存在差异。其二，旁观者能从认知角度对这种感受做判断，他可能认识到此刻的悲伤是基于错误的理由因而不必悲伤。其三，旁观者基于反思性的同情而采取行动，他并非立足于自己的体验而是立足于对方的体验，因此，旁观者所施行的帮助是"人所欲，施于人"而非"己所欲，施于人"。[③]

在斯密看来，同情的心理机制赋予我们一种理解对方意图的能力，有了这种能力，我们才能设身处境地理解当事人行动的理由。斯图伯（K. Stueber）对斯密式的同情能力予以精确的阐释：

> 在再现他的想法和情感时，他人的行为对我来说变得可理解，因为他的想法以此种方式被理解为他行动的原因，作为我在他的

---

① ［英］斯密:《道德情操论》，第 8—9 页。

② 斯密还特别区分了令人愉快的同情和令人不快的同情，他说，"在有关认同的情感中，存在两种东西：第一，旁观者表示同情的激情；第二，由于他看到自己的表示同情的激情同当事人的原始激情完全一致而产生的情绪。后一种情绪总是令人愉快的。前一种激情既可能是令人愉快的，也可能是令人不快的，这要视原始激情的性质而定。"参见［英］斯密:《道德情操论》，第 55 页注释。这都说明斯密式同情的认知属性。

③ 参见 Samuel Fleischacker, *Being Me Being You: Adam Smith and Empathy*, Chicago: University of Chicago University Press, 2019.

处境中也可能以此行动的原因。……行动的可理解性（这是当事人之自我概念的核心部分）不仅仅是一个主观或唯我论的概念。它是一个主体间性概念，因为我们行动的可理解性能在其他人的头脑中反映出来。一旦我们认识到，他人会以我们所采取的理由而行动，在考虑我们的行动时，对主体间可及性的期望就得到了确证。①

斯密认为，我们对自身同样持有反思的距离，从而更公正地评判自己的行为：

当我们以他人的立场来看待自己的行为时，也是根据能否充分理解和同情影响自己行为的情感和动机来决定是否认同这种行为……如果我们不离开自己的地位，并以一定的距离来看待自己的情感和动机，就绝不可能对它们作出全面的评述，也绝不可能对它们作出任何判断。而我们只有通过努力以他人的眼光来看待自己的情感和动机，才能做到这一点。②

斯密的观点为共情的规范性提供了一种解释：共情的心理机制使人们有可能了解彼此的意图，进行换位思考，从而尽可能运用多方视角去理解对方的合理性。当然，斯密依然面临上文所提出的问题，共情的主观感受如何能成为一个人对另一个人所施加的严肃的规范性要求？对此，斯密提出了"公正的观察者（impartial spectator）"概念，他说，人性中有两重判决，一重判决是"对实际赞扬的渴望，以及对实际责备的嫌恶"，而另一重（更高级的）判决是"良心的法庭""那个假设的公正的和无所不知的旁观者的法庭"，

内心那个人的裁决权完全以对值得赞扬的渴望，以及对该受责备的嫌恶为依据……如果外部的那个人为了我们并未作出的行

① K. Stueber, "Smithian Constructivism: Elucidating the Reality of the Normative Domain", in *Ethical Sentimentalism: New Perspectives*, R. Debes and K. Stueber (eds.), Cambridge, Cambridge University Press, pp. 200, 202.
② ［英］斯密:《道德情操论》，第139页。

为或并没有影响我们的动机而称赞我们，内心那个人就会告诉我们，由于我们知道自己不应该得到这种称赞，所以接受它们就会使自己变成可悲的人，从而立即压抑住这种没有理由的喝彩可能产生的自满和振奋的心情。相反，如果外部的那个人为了我们从未作出的行为或并未对我们可能已经作出的那些行为产生影响的动机而责备我们，内心的那个人就会马上纠正这个错误的判断，并且使我们确信自己绝不是如此不公正地给予自己的责难的合宜对象。①

公正的观察者是受制于语境的吗？如果是，那么它沦为相对主义，无助于解决本质的分歧。斯洛特就此反对斯密式的观察者，认为这种方式使道德判断的客观性是后验的而非先天的。②如果公正的观察者不是受制于语境，那么斯密为何不详细利落地提出具有普遍性的道德标准，而曲折地用公正的观察者来表达自己的理念，以及道德判断中的当事人如何取得这种不偏不倚的视野？

我认为，斯密的"公正的观察者"并非一个全知全能的概念，在《道德情操论》通篇，斯密均以极为常识性的话语描述这种内省的自我观察，因此，他并未承诺一种"理想观察者"的理念。斯图伯将这种斯密式的公正性转述为"不局限于特定群体的开放式的公正性"，他说：

> 对公正性的承诺是这样一种意识——'我只是众人之一，在任何方面都不比他人更好'；因为在再现他人的情感时，我认识到他们同我一样是对世界和他者敏锐的人，并且鉴于其敏锐性而有行动的理由。因此，在再现他们的理由时，我代表他们发言，把他们作为其行动的理由必须以公正的观察者的方式来得到关注的人，正如我自己的理由一样。因此，公正首先要求我确保我确实足够开放，足够关注另一个人的观点，并在试图再现它时足够谨慎。③

---

① ［英］斯密：《道德情操论》，第 160—161 页。

② Michael Slote, *Moral Sentimentalism*, p. 49.

③ K. Stueber, "Smithian Constructivism: Elucidating the Reality of the Normative Domain", p. 206.

这正是斯密式共情的独特之处。

四、结论

　　本文认为情感是造成道德分歧的重要因素。共情作为人性中普遍有效的一种能力，在道德判断的解释中扮演十分关键的角色；当然，在某些情形中，道德认同与不认同来自共情以外的其他情感，所以共情并不是道德判断的唯一情感来源。一种斯密式的共情概念也许有助于解释共情的规范性，此种保留开放性和对他者之理由持有同等尊重的共情正是促成共识的关键。

《两界书》创新向善之考略

日本福冈国际大学　海村惟一　日本久留米大学　海村佳惟

一、绪言

本文以西田几多郎（1870—1945）《善之研究》（1911）之"善"的哲学视域来考析并力图阐明士尔（1960—　）《两界书》（2016）的创新向善之"善"及其价值目标，并作两者之间的比较研究，对《两界书》的人文用语、文体表达、哲思维度进行详细的考析。

二、《善之研究》与《两界书》

《善之研究》的原本《西田氏实在论及伦理论（善）》是西田几多郎任金泽第四高等学校教授十年间（1899—1909）磨炼出来并于明治三十九（1906）年印发给学生的讲义。明治四十三年（1910）西田几多郎移籍于京都大学，于1911年以《善之研究》的书名刊行[①]，是西田几多郎的第一部哲学专著。此书乃"明治之初开始受容西欧哲学思想以来出现的由我国学者所着最初独创性的哲学体系，确实是我国思想史上划时代的创举，而且此书横贯大正、昭和，不仅成为哲学专攻者而且成为一般读者最受欢迎

---

①　西田几多郎《善之研究》于明治四十四年（1911）在弘道馆出版，大正十年（1921）由岩波书店新版刊行之后不断再版。岩波书店于昭和十二年（1937）改版，昭和二十二年（1947）据此改版本刊行《西田几多郎全集》初版 12 卷以及别卷 4 卷，本文使用的《善之研究》（岩波文库本 3965—3966）乃基于此全集本，于昭和二十五年（1950）刊行。现在最流行的两种《西田几多郎全集》是全 19 卷本（岩波书店，1978—1980）以及全 24 卷本（岩波书店，2002—2009）。

的广泛普及的哲学书籍"①。之后西田几多郎在京都大学（1910—1928）与田边元一起创建了京都学派，具有独创性的"西田哲学"（左右田喜一郎于1925年命名的）由此诞生。昭和四年（1929）西田几多郎退官于京都大学，《善之研究》被翻译成中文在上海开明书店出版，西田在中译本的《序》中写道："二十余年前，在东海一隅写的此书被我们祖先所仰慕的邻邦大唐国民［的后人］阅读，我感到非常光荣。"②之后《善之研究》又被翻译成韩语、英语、西班牙语、德语、法语、意大利语，"西田哲学"不仅对日本国内学界和读者，而且对欧美哲学界和读者都产生了巨大影响，受到国际学界和读者的高度评价。1940年西田几多郎作为哲学家首次获得天皇颁布的文化勋章。

士尔《两界书》2016年首先由繁体字版的形式刊行于世，进入了汉字文化圈的读书界③；接着2017年又以简体字版的形式付梓于世，进入了14亿人口的阅读空间④；2018年《两界书》的二卷八章被翻译成日本语，译者全面介绍了《两界书》，译本从此进入日本的学界和读书界⑤；2019年再度以繁体字版的形式进入了香港的读书界并同时出版了《两界书》⑥的延伸书籍竑一《两界智慧书》⑦、士尔《两界慧语》⑧；2019年又出版了英译本（*The Book of Twin Worlds*），进入了欧美读书界⑨；2022年汇集了全球六年的《两

---

①　下村寅太郎:《题解》，载西田几多郎:《善之研究》，东京：岩波书店1950年版，第215页。本文所用译文为海村佳惟拙译，下文不再一一说明。

②　藤田正胜编:《〈善之研究〉的百年——走向世界、从世界来》京都：京都大学学术出版社2011年版，第184页。本文所用译文为海村佳惟拙译，下文不再一一说明。

③　士尔《两界书》繁体字版由台湾台北市独立作家出版社于2016年10月出版。实时上架于日本惟精书院图书室。

④　士尔《两界书》简体字版由北京商务印书馆于2017年5月出版。亦实时上架于日本惟精书院图书室。

⑤　士尔《两界书》日本语版（部分）由《福冈国际大学纪要》第39号于2018年3月刊登。实时进入日本国立国会图书馆的检索系统。

⑥　士尔《两界书》繁体字版再由香港中华书局于2019年3月出版。实时上架于日本惟精书院图书室。

⑦　竑一《两界智慧书》繁体字版由香港中华书局于2019年3月出版。实时上架于日本惟精书院图书室。

⑧　士尔《两界慧语》繁体字版由香港中华书局于2019年3月出版。实时上架于日本惟精书院图书室。

⑨　英译本由商务印书馆于2019年7月出版。亦实时上架于日本惟精书院图书室。

界书》多重阅读结晶的《界的叙事：〈两界书〉的多重阅读》①一书问世。至此，士尔《两界书》已经进入世界读者的视野，世界著名哲学家成中英教授认为，"《两界书》这本书绝对是一本好书！绝对是一本充满哲理、发人深思的好书！是士尔先生的世纪杰作！"②此书对国际学界和读者圈产生了极大影响，受到了高度的评价。

西田几多郎的《善之研究》酝酿于1899年以来的金泽第四高等学校任教期间以及在金泽市卯辰山麓洗心庵不断打坐之中③；士尔的《两界书》酝酿于2002年"夏秋之交，西部不毛之地，古时曾为辐辏交通之所，今日人迹罕至，天荒地老之境"，其"从未经验过的世界"之中。④

三、《善之研究》之"善"及其价值目标

《善之研究》是西田几多郎十年打坐潜心参禅和精深省察的结果，此书通过"把握自身直接气氛的直观自觉地"对"纯粹经验""实在""善""宗教"四大系统，用自己的语言词汇、文体形式（汉字、平片假名、欧文并行）、思索维度，进行严密精细的论证阐述，系统地确立了"西田哲学"。故此书对欧美哲学家产生了巨大影响，受到国际学界的高度评价。

《善之研究》对"善"的阐述，即"善一言以蔽之即人格之实现。就内部而言，真挚要求的满足，即意识统一，其极乃须抵自他相忘、主客相没之境。就外部所显之事实而论，小至个人性的发展，进而到人类一般统一性的发达，并抵达其顶点"⑤。西田几多郎认为"善"对内的要求是要满足自身真挚要求的意识统一，并抵达自他相忘、主客相没之境；"善"对外的作用是小至个人的发展，大到人类大统的发达，并达其顶点。西田几多郎于初版《善之研究》（1911）之序曰："尽管哲学研究占其前半，但我认为人的问题乃其中心，亦其终结，故特取其名为《善之研究》。"

《善之研究》认为"善"的价值目标，即"我们可以在自己的内心感悟

---

① 刘洪一《界的叙事：〈两界书〉的多重阅读》简体字版由北京三联书店于2022年12月出版。亦实时上架于日本惟精书院图书室。

② 《福冈国际大学纪要》第39号第71页。

③ 下村寅太郎：《题解》，第219页。

④ 士尔：《两界书》，北京：商务印刷馆2017年版，第1页。本文之引文均源自此版。

⑤ 西田几多郎：《善之研究》，第176页。

到，知识是无限的真理，感情是无限的美，意志是无限的善，其皆实在的无限意义。我们认知的实在，不是自己以外之物，而是自身。实在的真善美必须是自身的真善美"。西田几多郎认为"善"的价值目标在于"实在的真善美"，而这"必须是以自身的真善美"为前提的。

《善之研究》的核心乃"以纯粹经验作为唯一的实在来说明一切"[①]。对此核心的研究成果有上田闲照[②]的《读西田几多郎》（岩波书店1991年出版）等，上田对此有个"极有意义的诠释方式"[③]的"文本诠释"，即把西田几多郎所谓的"纯粹经验"以及禅的体验做成一个"A→B→C连关"的三次元模式："纯粹经验"（A次元）、"纯粹经验是唯一的实在"（B次元）、"以纯粹经验作为唯一的实在来说明一切"（C次元）；从禅开始的论述为A至C的连关，从哲学开始的论述为C至A的连关，两个连关交彻进行。此乃上田闲照的《善之研究》的创造性"文本诠释"。

《善之研究》乃于汉字文化圈邂逅字母文化圈的"Philosophy"中诞生的。西田几多郎认为"Philosophy"乃"人生的问题"[④]，而中国的新儒家则定义"Philosophy"为"生命的问题（中国语为"生命的学问"）"[⑤]，"人生""生命"不是单一的课题，而是"Philosophy"之本身，两者的主张是一致的。[⑥]

四、《两界书》创新向"善"之人格思索

《两界书》创新向"善"之"善"，便是士尔的"人格之实现"。就士尔人格之内部而言，即"一日夜晚，士尔教授从所居半山窑洞爬上海拔三千米高坡，气喘吁吁。……他顺势躺下，背贴大地，仰望高天。苍穹从未如此之近。星辰无数，忽明忽暗。凉云从身边飘过。他感到真正摆脱了

---

①　西田几多郎：《善之研究》水户市：弘道馆1911年版，序。
②　上田闲照（1926—2019），著名哲学家，京都大学名誉教授。
③　藤田正胜编：《〈善之研究〉的百年——走向世界、从世界来》，第6页。
④　西田几多郎：《西田几多郎全集》全24卷本，东京：岩波书店2002—2009版，第5卷第139页。
⑤　参见牟宗三：《中国哲学的特质》，台北：台北学生书局1998年版，第4—7页，以及牟宗三：《生命的学问》，台北：台北三民书局1994年版，第34—35页。
⑥　藤田正胜编：《〈善之研究〉的百年——走向世界、从世界来》，第256页。

尘世喧嚣，融入天地"①，"云石通灵，有娓娓细语发出，清彻而幽远，仿如天籁妙音。天音回旋不绝，传之不闻，其意难辨，惟有士尔能够心听"②。这正是士尔"抵自他相忘、主客相没之境"。就外部所显之事实而论，"白日俗务缠身，一地鸡毛，观蝇营狗苟戏闹。夜晚寅时起身，独自沉浸，徜徉于这个奇异的世界。天启为导、文献为据，生历为验、凡心问道，或辨析梳理，或检索列序，士尔一一据实辑录，秘奥难解之处亦不遗漏。经十年而不渝，他殚精竭虑，游走于现世彼岸之间，终成《两界书》十二卷"③。士尔"经十年而不渝，他殚精竭虑，游走于现世彼岸之间"，终成《两界书》的外显事实，与西田几多郎"十年打坐潜心参禅和精深省察"终成《善之研究》的外显事实，十分相近！时空虽然相差百年，两位哲人"十年磨一剑"的创新向"善"之人格思索竟如此相同！

士尔的"人格思索"体现在《两界书》卷十二问道第五章"善恶何报"。此章设善人（凡人）倬尼（携子倬尔）以"自身经验""善得恶报"的"实在"④问善恶之报；对其问，五先（五族之先贤）亮出了各自的"人格思索"。仁先认为："犹当善行未得善报，人心愈须守正。心正则目清，目清则视洁，视洁则生善。心邪则目污，目污则视秽，视秽则生恶。善善相长，恶恶相加。"⑤约先认为："天帝与人有约。凡坚守天帝之约者，盖以积德行善为现行，经日积月累，而为义人。常人所重善恶之报，皆为现世俗报，常以福祸苦乐为量尺。与天帝有约者，生死苦乐置之度外，以义为标，终成义人，守约践约，终得至高善报。"⑥空先认为："善恶有报，常显因果不应。然世人多有不知，报分前报终报。前报非终报，终报非前报。前报先来报果轻，终报迟来报果重。莫因前报而生疑，善恶必有终报时。"⑦异先认为："善恶有报亦无报，万果有因亦无因。恒无定律，异无定例，实乃普世律例，岂可追究至律至例？"⑧道先则认为："上善若水，善利万物。大恶若水，泄而不止。遏恶扬善，君子所为。抑恶除恶，是为大

---

① 士尔:《两界书》，第 1 页。
② 士尔:《两界书》，第 3 页。
③ 士尔:《两界书》，第 4 页。
④ 士尔:《两界书》，第 320—322 页。
⑤ 士尔:《两界书》，第 326 页。
⑥ 士尔:《两界书》，第 326 页。
⑦ 士尔:《两界书》，第 329 页。
⑧ 士尔:《两界书》，第 329 页。

善。……人之为人，德行兼备。配位顺势，适时合运。德不配位，必有灾殃。行不顺势，必有灾害。谋不适时，必有逆违。事不合运，必有乖蹇。德行兼备，必有大成。时运兼备，必有宏图。德行位势相配，谋事时运相适。天道人道相统，天下人间无争。"①

《两界书》上述五先的"人格思索"均基于各自部族对其所处外部所显之事实而展现的，证实了西田几多郎"小至个人性的发展，进而到人类一般统一性的发达，并抵达其顶点"的"人格思索"。

五、《两界书》创新向"善"之价值目标

《两界书》创新向"善"之价值目标，则源于士尔超越时空的"内心感悟到""自身的真善美"。《两界书》卷十二问道第七章"何为人主"（自注：［此问］不仅是一个终极之问，也是一个基于他个人生命体验所做的现实之问②）设维义、维戊兄弟思索"善"之价值目标，临山问道：何为人主。约先告知："天帝为人主，惟天帝传世造人，启导万众，万众奉天意躬行治理，方使世界有章有序。……（天帝）其行在有形无形之间，其功在显潜无意之间，其利在百世千国万民之间。"③仁先告之"仁爱"为心主，即"仁善之心，人皆有之，大小之分。仁善之情，人皆向之，厚薄之分。仁善固于人心，化于人际。无仁善人之不存，世之不序，故仁善为万众心主。心有仁善，挫而不悔，物失而心得，利他而悦己"④。法先之"法"为人主，即"族无法不立，国无法不治，人无法不正。故法为族国之纲，亦为万民之主"⑤。空先告之"无"为心主，即"人生于无，终归于无。世界本无，何须究有而复有，多上再多，执迷而不悟？人有悟觉，即得心主"⑥。异先告之"异"为人主，即"人为活物，既非顽石，亦非草木，生灵之妙与里世之难，悉在于此。故人生在人，己主在己，异为人主"⑦。道先综合五先之言并告知维义、维戊兄弟："以道为统，无统不一，无一何生万物。以约

---

① 士尔：《两界书》，第 331 页。
② 士尔：《两界书》，第 344 页。
③ 士尔：《两界书》，第 345、346 页。
④ 士尔：《两界书》，第 347 页。
⑤ 士尔：《两界书》，第 347 页。
⑥ 士尔：《两界书》，第 349 页。
⑦ 士尔：《两界书》，第 349 页。

为信，无信不通，无通何生和合。以仁为善，无善不爱，无爱何生家邦。以法为制，无制不理，无理何生伦序。以空为有，无有不在，无在何生世界。以异为变，无变不化，无话何生久远。六合正一，道统天下。六合而可正，合正而为一，正一而容六，一六而贯通，道归合正。……盖曰六言，可作铭记：敬天帝。孝父母。善他人。守自己。淡得失。行道义。……悟行须合一，修在当下，皆为道场。"①

总而言之，《两界书》创新向"善"之价值目标，即"偶有道、约、仁、法、空、异六先灵符现于道山半途，消散迷雾，为人指路。间有敬、孝、善、守、淡、行六圣魂符流传世俗坊间，驱邪扶正，为人赐福"②。其与《善之研究》所论之价值目标，"我们可以在自己的内心感悟到，知识是无限的真理，感情是无限的美，意志是无限的善，其皆实在的无限意义。我们认知的实在，不是自己以外之物，而是自身。实在的真善美必须是自身的真善美"③，几乎吻合！若有差异的话，仅是论述之文与对偶之文的表达之异而已。

六、结语

综上所述，士尔《两界书》的创新向"善"及其价值目标与百年之前的西田几多郎《善之研究》有着惊人的相似之处。因为两位哲人都具有超越时空融化东西的"自身的真善美"和拥有"抵自他相忘、主客相没之境"的"人格之实现"。故《两界书》和《善之研究》都受到了国际学界的高度评价。

---

① 士尔：《两界书》，第354—357页。
② 士尔：《两界书》，第361页。
③ 西田几多郎：《善之研究》，第176页。

转识成智，学以成人

——试论中国哲学课程的教育理念及其教学宗旨与方法

武汉大学　黄燕强

作为概念和学科的"哲学"，是来自西方的舶来品；然作为一种思想传统的哲学，乃中国本土固有之学。故在西方哲学东渐之际，王国维撰写《哲学辨惑》一文，指出哲学并非是外来的学说，如中国古代典籍《周易》《中庸》和先秦诸子学、宋明理学等皆蕴含丰富的哲学资源，今日可与西洋哲学相沟通而光大昌明中国的新哲学形态。轴心时代的中西哲人均聚焦于"认识你自己"的命题，认识是一个学习的过程，而对人自身的本质的认识，不只是一种知识性的了解，还要求在行为上践行而完善和成就自我，此即"学以成人"。如王国维所言，中国古代虽无"哲学"一词，但所谓"哲人""哲理""道学""义理"等概念，就涵括爱智慧的"哲学"之义，并指称形而上之道与形而下之器相统一的学问。由此，中国古代关于如何讲授和传播道学或义理，以及关于为何要学习和实践道学或义理，可视为传授中国哲学的法门，如今人所谓中国哲学课程教学的理念与方法。一方面是中国古代哲人关于治学宗旨的论述，其目的是指向学以成人和修己治人；另一方面，中国古代哲人关于治学方法的讨论，其关键在于通过身观、心证而转识成智。中国哲学注重修身、养性和体道，讲究知行合一及内圣与外王的统一，是融贯在人们洒扫应对、伦常日用中的生活方式和生命智慧，所以相关的教育理念和方法，可为当下的中国哲学课程教学提供借鉴。

一、学以成人的教学宗旨

"认识你自己"，这是古希腊德尔斐神庙墙上镌刻的箴言，也是苏格拉底哲学沉思的原点，且构成了古希腊哲学传统最核心的基源性命题。此命题向人们昭示了关于知识的根本理念，即知识探究和哲学思考的终极对象是指向人自身，哲学不能单纯地研究自然事物，而忽略对人的本源和人事现象的分析。哲学应该研究诸如人性、美德、正义、群己关系等与人生相关的问题，而不应把致知的对象和目标专注在纷繁复杂、深邃无垠的自然界，应在追求"认识万物的尺度"中，认识到"人是万物的尺度"（普罗泰戈拉），从而致思于发现人的共同的和普遍的本质。中国"轴心时代"从事"哲学的突破"的诸子百家，同样把思考的注意力从神秘天命和客观自然界转向自身，在认知的对象与目的问题上，推进了知识形态从神秘的"天文之学"向理性的"人文之学"转型。司马谈《论六家要指》称，儒、道、墨、名、法、阴阳等诸家"皆务为治者"，所谓"治"乃"修己治人"的意思，如孔子讲"修己以安人""修己以安百姓"（《论语·宪问》）。"修己"包含对人性、美德及精神超越性的认识，"治人"含摄正义、群己关系及理想社会秩序的建构等问题。用中国传统话语来说，"修己治人"即内圣外王之道。因此，东西方"轴心时代"的问题意识都指向对人自身、人的精神世界及意义世界的认识与存续之探索，即如何成就自我及成就他者和天地万物。

把"人"置于一切求知行为与学问体系的中心，把"学以成人"设定为一切求知行为与学问体系的目的，首要的是追问人的本质及其本源，即中国哲学所谓"性与天道"的问题。先秦诸子关于人性的讨论，诸如人性是自然的、素朴的、善的、恶的或善恶相混的，尽管各种观点互相争鸣，但各家都把人性的来源诉诸天道或与生俱来的自然而然，并在天道与自然的理念中确认人具有通向超越的潜质。其实，在人性论的探索中存在一种类似"二律背反"的现象，即人是在与万物或外在的他者之参照中认识自己，如儒家所谓"人禽之辩"，在人与禽兽的对比中确定人的类本质。然而，人无法超离万物而独立存在，生命的延续离不开物质需求，在生命的有限性与物质的有限性之事实中，如何界定人与万物的关系，并确定两者的"交往"原则，就成了哲学家必须面对的问题。孟子对"仁"的界定就涉及人与物的关系问题，他说："君子之于物也，爱之而弗仁；于民也，仁之而弗亲。亲亲而仁民，仁民而爱物。"（《孟子·尽心上》）如果说"仁"或"良知"是人本然具有的善端，其推扩过程遵循亲亲而杀的原则，"物"是在亲亲之逻辑中"亲"与"民"之后的末端，物与人相类而又相异（"小同异"）。这是在说明人与物的区别中，强调两者属于本质相同的类，如张载所谓"民吾同胞，物吾与也"。道家同样是在"类"的思维模式中界定人与物的关系。《庄子·齐物论》曰："类与不类，相与为类，则与彼无以异矣。"这是就立说与是非而言，就人与万物而论亦是如此。庄子认为，小类之别原与大类无异（"大同异"），故我本无类而与万物齐一。可见，儒家和道家对人与物之关系的认识，表现出惠施所谓"小同异"与"大同异"的分殊。

　　"类"是一个包含共性与个性的抽象概念，一方面是"类"所指示的对象具有共同的性质，另一方面是这种共性往往是对对象的抽象概括，而对象之间仍然可能存在各自的独特性，且同类的共性相对于"不类"之物而言，亦可视为其区别于他者的个性。当然，"类与不类"的界限在于"类"之概念包括的内涵与外延的大小。这涉及命名与正名的问题，对"名"的界定又存在广狭义或达类私的方法论。那么，就儒家和道家的"人—物"论而言，儒家大概不反对人与物属于一个广义的大类，如万物。但儒家注重在"万物"这样的"类"中，把人与自然事物相区分，强调人具有区别于自然事物的类属性。同时，儒家又基于血缘情感的亲疏，把人分成相对的两类——血亲与他者。对于不同的类，儒家总体上贯彻仁爱的原则，但在仁爱的具体展开中，儒家主张根据"类"之亲疏大小而有先后等差之序。相对的是，道家既不以血缘人伦来对人进行分类，也不以本心、善端或良知来彰显人与物是殊类，而是根据"毕同"或"大同"的观念，宣称"天地与我并生，而万物与我为一"（《庄子·齐物论》）。从本源处看，人与天地万物共生共存，共同分享着自然之道所赋予的特性，因而是本质相同、浑然如一的类。既然消弭了人与物之间的差别和界限，那么，"爱"不应有亲疏、小大之分殊，而应该"泛爱万物，天地一体"（《庄子·天下》）。这是惠施的说法，但也是庄子"人—物"关系论的应然逻辑。

　　显然，道家的"人—物"论是理想主义的，儒家的"人—物"论则是在现实主义中蕴含理想主义的意向。事实上，在经验世界中，人类历史长河所呈现的现象是，人们不仅通常是把人自身与自然事物区别为本质相异的类，也不仅根据血缘情感而在人与人之间设立界限，人们还经常按照种族、民族、国家、宗教、文明、区域等方面的差异，应用文与野、先进与落后、民主与专制、正统与异端等具有强烈对比性和批判性的名词，把人分成彼此相对或对立的类。这样的"类"思维中，可能包含国家与文明之间的差异性不可调和、不可通约的观念，甚至相信差异性必然引致对立双方走向无法避免的冲突。所谓"文明冲突论""修昔底德陷阱"等说法，其理论背后的逻辑是以国家与文明的差异性作为归类准则，把不同国家与文明归为本质相异的类。这明显放大了国家与文明之间的个性，忽略了国家与文明之间的共性，甚至放弃了人性本相通的信条，表现出傲慢的自我中心论。其根本错谬是固执于庄子批判的所谓"文明"，而对人进行归类的同时，也对人做出是非、善恶、对错、正邪、真假等片面性的分殊，从而为对抗及非理性的暴力行动寻找合理性根据。文明的本意是将人引向美好生活愿景，文明却在人类自我设立的各种归类逻辑中陷入困境，成为冲突与对抗的依据，即假文明之义而行野蛮之实。庄子说"彼亦一是非，此亦一是非"，是非与事物均存在相对性，我们是在相对中"以道观之"而超越分殊、走向一体，还是在相对中"以差观之"而强调差异、走向对立，这是关乎人类存亡的问题。

儒道两家在"人—物"论问题上的殊途，反映了彼此的历史观存在差异。儒家以有情与无情来区别人与物，这是对历史客观事实的确认，其以血缘情感来区分亲疏远近，这是对人类社会长期积累的历史文化的认同。如孟子批评墨家的"兼爱"是"无父"，必然引致亲亲之伦常观念与秩序的瓦解，"齐家"也就成了不可能之事。这在以"家"为社会结构之核心单位的传统中国，"家"的失序将冲击国与天下的秩序，所以儒家讲治国、平天下的前提是齐家，而齐家的基础在于修身养德。在此，家、国与天下是历史的产物，儒家承认历史发展过程中出现的制度与文化存在一定合理性，并自觉地从历史视域来认识人自己和界定人的本质。道家不否定时空的实在性，也承认人生活于具体的历史时空之中，但道家不是历史进步主义的乐观者，其对于历史前进中所发生的物质与文化的日益增繁，视为人性堕落和天下失序的根源。所以道家人性论提倡远离烦琐的物质文明，主张清心寡欲而返璞归真。其理想中的社会愿景是什伯之器不用、舟舆不乘、甲兵不陈，人类生活于结绳记事、老死不相往来的世界。在这样的社会中，人尚未从自然力量的主宰中解放出来，人的生命的延续极大地依赖于自然事物。人是自然的一部分，人类社会的运动应该像自然界的运动一样，处于不停的循环往复之中。那么，无论是从"道生万物（人）"的本源视角，还是从人对物的依存性而言，人与物的分殊就是无甚意义的行为，而确认人与物为彼此相近的"类"，肯定人与自然事物（"类与不类"）是在相与中相存，提倡"泛爱万物，天地一体"，反而是一种富有意义的理念。如果从历史哲学的角度看，人们可能误认为道家的"小国寡民"是一个非历史的世界。因为道家不仅否定了历史时空演化过程中发生的既定事实，也否定了历史时空中发生的物质与文明的进步，还否定了历史演进中存在某种本质的、必然的联系。事实上，道家的"小国寡民"不是一般历史学意义上的原始社会或野蛮时代，其虽然否定了物质与物质化的文明，但并未忽视人自身存在的意义和价值，人不是匍匐于自然事物之下的无能之辈，更不是上帝或神明的工具，返璞归真的人是真正具有理性和真知的存在（《庄子·大宗师》："有真人而后有真知。"），是生活于其中的理想世界的主体，而"小国寡民"就是人的纯粹理性自身发展过程的展示。

儒道两家关于人—物关系的认识之别，还反映在其对于知识的理解有异。儒家的知识论包括多重意涵，一是注重历史过程中产生的知识，如六经和先王之道。二是致力于生产和创造知识，如温故知新、制名指实。三是主张知行合一，如孔子曰："君子耻其言之过其行"（《论语·宪问》），又《礼记·大学》云："知耻近乎勇，力行近乎智"。四是劝人为学，如《荀子·劝学》篇所云。还有一点大概是最重要的，可视为对前面四种意涵的概括，就是强调知与人性的关系。如《孟子·尽心上》云："尽其心者，知其性也。知其性，则知天矣。"《荀子·解蔽》篇曰："凡以知，人之性也；可以知，物之理也。"孟、荀都指出心有认知的功能，如《孟子·告子上》说："心之官则思"，《荀子·正名》谓："心有征知"。心的认知对象既指向自然事物及经验世界所形成的历史性知识，更指向人类自身内在的心、性、情。荀子还把人性与物理做了对比，揭示了人之异于自然事物者，在于人具有认知能力而能认识人自身区别于物之理的本质。由此，儒家和苏格拉底同样认为"美德就是知识"，美德是人之所以为人的本质规定，人自然成了认识（"学"）的对象，而认识的目的也就在于成就道德美善之人。所以儒家注重道德教化，意图用道德学问来持养性情，使人性在日生日成中走向完满而止于至善。

至于道家，其对待知识的态度颇异于儒家。一是轻视历史过程中产生的知识，如批评六经为"先王之陈迹"，而非"所以迹"（《庄子·天运》）。二是反对将物质文明成果应用于生活中，如《道德经》第五十七章曰："人多利器，国家滋昏；人多伎巧，奇物滋起。"三是反对道德和智巧的学习，如《道德经》第十九章提出"绝圣弃智"，又第四十八章说："为学日益，为道日损。"四是指出知识的不确定性，是非亦无绝对必然的判准，如《庄子·大宗师》云："夫知有所待而后当，其所待者特未定也。"五是说明知识与人性的关系，如《道德经》第十九章云："绝仁弃义，民复孝慈"；又第六十五章曰："民之难治，以其智多。"不过，《庄子·大宗师》称"有真人而后有真知"，又《庄子·缮性》谓"知与恬交相养"，这肯定了主体具有认知能力，此为认识主体的"常心"，其在认识过程中发挥关键作用。同时，认识内容的积累和增益也会反作用于认识主体，转化为主体内在的心性，从而提升主体的体道、证道的能力，并提高主体的精神境界。"交相养"说明了认识具有过程性，"恬"与"真人"的境界也是一个日生日成的过程，"真人"与"真知"之间存在互动关系，即认识主体与认识过程之间表现为相互作用的双向运动。本体论与认识论因而融通为一。但要注意的是，"真人"以合于自然为指向，而非道德意义上的圣人；"真知"是知自然、本真之道，而非文明意义上的知识。

综上所述，如果用"学以成人"来概括儒家和道家，以及所有先秦诸子哲学及宋明理学，乃至世界哲学的核心宗旨，在此共同的、普遍的命题之下，其实包含不同哲学家和哲学流派对此命题的差异性理解。诸如何谓"学"（知识）？如何"成人"？成为什么样的"人"？以及人应该如何理解过去、现在和未来的世界，又应如何定义人与世界及天地万物的关系。凡此种种问题，儒家和道家给出的答案显然有异，因为两家对于本体论和人—物关系论的见解有别。在论述"学"与"人"的问题上，儒家的理解也许最符合人类社会的客观实际及历史世界的发展方向，道家的观点可能是理想主义而不合时宜，然道家主张取消人与物之间的界限，消弭一切可能制造分隔、对立的人为的分类，从而解决人与人之间、人与自然事物之间的冲突和对抗，这是充满和平主义的"天人合一"理念。

二、转识成智的教学方法

在"学以成人"的命题中，"学"是过程和方法，"成人"是目的和理想。通过学习而成为道德至善的人，这是中西哲人所致思的课题。哲学家对于何谓"理想人格"的认识亦有不同，儒家称为"君子"，道家名之"真人"，佛家称为"佛陀"，西哲谓之"哲学王"。至于如何治"学"，怎么"成人"，各哲学流派的说法互有异同。"学"的对象是知识，只是不同哲学家所理解的知识形态或类型有差异。"成人"的境界是体道和行道，由知行合一而把道转化为日常的生活方式。先秦诸子所谓"道"，犹佛学和西哲宣扬的"智慧"，"成智"是成就无上智慧，如体道和证道的"成人"。就此而言，中国哲学的"学以成人"与佛家的"转识成智"颇为相通。

儒家尤其注重"学"与理想人格的关联，止于至善的君子是在博学、慎思、明辨、笃行中修养而成的。孔子说："古之学者为己"（《论语·宪问》），《荀子·劝学》解释此言道："君子之学也，以美其身"。所谓"为己之学"，旨在以道德美化其身心，使自己养成君子般的理想人格。关于何谓"君子"，如何"成人"，《论语》中有许多格言式的表述，如"君子怀德""君子喻于义""君子博学于文""君子无终食之间违仁""君子食无求饱，居无求安，敏于事而慎于言，就有道而正焉。可谓好学也已。"凡此均说明君子是自觉遵守道德律令，且笃志于博学、好学和知行合一，故君子之学首要在学以成人、成就理想人格。至于如何"志于学"，朱熹一言蔽之云："为学之道，莫先于穷理；穷理之要，必在于读书"（《性理精义·行宫便殿奏札二》）。学习的宗旨要先立乎其大，以穷理尽性为目标，而其关键就在于读书。朱子概括其教育弟子读书的方法有六条，即循序渐进、熟读精思、虚心涵泳、切己体察、着紧用力、居敬持志等。前三条讲求知，要由浅入深，应用逻辑推理，实事求是地体味书中道理。后三条讲践行，读书便是做事，事中有是非，书中有义理，要在生活中做到理事相即，并以发愤忘食、乐以忘忧的精神，排除杂念、坚定意志和专心精纯地贯彻理事合一的原则，由知行合一而穷理尽性，把知识转化为自我内在的品德而成人、成圣。尽管朱子强调圣人"主于德"，以"天理"为认知的首要对象，但他并不轻视经验世界的自然事物，他把"格物"理解为探究事物的本质和规律，即通过实际观察和体验来认识事物的属性及其原理，而"致知"就是经由"格物"的过程，达到对事物之理的深刻认识，即穷尽事物的至理。故作为君子或圣人，不仅要明德，还要明白事理和兼通物理，然后集德、智、能为一体。

道家的"学"主要为学道，基于"道法自然"和"道可道，非常道"

的理念，道是一种自然而然的状态，学道的关键是顺应自然，且道难以言说，需要意会而得意忘言。如此，学道其实就是体道，通过身体中各种机能对道的体察，并以澄明之常心来体证而内化为德，这是学道和体道的法门。所以，道家不仅批判纲常伦理方面的学问，也反对技术器用方面的知识，主张"绝圣弃智"和摒弃利器奇物，提倡坐忘、心斋等静观和心证的体道之法。当然，道家并非像佛家之宣扬"不立文字"，从《道德经》和《庄子》的语言之优美与形式之整齐看，道家更为关注著述的形式，也注重思想之表达方式，其中就蕴含了如何治学与成人的方法。以庖丁解牛的故事为例，庄子用寓言形式描述了如何体道的功夫论问题。其言"官知止而神欲行"，官能有所止，心神乃顺理而行，两者皆统摄于身体主体。庄子的身体观包含形与神的维度，沟通这两者的是气，身体即是形、气、神的合体。形体的官能存在局限，即所谓"官知止"。气的流行使身体自成一个交相循环的天地，经由气的媒介，可以实现人与天地的感通，也就是对宇宙及天地万物的感知。庄子将人体视为"气"的作用之容器，而"气"是由宇宙本体之"道"所发用出来的，因"道"是阴阳能量流动变化的根源，作为"负阴抱阳冲气以为和"的身体，生命之气的流通畅遂不仅使自身与道及天地宇宙的气息相通，令躯体、意识、气机、神感等全化为同质性的存在，人也在体道中将道内化为自我的德性。这样的体道方法，不依赖于文字或知识的学习，而重在以身心体证宇宙自然之道，实现"茫荡身心大同，自然合体"的身心一如的境界。总之，体道必须内证于心而践行于身，使道成为日用而不察的生活方式。

　　儒家和道家本体论意义上的"道"，犹佛家所谓"智慧"。佛家并非彻底的"不立文字"，亦非完全反对世俗意义上的"学"，或对俗世的文明成果持彻底的批判态度。相对于儒家而言，佛家没有那么重视纲常伦理和技术器用方面的知识。相对于道家而言，佛家宣扬的体悟法门，无论是渐悟或是顿悟，皆近似于道家的身观与心证的方法。不过，相对于儒家和道家而言，佛家对于人的"心识"之了解更为细致，也对心识与智慧之间的关系，有透彻的体察和论述，如其"转识成智"的说法。在佛学的语境中，"转识成智"指转有漏的八识，成无漏的四智。《成唯识论》卷十云："智虽非识而依识转识为主，故说转识得。又有漏位智劣识强，无漏位中智强识劣，为劝有情依智舍识，故说转八识而得此四智。"八识中的前六识（眼识、耳识、鼻识、舌识、身识、意识）与现代心理学的视觉、听觉、嗅觉、味觉、触觉和意识相对应，第七末那识为"意"，表现为恒审思量的作用，常缘阿赖耶识的见分而思量，执着于"我"与"我所"，因而产生人我执与法我执等虚妄的烦恼障。第八识为阿赖耶识，此为根本意识，摄藏一切种子，生起万法，因而是宇宙人生之本源，也是一切思想、觉知和体验的基础。唯识宗认为，转前五识而至无漏时得成所作智，转第六识得妙观察智，转第七识得平等性智，平等地智观一切法，恒与大慈悲相应，转第八识至无漏时得大圆镜智，然后性相清净，远离一切有漏的杂染，为一切纯净圆满的色心现行功德所依，亲证宇宙人生的真相，故能现能生自受用的佛身、佛土而成佛。大圆镜智是终极智慧，能洞察一切物与一切法，直透世间万物与诸法的本质，且能超越而不执着于其中，平等地看待一切事物的性相与一切法的究竟。当然，这种洞察的智慧是内观法，并不导向对一切事物的客观研究，不是基于对事物的自然属性的精密剖析。但在诸种心识的层层转进中，包含了逻辑的思辨与推理，故佛家的"转识成智"是逻辑推演过程，并非纯粹浪漫的想象而已。

　　佛家的"转识成智"最终证得的是玄学的真理，而非科学的真理。如熊十力指出："佛家确是由理智的而走到一个超理智的境地，即所谓证会。到了证会时，便是理智或理性转成正智，离一切虚妄分别相，直接与实体冥为一如，所谓正智缘如。此时即智即如，非有能所，通内外、物我、动静、古今，浑然为一，湛寂圆明，这个才是真理显现，才是得到大菩提。"[1]菩提智慧的证会过程是理智的，既有理性与感性的共同作用，也有对概念、命题、判断、推理的思辨，证会后乃超越心识所变现的经验世界和经验对象，体证到宇宙人生的本源性真理，亦即无形无象而为天地万物之根源的终极本体。这一本体既在人心之中，又在万物之内，因世间一切皆为因果轮回，同是因缘聚合的结果，故人与物乃互为因果，均具有成佛的因性种子。如此，世间万类乃是一往平等，不存在类与不类的隔碍或分殊，如道家之视天地万物为一体，佛家也宣扬泛爱万物的大慈悲精神。后来，冯契围绕"转识成智"的概念，探讨理想人格如何培养、智慧如何可能、凡圣如何转化与合一等问题，把"识"从内在心识中解放出来，说明"识"之中包含认知、理智与情感，认识是主客融合的过程，智慧或真理是

---

　　① 熊十力:《十力语要》，载《熊十力全集》第四卷，武汉：湖北教育出版社2001年版，第189页。

主观认识与客观事物相符合的结果。人通过对事物与事实的分析、抽象，进而揭示其内在的属性与原理，然后由名言之域到超名言之域的飞跃，由此实现从知识到智慧的飞跃，达至对宇宙人生根本道理的整体性认识。冯契"智慧说"赋予"转识成智"以新内涵，而其目的仍在于体悟智慧、成己成人。

可见，儒释道皆试图探究世界的本原或基质，如儒家的"天道""天理""本心""良知"，道家的"道""无""自然"，佛家的"真如""空"，各家由对本体的认识而将世界分为本质世界与现象世界，同时把终极实体与个体事物描述为共相与殊相、普遍与特殊、一般与个别或真实与虚妄的关系。由于对本体的认识有别，儒释道对世间及万物的态度亦有差异。大体而言，儒家主张即世间，其虽未以解析自然事物的属性和原理为目的，但不认自然事物为虚妄或空无，其"格物致知"论既承认自然事物的客观实在性，且提倡认识和应用自然事物的属性，具有转向科学研究的可能性。佛家是要出世间的，且将世间万物界定为心识的变现，是无自性和虚幻的非存在，一切事物及一切法皆为空，那么，认识事物的属性和原理非但无从谈起，更可能因此陷入法我执，生出无穷的烦恼障。道家大概介乎即世间与出世间之间，其虽不否认自然事物的实在性，却忽略了探究经验世界和自然事物的必要性。不过，道家哲学及由其衍生的道教传统，还是蕴含许多科学思想与方法方面的资源。李约瑟指出："发展了科学态度的许多最重要的特点，因而对中国科学史是有着头等重要性的。此外，道家又根据他们的原理而行动，由此之故，东亚的化学、矿物学、植物学和药物学都起源于道家，他们同希腊的前苏格拉底的和伊壁鸠鲁派的科学哲学家有很多相似之处。……道家深刻地意识到变化和转化的普遍性，这是他们最深刻的科学洞见之一。"[1]李约瑟甚至认为："道家思想乃是中国的科学和技术的根本。"[2]但无论是道家或是道教，认识自然事物的客观属性和原理，均非其致思的目的。道家追求的"真知"在于成就"真人"，道教专精的中药学、炼丹术等是为了修仙成神。

尽管对于何谓"学"，什么是"理想人格"，儒释道各有独到的见解，

---

[1]　李约瑟：《中国科学技术史》第二卷《科学思想史》，北京：科学出版社、上海：上海古籍出版社 1990 年版，第 175—176 页。

[2]　李约瑟：《中国科学技术史》第二卷《科学思想史》，第 145 页。

但都在"学"与"成人"之间确立了一定的因果关联，儒家的"圣人"，道家的"真人"，佛家的"佛陀"，都是通过学的行为和过程而达至的境界。而且，儒释道所谓"学"，主要体现为德性层面的修己功夫，而人之所以能够成圣、得道或成佛，皆在于人先天具有善性、朴质或佛性，人非天纵之圣，但人可经由默识、玄览或止观的修养功夫实现即凡而圣，这是儒释道关于"学以成人"论之相通者，也是三教之所以可能合流的理论基础。

三、中国哲学课程教学的宗旨与方法

哲学不是纯粹的认知科学，哲学的核心命题决定了哲学的沉思与哲学的学习，终极指向的是人类自身的内在心性和精神。因此，哲学课程教学的宗旨不在于传授了多少客观知识，而重点在于让学生懂得宇宙人生的根本道理，学到处理个人与公共事务的智慧。雅斯贝尔斯曾说，教育是人的灵魂的教育，而非理智知识和认识的堆积。人类历史上形成的哲学思想，就在于提升人的灵魂，体悟生命的智慧。当然，哲学不排斥对自然事物的认识，重要的是把客观认识和理性知识转化成智慧。因此，"转识成智"既是中国哲学课程教学的宗旨，也为教学活动提供了方法论的启示。

首先，以养成智慧，成就理想人格为中国哲学课程教学的宗旨。中国哲学自始至终贯穿着"学以成人"的精神，无论是儒家的"止于至善"，还是道家的逍遥真人，抑或是佛家的"顿悟成佛"，凡此种种说法皆以"成人"为目标归宿，而且在实践路径上均倡导类似《礼记·大学》所谓"壹是皆以修身为本"，只是各家的功夫论稍有异同。儒家的默识，道家的玄览，佛家的止观，三家虽有差异，然其殊途同归者是以直觉为体道功夫，以成人、成圣和成佛为修道的目的。那么，中国哲学课程的教学应遵循其思想特色，在教学中贯彻"学以成人"的宗旨。一是重点揭示中国哲学的"成人"之学，引导学生深入而准确地把握中国哲学的核心要义。二是引入比较哲学的方法，通过与西方哲学之"成人"问题的比较，从而展示中国哲学的"成人"之学的特色，进而说明中国哲学的民族性及其世界性，引导学生从世界哲学的视域来理解中国哲学的现代性价值。三是结合古今中西的思想资源，阐述中国哲学的"成人"之学的功夫论，说明其如何与当下具体的生活方式相关联，启发学生把古典的修身功夫论应用于日常生活的洒扫应对之中，由知行合一而实现真正的转识成智。

　　其次，在教学中说明哲学与哲学史的关系，引导学生由哲学史的学习，进而对人生与世界做出哲学的思考。哲学的研究与教学离不开哲学史的学习，而哲学史的梳理往往建立在某种历史观念之上。黑格尔曾提出"即哲学史讲哲学"的理念，他把哲学与哲学史理解为相互依存的关系，作为理智探索活动的哲学，是在具体的哲学史过程中展开的，哲学与哲学史之间并非互不相关的思想活动，彼此是相互促进的动态发展过程。申言之，哲学的问题既是一般的，又是历史的，之所以是一般的，因哲学对于真理、存在、形而上学的思考，可能通过概念、命题、逻辑的推演等，而得出一般的、普遍的见解。它可能是空无依傍的创造，具有超越时空的恒常意义。然哲学的问题又是历史的，因哲学关注的根本问题是人的存在，而人的生存和实存的人类社会及其未来，就是历史本身。即便是一般性的哲学问题，创造性的哲学体系，也是在具体的历史维度中展开的，其概念、命题等可能是新的，但其所赖以论证的语言及语言蕴含的语义，那是历史的产物。从语言分析而开始的哲学思考，其理性思维能力与逻辑分析能力也是由哲学史提供的。所以，语言文字的训诂，或从语言而进行的哲学反思，必将有益于我们理解历史上的哲学思想，也一定有助于我们建构自己的哲学体系。向学生说明哲学与哲学史的关系，可以启发他们从哲学史的学习中，养成哲学思考的思维及对现实问题进行哲学反思的能力。

　　再次，在教学中阐述哲学与科学的关系。一般认为，哲学追求的是玄学的真理，科学追求的是实证的真理，类似的说法容易引起人们对哲学的误解，即哲学不注重科学实证方法，哲学是纯粹形而上的思辨。一方面，尽管中国古典哲学相对比较忽视对经验世界的认识，但中国哲学始终不轻视经验世界中具体的人和事物，即便是佛家也关心有情世间，儒道都是即世间的。另一方面，中国古典哲学较为注重道德心性问题，但也在主张知行合一与天人相合等理念中，透露出对经验世界之自然事物的关注，且其哲学方法论中也包括归纳与演绎相结合的逻辑方法，如中国哲学的名学方法和法相唯识宗的因明逻辑。因此，在中国哲学课程的教学中，除了通过比较哲学的视域阐发中国哲学的现代性，还需要通过跨学科的方式，尤其是通过人文学科与理工学科的交叉互动，阐明中国哲学内含的科学的世界观、人生观与方法论，从而启发学生在哲学的学习与思考中，致思于哲学与科学之联系，致力于文理之学的融会。

　　最后，在现代教学理念和背景下，哲学课程教学主要以学校和教室为场地，除了尽可能地应用各种现代教学技术以实现"转识成智"的目标，也要适当地把教学活动推向生活场域，积极开展实践教学的试验。其实，某种哲学思想的发生，或某一哲学家的思想特点，通常与其产生的地理环境和历史文化，存在较大的渊源。同时，身临其境的教学方式，可以让学生切实地体会某种哲学思想的宗旨和要义。如鹅湖之辩、朱张会讲、龙场悟道，诸如此类对哲学史发展具有重要影响的事件，如果能身临其境地考察、学习和体会，把课程教学与实地考察相结合，相信对于学生理解中国哲学，一定会有较大的助益。同时，哲学与哲学史的学习、研究与创作均非常讲究方法，培养学生的方法意识，引导学生深入理解方法的价值和意义，并能掌握若干方法而自觉地运用于哲学及其他学科的研究中，这是课程教学目的的题中之意。所以，开设方法论方面的系列讲座或相关课程（如"哲学史料学"课程），可以为"转识成智"提供方法论的启示。

　　总之，哲学课程教学的宗旨与方法，应该体现哲学的核心问题，即转识成智和学以成人。在传道授业中，使学生认识到哲学与生活的关联，并引导学生自觉主动地把哲学知识转化为日常的生活方式，在知行合一中认识自我、成就自我和超越自我。

粤港澳大湾区背景下学术英语混合式教学创新模式研究*

广州大学　王希腾　广州大学　梁绮澜

一、引言

2019 年，中共中央、国务院印发了《粤港澳大湾区发展规划纲要》，对大湾区发展基础、战略定位、发展原则、发展目标等方面做出具体描述。纲要对粤港澳大湾区的教育合作和人才流动做出具体部署，如合作办学、国际教育示范区建设、人才培训基地建设等。纲要还明确提出要建设人才高地，完善国际化人才培养模式，加强人才国际交流合作。

采用混合式学术英语教学创新模式是粤港澳大湾区内各高校响应全球化趋势，着力培养国际型人才、走国际化道路的有效路径。面对全球化和高等教育国际化的趋势，粤港澳大湾区高校只有走国际化道路，才能培养出在行业领域具有学术竞争力的国际化人才。而以学术交流能力和思辨能力为导向的学术英语教学既是深化大学英语教学改革的必然趋势，也是我国国际化人才培养的战略需要。粤港澳大湾区要想实现各区域教育合作和培养国际化人才的目标，学术英语教育就需要与信息技术相结合。这种结合既需要各高校创新教学模式，通过线上与线下混合式教学模式，将传统课堂与 MOOCs、翻转课堂等形式相结合，提高学术英语教学效果；同时也要利用云计算、大数据等手段实现教育资源整合，汇聚优质在线资源，从

* 本论文系广州市教育科学规划一般项目"粤港澳大湾区背景下学术英语的信息化研究"（201912091），2024 年广州大学研究生创新能力培养项目（广州研究项目）"广州市学术英语混合式教学创新模式研究"（2112218063）的阶段性成果。

而得以打破地域限制，构建粤港澳大湾区跨区域学术英语教育资源，使得大湾区各地区的学生和教师都能便捷地访问并共享这些资源。本文基于粤港澳大湾区的国家战略布局新视角，以语义波理论为指导，探讨如何建立学术英语线上线下教学创新模式的问题。

二、基于混合式教学的学术英语教学创新模式构建

哈金森与沃特斯（Hutchinson & Waters）把外语教学分为通用英语（General English，简称 GE）和专门用途英语（English for Special Purposes，简称 ESP），而专门用途英语又根据目的不同分为学术英语（English for Academic Purposes，简称 EAP）和职场英语（English for Occupational Purposes，简称 EOP）。但是，"从历史角度看来，绝大部分时期 ESP 由 EAP 主导，并且将会继续在国际上占主导地位"[①]。因此，在 ESP 和 EAP 常常可以互换，在高校教学中尤其如此。

学术英语可以分为通用学术英语（English for General Academic Purposes，简称 EGAP）和专门用途学术英语（English for Specific Academic Purposes，简称 ESAP）。前者侧重于各学科中具有共性的英语内容，如用英语听讲座、搜索和阅读文献、撰写论文、参加国际会议等。而后者侧重特定学科（如医学、法学、工程等）的语篇体裁以及职场所需的英语交流能力。随着我国高等教育国际化的不断深入，开展学术英语教学与科研备受高校重视，学生利用英语从事专业学习和学术活动的能力显得越来越重要。

学术英语是一门以学生需求为导向的教学。与通用英语关注学生的语言基础和技能不同，学术英语帮助学生用英语从事他们的专业学习，如教会他们听英语讲课和讲座、用英语检索、阅读、归纳和表达信息等。由于这些教学内容与学生的专业需求紧密联系，学术英语课程颇受大学生和教师的欢迎。

学术英语是一门以内容为依托的外语教学（Content-Based Instruction，简称 CBI）。CBI 教育理念强调，当外语教学与具体学科知识教学相互交

---

① J. Swales (ed.), *Episodes in ESP: A Source and Reference Book on the Development of English for Science and Technology*, New York: Prentice Hall, 1988, p. 4.

融，使得语言成为探索和吸收学科知识的有效工具时，便产生了最理想的外语、二语学习条件。当学生将语言作为了解信息的途径而非学习语言本身时，学习者的效率会大大提高。因此，相较于通用英语，结合学科知识的教学更能激发学生的学习兴趣，促进他们自主学习。但不容忽视的是，学习信息性和抽象性的学科知识是一种高层次的学术认知活动，不仅要求学习者具有一定的英语水平，还需要具备较高的认知能力。根据康明斯（Cummins）的观点，一个人的语言水平由"人际交流基本技能"（Basic Interpersonal Communicative Skills，简称 BICS)与"认知学术语言能力"（Cognitive/Academic Language Proficiency，简称 CALP)组成。[①] 前者指的是具有在日常生活中使用语言交流的能力，交际任务难度较低，语言比较简单；后者指的是在抽象程度较高的学术话题中使用语言交流的能力，交际任务难度较高，不仅要求学习者具有一定的语言水平，还要求学习者具有很强的综合、分析、评价和推断的能力。而学术英语课程培养的更多的是后者的能力。这既强化了学生的语言知识基础，也促使学生形成高水平的理解力和逻辑思维能力，使得学习者在抽象度较高的学术讨论或研究活动中也能完成更为复杂和严谨的交际任务。

学术英语教学对提高大学生专业领域英语知识水平与技能、增强其国际学术交流能力和竞争力具有重要作用。但由于传统的学术英语线下课堂多为大班上课，学生学习自主性不高、课堂参与度低，问题无法及时解决；不少同学认为课程难度较大，学习平台较少，学习效率低等，导致学生自我效能感不高。此外，不同于综合英语教学，学术英语教学不仅需要传授具有较高难度的学科知识，还要促进学生进行一定难度的认知互动，这无疑给教师带来一定的挑战。但目前教师教学形式单一，无法调动学生的积极性、及时解决学生的疑问，学术英语水平难以提高。因此，提高学生的学习自主性和自我效能感，从而提高学习效率是目前学术英语教学中亟须解决的问题。

混合式教学创新模式是指传统课堂教学和在线教学相结合的教学模式。近年来，信息技术在外语教学中的应用不断深入，如慕课、SPOC、翻转课堂、移动学习等新方式和新理念层出不穷。"由于结合了课堂课程和使用

---

① Jim Cummins, *"BICS and CALP: Empirical and Theoretical Status of the Distinction"*, *Encyclopedia of Language and Education*, Vol. 2, No. 2 (2008), p. 487.

现代信息通信技术定期进行的自主学习，混合式教学已被证明是非常有效的……将互动方法、沟通工具和现代工具整合到混合式教育中，最大限度地发挥了教育内容的潜力，最终塑造具有处理各种专业任务的基本能力的未来专家。"[1]因此，通过多种教学手段的结合，混合式教学创新模式充分挖掘教育内容的巨大潜力，使得学习效率提升，并锻炼了学生理解理论知识和应用实践的技能。

相较于传统教学模式，这种教学模式具有灵活性、个性化和实时反馈等特点。因此，采用混合式创新教学模式更有利于提高教师教学和学生学习的效率。而在面对较高挑战度的学术英语教学任务时，采用混合式教学模式无疑是一种颇具成效的选择。此外，混合式教学具有"以学生为本"的特点。学习中心教学法强调主张调动学生在学习过程中的主动性。这种教学法在通用英语教学中也使用，但由于学术英语更强调学习者的需求，因此学习中心教学法在学术英语教学中也可以叫作学习者中心教学法。

学术英语混合式教学创新模式以学生为本，蕴含人文关怀精神。这一特点主要体现在以下几个方面：首先，个性化教学。混合式教学模式充分考虑并尊重学生不同的学习背景、兴趣特长和学习需求，为学生提供多元化的学习路径，允许学生有选择地进行学习。其次，自主学习与协作学习相融合。这种教学模式促进学生主动学习，自主调控学习进度，掌握学习节奏。此外，在线上教学过程中，也为学生提供了协作学习的机会，如线上讨论、小组协作等。这有助于培养学生的团队协作能力，凸显人文教育中的互动与互助精神。最后，及时反馈与持续跟进。教师可以通过后台数据实时跟进学生的学习进度和状态，并在线上提供即时反馈，如批改作业、答疑解惑等，及时回答学生问题，提高教学互动效率。而学生们也可突破时空限制，在讨论区进行交流，无须等待统一的课堂时间。这种不受时空限制的教学创新模式彰显了对每个学生认知发展历程的密切关注。教师通过这种方式，持续参与到学生学习的各个环节，为学生学术英语能力的提升提供支持与指导。因此，学术英语混合式教学创新模式丰富了教学形态，改善了学习体验。这种教学模式不仅能够发挥教师的主导作用，也充分体

---

① E. Babintseva, E. Kartseva et al., "Flipped Classroom as an Innovative Technology for Blended Learning of Professional English in Higher Education Institutions", *Política e Gestão Educacional*, (2023), p. 10.

现了学生作为学习主体的主动性和创造性。

三、基于语义波理论的混合式学术英语教学实践

语义波理论（Semantic waves）由澳大利亚著名社会学家卡尔·马顿（Karl Maton）提出，用于解释学习过程中知识逐步积累的内在规律。根据马顿的观点，语义波指的是语义引力（Semantic Gravity，简称 SG）和语义密度（Semantic Density，简称 SD）的强弱程度此消彼长所产生的结果。其中，语义引力指的是意义与语境之间的依赖程度。语义引力越强，意义与语境的关联程度越大，语言就越具体化、事例化；反之，语言就越抽象化、概念化。语义密度指的是话语意义的浓缩程度。语义密度越强，符号蕴含的意义越多；反之，符号蕴含的意义越少。语义引力和语义密度成反比关系。

在知识构建的过程中，学习者从较具体的语言或事例中归纳出较抽象的概念时，意义与语境的关联程度变小，其蕴含的意义增多，因此 SG 减小，SD 增大；学习者将较为抽象的概念置于具体语境中时，意义和语境的关联程度变大，蕴含的意义减少，因此 SG 增大，SD 减小。知识学习过程涉及语义引力和语义密度在语义刻度表上的交互。处在语义波波峰和波谷位置的分别是引力低而密度高的抽象话语成分和引力高而密度低的具体话语成分。

在学习中将抽象或技术性含量高的概念利用具体语境或事例演绎为具体的知识，这一过程为"意义解包"（unpacking）；而从具体事例与语境中归纳为抽象的知识或概念，这一过程为"重新打包"（repacking）。理想的知识学习应是一个"抽象→具体→抽象"/"解包→重新打包"不断循环递进的过程。[①]对知识的解包和重新打包过程是教学中促进学生吸收和运用知识的关键。目前已有学者将语义波理论应用于多个学科的教学实践中，如

---

① 马晓雷、葛军、胡琼：《线上线下混合式外语教学的有效实践模式探究》，《外语界》2021年第 4 期，第 20 页。

生物（汤斌，2014[①]）、历史（Matruglio et al.，2013[②]）、外语（Min Xie，2021[③]；毛佳玳，2022[④]）等，并取得良好效果。因而，可以说语义波理论是一个对教学实践具有较强解释力的理论框架。

基于语义波理论的混合式教学模式，线上教学主要是从抽象知识到具体知识的知识解包过程，线下教学主要是从具体知识到抽象知识的知识打包过程。线上教学中，学生可以依托慕课、微课等完成知识点的解析，也可以利用互联网自主探究该课题。线下教学中，教师进行讲解、答疑、点评、总结等，体现教师在课程中的主导作用。之所以将线上和线下教学定位为语义波的下降和上升阶段，是由于：首先，传统教学重视对知识的分解和辨析，对知识的再概括和凝练花费的时间则较少。将知识解包的任务移植到线上，可以给予教师更多的时间和精力开展富含思辨的线下教学活动。[⑤]其次，一般而言，承担难度较大的教学任务时，教师参与的线下教学比线上教学更为有效。这是因为相对于线上教学，线下教学时教师能面对面地解答学生困惑，点评学生的作业和表现并做出总结，更适合承担将具体知识转化为抽象知识这一更为艰巨的教学任务。再者，相对于知识解包，重新打包需要借助思辨性较强的教学资源，促进学生在更加抽象的层面进行反思、提炼和总结。但目前来看，思辨性强又贴合知识点的主题讲座、学术论文、网课资源等较少，仍需要教师在线下教学中运用自己的专业知识进一步完成知识的点拨、总结和升华。

下面以基于语料库的学术英语教学为例，阐释基于语义波的混合式教学创新模式应用。课程共分为四个环节，分别为：

1. 教师在网络课程中展示语料库的使用方法；之后让学生自主阅读科

① 汤斌：《Maton的合理化语码理论与系统功能语言学的合作》，《现代外语》2014年第1期，第52—61页。

② E. Matruglio, K. Maton, K. & J. R. Martin, "Time Travel: The Role of Temporality in Enabling Semantic Waves in Secondary School Teaching", *Linguistics and Education*, Vol. 24, No. 1 (2013), pp. 38-49.

③ Xie Min, "Enabling Students' Knowledge Building in English Classrooms in China: The Role of Teacher Monologue", *Text & Talk*, Vol. 41, No. 2 (2021), pp. 261-285.

④ 毛佳玳：《智慧教育导向的VR英语跨文化教学模式探究》，《外语电化教学》2022年第3期，第64—70、112页。

⑤ Lee, Jihyun, Cheolil Lim & Hyeonsu Kim, "Development of an Instructional Design Model for Flipped Learning in Higher Education", *Educational Technology Research and Development*, Vol. 65 (2017), pp. 427-453.

技英语类文章，讲解语料中的词句特征、特殊结构和语篇特点；学生参与线上讨论并完成线上作业。

2. 教师点评学生作业；教师引入"语篇体裁"概念，分析不同语类的差异，以及教授学生如何分析一类语篇的内在结构和组织机制。

3. 要求学生运用课上教授的方法检索并辨别不同语篇体裁的文章；阅读更多科技英语类文章；以小组为单位阅读感兴趣的体裁的文章，以备线下课堂展示。

4. 根据各自阅读的文章，分析此类语篇的语言特征、意义表达及语用特征等，总结该类语篇的语言规律，并演示学习成果；教师对展示成果进行点评和总结。

课程第一环节是线上知识解包模块。学生自主学习科技英语语篇并且探究其语言特征及规律，教师通过网络课程进行讲解，从而实现从抽象知识到具体知识的转化。课程第二环节是线下知识打包模块。教师简要点评学生作业，引导学生进一步思考科技英语语篇与其他语篇的差异。之后引入"语篇体裁"（genre）概念，分析不同语类的差异，促进学生建立宏观而系统的知识网络。然后，教师教授学生分析一类语篇的方法，将具体知识抽象为一般规律，实现由具体到抽象的知识打包过程。课程第三环节是线上知识再解包模块。学生运用抽象化的规律检索和辨别不同体裁的语篇，使得抽象知识得以转化为可操作的技能。之后学生阅读更多相关文章，在这过程中不断运用知识并且检验其有效性。课程第四环节是线下知识再打包模块。这一环节中，学生分析从语料库中找到的材料，总结和提炼出此类语篇的术语特点及语篇规律，并以小组为单位展示成果，之后教师做出点评和最终总结。这一过程中，学生分析具体的语料并且运用推理、归纳和对比的方法总结其语言规律，实现知识的内化，完成知识的再打包过程。

四、混合式学术英语教学创新模式的效果反思

混合式学术英语教学创新模式既体现了教学与信息技术相融合的新样态，也为知识累积提供了重要参考。混合式英语教学创新模式具有以下优点：首先，这种创新性的教学模式有助于促进学生积累知识。基于语义波理论的学术英语教学创新模式的特点主要是通过巧妙设计知识的"解包—打包—再解包—再打包"过程，促进学生不断理解和巩固知识，从而推动

知识的有效积累。如果课程仅采用语义引力强、语义密度低的具体话语，那么学生的学术英语思辨能力则得不到锻炼。相反，如果只采用语义引力弱、语义密度高的抽象话语，那么学术英语课堂将会变得晦涩难懂，不利于学生对知识的理解。因此，以语义波理论为指导的学术英语教学创新模式，不仅关注知识的传授，更注重知识的建构。通过循环递进式的知识处理流程，使学生能够逐步构建起一个由浅显易懂的基本概念延伸至深入专业的复杂议题的立体化知识体系。这一过程不仅增强了学生对学术英语的理解和应用能力，更锻炼了他们的思辨能力和创新能力，为他们在学术研究和国际交流的道路上打下了坚实的基础。其次，这种混合式学术英语教学创新模式使得线上线下教学协同合作更为有效。通过了解知悉线上线下教学的轮换处和语义波的波峰与波谷处的重合，可以为教师转换教学方法提供更多理论支撑。

　　当然，作为理想化模式，基于语义波理论的混合式教学模式并不是一成不变的。线上线下的任务分配并不是绝对的，并不是说知识解包过程一定要发生在线上，而一定要在线下教学中完成知识的重新打包。教师可以根据学生线上任务完成的情况来决定线下教学的安排。如果根据后台反馈和学生反映，线上学习任务较重而该阶段的学习目标尚未达到，可以在线下再分配一定的时间完成知识解包的教学活动。如果学生的学习能力强、水平高、动力足，知识点消化较快，那么可以适度缩短知识解包的时间，在线上开展更有挑战性、抽象度更高的思辨性活动。基于语义波理论的混合式教学模式的关键并不在于线上线下教学的明确分工，而在于二者的有效配合。因此，在采纳语义波理论进行混合式教学设计的过程中，教师得以明确并在教学活动的多元融合、线上与线下教学环节的交替配合、教学进度的适时调适等方面着力，从而使教学手法更为精确和灵活，更有助于确保教学实践遵循知识积累的本质规律。最后，以语义波理论为指导的混合式学术英语教学创新模式有助于构建多维评价体系。构建教学评价机制，需要"采用形成性评价与终结性评价相结合的方式，发挥多元评价主体的共同作用"[①]。教师可以充分利用这一理论模型的动态特性，合理安排形成性评价和终结性评价的时机。具体来说，当学生处于知识解包与打包的关

---

① 陈绍英、申彤:《大学英语混合式教学模式构建实践与反思》,《黑龙江高教研究》2024年第4期，第84页。

键转折点——语义波的波谷和波峰临界点时，正是对他们学习成效进行评价的最佳时机。

在语义波的波谷处，学生初步完成了对复杂的学术英语知识的解码和理解，这时教师就可以对其进行形成性评价，以详细考查学生对学术英语新知识的掌握程度和理解程度，确保他们能顺利过渡到下一阶段。而在语义波的波峰处，学生已经完成了对一系列知识的总结、整合与打包，形成了较为系统的知识框架，这时对学生进行形成性评价或终结性评价，则可以检测学生是否把握了整个知识点，判断其是否具有学习新领域知识、进入下一新阶段的条件。一般来说，要进行多次形成性评价，如批改学生线上提交的作业、点评学生的展示成果等。而终结性评价则以课程最终的水平测试或学生提交英语学术论文为主。

五、结语

将语义波理论引入粤港澳大湾区学术英语教学实践，有利于分析学生的知识累积情况，从而把控教学进度，衡量线上线下教学的有效性。由于知识累积式建构的主要特征就是语义波的循环周期转换，运用语义波理论研究教学实践模式为学术英语教学实践提供了又一研究视角，也为分析学生的累积性学习和知识结构提供理论依据。以语义波理论为指导的线上线下一体化教学模式对学术英语教学具有参考价值，也为推进粤港澳大湾区高等教育一体化发展带来启示。粤港澳大湾区发展条件优越，但由于地理位置的制约，各要素无法实现最优配置。而线上线下混合式教学有利于加速粤港澳资源有效整合，推动粤港澳高等教育融合发展。

创新的跨界表达
与艺术阐释

艺术里的"赛先生"

——以 19 世纪国画运动为视角

北京大学　刘子琪

19 世纪以来，赤县神州经历着"数千年未有之大变局"（李鸿章语）。动荡不安的时局，纷繁复杂的思潮变化，裹挟着人们在其中激荡浮沉。战争的炮火和刺刀使得中国旧式知识分子们从对天朝上国的沉沦和迷思中觉醒。他们带着沉重的忧患意识，直面外来文化的冲击，肩负着民族自强的热情和使命感，为救国而上下求索。作为民族文化极为重要的表现形式和人文领域的重要板块，美术界人士向传统艺术举起了"改良"和"革命"的大旗，掀起了一场浩浩荡荡的"文明救国"运动。运动的重点在于讨论"民族艺术向何处去"：中国传统艺术何以能够提升当下人们落后的观念意识，并支撑未来文明的发展？其笔墨技法、美学观念、呈现方式等在何种状态下可以完成现代性的转型？五四运动中开展的"美术革命"，便是这场大讨论的产物。

以往在梳理这场美术论战时，常常将参与者划分为如下三类：一是以康有为、陈独秀、徐悲鸿等为代表的"革命派"；二是以金城、陈师曾、黄宾虹为代表的"保守派"；三是高剑父、高奇峰、林风眠等"折中派"。应该说，这三种认识都是在西方艺术观念的参照下，中国传统艺术观念与近现代中国艺术语境发生强烈碰撞的产物。这一划分固然抓住了主要观点，但却容易导致一种重构历史时的臆想与偏颇，同时产生人云亦云的带有预设的判断。更致命的是，这种简单的二元对立，在解释某些切实性问题的时候，却出现了严重失效。比如他们的态度是否随着时间而改变？比如从革命派改为保守派，或者革命的程度有所下降，等等。本文主要关注以康有为、陈独秀、徐悲鸿为代表的革命派，尝试用西方的科学主义方法和思想改造中国绘画的努力。

一、"文明救国"：康有为与他的收藏

康有为自幼"性癖书画"，1888 年当他第一次上书清帝主张改革时，不仅递呈失败，且遭到大量攻讦，他复"洗心藏密，冥神却扫"（《广艺舟双楫序》），"日以读碑为事，尽观京师藏家之金石凡数千种"（《康南海自编年谱》）。康氏擅长书法，字风浑厚雄放，自成一家，尤善作擘窠大字，肆意逞豪，不避粗率；其书名曾与吴昌硕、沈曾植相齐。他在包世臣《艺舟双楫》的基础上"发先识之复疑，窍后生之颐奥"，著《广艺舟双楫》，凡二十七篇；绘画方面，他则以收藏为癖，戊戌变法前的收藏已颇具规模，变法失败后被尽数抄没。1898 年 9 月，康有为、梁启超发起的"百日维新"失败后，他乘船从横滨一路远走欧洲诸国，开始了"流离异域一十六年，三周大地、遍游四洲，经三十一国，行六十万里路，一生不入官，好游成癖"[①]的旅行生活。在流亡的十几年中，他一方面高举保皇派大旗反对"革命派"的暴力方式与激进行为，一方面广泛游历欧美各国，不仅考察近代西方社会发展状况，而且特别关注当地博物馆、美术馆中的艺术藏品。在意大利，他多次造访当地美术馆，接触到了文艺复兴时期的大师之作，尤其看到拉斐尔作品时激动不已，称其"笔意逸妙，生动之外，更饶秀韵，诚神诣也，宜冠绝欧洲矣"，而"吾国画疏浅，远不如之，此事亦当变法"。与此同时还他"搜得欧美各国及突厥、波斯、印度画数百，中国唐、宋、元、明以来画亦数百"。钱穆通过阅读康有为这一时期的欧洲游记，认为其自"辛亥归国，而其思想乃以极端守旧闻"[②]，由革新派的急先锋一变而走向保守的极端："南海早年，实为欧洲文明之讴歌崇拜者，其转而为批评鄙薄，则实由其亲游欧土始……故曰：南海思想之激变，实以欧游为转纽也"[③]。这段时间被学术史看作康有为思想发生剧烈转向的关键时刻，逐步形成了恢宏的"文明移植"观，极肯定中国文明在世界文明中的重要地位。

---

① 康有为：《欧洲十一国游记》，上海：广智书局 1906 年版，第 1 页。
② 钱穆：《中国近三百年学术史》，北京：商务印书馆 1997 年版，第 753 页。
③ 钱穆：《中国学术思想史论丛》第 8 册，北京：三联书店 2009 年版，第 370 页。

1917 年 5 月，北洋军阀张勋拥立溥仪复辟，在段祺瑞的讨伐下宣告失败。此年冬，康有为随即匿居美国使馆，借住在美森院。杜门半载，室中空空，无所事事，在极受挫败和上下求索之际，乃闭门著书。他在长卷宣纸上写下了这份近一万五千字，对当时中国的美术发展产生极大影响的《万木草堂所藏中国画目》（以下简称《画目》），是其将革命意识由政治领域发挥至文化领域的重要标志。

《画目》开篇，康有为便开宗明义地"正其本，探其始，明其训"，集中地阐发了他的国画变法思想。兹取前序之要点节录于下：

> 中国近世之画衰败极矣，盖由画论之谬也……遍览百国作画皆同，故今欧美之画与六朝唐宋之法同。惟中国近世以禅入画，自王维作《雪里芭蕉》始，后人误尊之。苏、米拨弃形似，倡为士气。元、明大攻界画为匠笔而摈弃之。夫士大夫作画安能专精体物，势必自写逸气以鸣高，故只写山川，或间写花竹。率皆简率荒略，而以气韵自矜。此为别派则可，若专精体物，非匠人毕生专诣为之，必不能精。中国既摈画匠，此中国近世画所以衰败也……然则，专贵士气为写画正宗，岂不谬哉？今特矫正之：以形神为主而不取写意，以着色界画为正，而以墨笔粗简者为别派；士气固可贵，而以院体为画正法。庶救五百年来偏谬之画论，而中国之画乃可医而有进取也。今工商百器皆藉于画，画不改进，工商无可言。此则鄙人藏画、论画之意，以复古为更新。海内识者当不河汉斯言耶？[①]

在这段长论中，康有为的主要论点可以总结为以下几点：

一是重视图画的道德功用。康有为在该序伊始，便有追本溯源、肃正主流之意。他罗列了《尔雅》《广雅》《说文》《释名》《尚书》《论语》诸种文献及晋唐人画论中对"画"的定义及绘画目的的解释，为的是说明图绘在产生之初，便有"劝善戒恶"的道德性功用。《画目》所蕴含的这种浓郁的儒家"正统"观念和孔子"文质"思想，也体现在后续文本中。例如，

---

① 康有为：《万木草堂所藏中国画目》，载《万木草堂论艺》，北京：荣宝斋出版社2011年版，第1页。

"（宋法）实由唐之板拙而导以生气者，终非唐人所致。吾于唐也，仍以为夏殷之忠质焉""鄙意以为中国之画，亦至宋而后变化至极，非六朝、唐所能及，如周之文监二代而郁郁，非夏、殷所能比也""吾于四家未尝不好之，甚至但以为逸品，不夺唐宋之正宗云尔"。这些表达说明了康有为的儒学思想底色。他批判传统，但却并未抛弃传统，而是站在这个体系的内部，试图通过"变法"而非破坏性的"革命"方式，促成画学遗产在新社会中再生延续，让传统中华文明能够走上向现代文明发展的道路。这一点，决定了《画目》的基本色调。同时，他还认为，绘画之学极达精确，可以带动工商之品制作质量和竞争力的提升。这里康有为"绘画之学"并非仅指传统书画，更强调社会对绘画功能性的转化，使其包含工业（造船、机械）制图、建筑构图、人体结构图、解剖图等一系列实用之术。这种将美术或美术教育与工商实业相结合的观念，在很大程度上受到来自日本的影响——在日本文化中，"美术"一词的早期含义主要指西洋画，尤其是指"素描、油画、版画、写生画以及机械制图，甚至是医学上的人体生理解剖图与兵器船舶制造上的剖面图，或结构示意图"。陈独秀也认为，革命之道路，要从"阐明美术之范围与实质，阐明中国古代美术之源流与理法，阐明欧美美术之变迁，阐明美术之真谛"处开始，而这本质、源头、真谛，尽在于绘画的实用性上了。因此，革命派极力推崇将科学的测量和精确的描绘加入到中国美术的发展之中，让"赛先生"（Science）做破除旧弊的急先锋。

　　二是崇尚唐、五代及宋代画，尤其看重画工精细的画院绘画，这与董其昌文人画价值观有极大不同。康有为进一步叙述："唐画以写形为主，色浓而气厚，用笔多拙……画至于五代，有唐之朴厚而新开精深华妙之体；至宋人出而集其成，无体不备，无美不臻，且其时院体争奇竞新，甚且以之试士，此则今欧、美之重物质尚未之及。"在康有为心目中，这三代绘画可称为文质兼备，且以宋代绘画最为精妙，气象恢宏，故"归之宋画而特尊之"。并且，从遵循视觉理法和追求物象肖似而生动上来说，六朝唐宋的画法与欧美极为相同。康氏在1904年赴意大利博物馆参观时欣赏了文艺复兴时期的欧洲绘画，发出"吾国画疏浅，远不如之，此事亦当变法"的感慨[①]。当他发现所崇拜赞赏的西方写实主义绘画技法，中国早在1000多年

<hr />

① 康有为：《欧洲十一国游记·意大利游记》，钟叔河校点，长沙：湖南人民出版社1980年版，第78页。

前就能够达到，这着实令康有为信心大增，故而将唐宋绘画看作中国画学之顶峰，并以西方的古典写实主义绘画为参照标准，提出中国画变法理论，希望恢复两宋院画"逼真""象形"的传统，以拯救停滞不前的中国艺术，并借绘画的教化功用来唤醒民众的觉醒意识。

三是贬抑元明清之文人画，推崇院体、着色界画，并将近代中国画衰敝之原因归结于一味摒弃、讥诮画匠，盲目追随所谓"以禅入画"。他对文人画追求写意而放弃形似的传统极为不满，认为文人画理论总以"写意"为尚，摒斥写形之界画为匠体。代代盲从，呶呶不休。后人皆为这种观点蒙蔽，错将其奉为金科玉律，不敢稍有违背，不然则好像犯了大不韪之罪，"此中国近世画所以衰败"。艺术之宽广天地，皆因此论而令画者茧缚成茵。他们既不能人人都达到倪黄的高士境界，便如何能有所创新，自成一家，"只有涂墨妄偷古人粉本，谬写枯澹之山水及不类之人物花鸟而已……盖中国画学之衰，至今为极矣，则不能不追源作俑，以归罪于元四家也"[1]。是对董其昌画论的极力纠偏。实际上，康有为并非不倾心于逸品笔墨，称"吾于四家未尝不好之甚"，但由于"国人陷溺甚深，则不得不大呼以救正之"，"其遗余二三名宿，摹写四王、二石之糟粕，枯笔数笔如草，味同嚼蜡，岂复能传后，以与今欧美、日本竞胜哉"，扭转这种亦步亦趋、僵化无味的时风，是其苦心所在。

二、"以古为新"：徐悲鸿与他的收藏

"五四运动"发生之后，越来越多要求进步的青年参与到觉醒实践中。与早期革命者一味地抒发对传统的怨愤不同的是，他们具备更强的绘画功底和留学经历带来的国际眼光。不仅关注中国艺术自身的发展情况，也更为理性地对待西方绘画的长处和优势。因此，他们不再进行原始抗争，而能够从自己的作品和美术观念内部出发，重新反思传统。这其中，徐悲鸿（1895—1953，原名寿康，江苏宜兴人）可谓代表。

徐悲鸿在上海学习期间，结识并拜入康有为门下。彼时康有为正痴迷西方的写实绘画，并呼吁中国美术界"改良"写意技法，这正是促使徐悲鸿留法学习的主要动因。他几乎全盘接受了康有为"中国画衰微论"：康

---

① 康有为：《欧洲十一国游记·意大利游记》，第78页。

有为有"中国近世之画衰败极矣"，徐悲鸿有"中国艺事随民族衰颓，自元已降，至于今日，盖六百年矣"；康有为有"至宋人出而集其成，无体不备，无美不臻"，徐悲鸿有"吾国自唐迄宋，为自然主义，在艺术上最昌盛时代"；康有为有"盖中国画学之衰，至今为极矣！则不能不追源作俑，以归罪于元四家也"，徐悲鸿有"元四家为八股山水祖宗，惟以灵秀淡逸取胜，隐君子之风，以后世无王维，即取之为文人画定型，亦中国绘画衰微之起点"，等等。他们将僵化、空虚的文人画视为中国艺术没落的根源，亦认同"欲救目前之弊，必采欧洲之写实主义"。除了以上相似观点之外，1930 年的《悲鸿自述》还有这样一段专门评价其师康有为的话："南海先生，雍容阔达，率直敏锐，老杜所谓真气惊户牖者，乍见之觉其不凡。谈锋既启，如倒倾三峡之水，而其奖掖后进，实具热肠。余乃执弟子礼居门下，得纵观其所藏。如其书画碑版之属，殊有佳者，相与论画，尤具卓见，如其卑薄四王，推崇宋法，务精深华妙，不尚士大夫浅率平易之作，信乎世界归来"[①]。但是，徐悲鸿认为传统国画在一定程度上值得保留和珍惜，这一论点集中体现在他 1918 年 5 月 14 日在北京大学画法研究会上的演讲《中国画改良论》中：

> 古法之佳者守之，垂绝者继之，不佳者改之，未足者增之，西方画之可采入者融之。[②]

在肯定中国艺术自身价值的基础上，徐悲鸿认为首先要从物质材料（纸、绢、墨、色等）上进行变革，继而进一步推动思想、内容的变革。

首先在画材上，徐悲鸿讨论了中国画的纸、绢、笔、矿色的媒材特性，认为难于永久保存（"纸绢脆弱"）、着色差（"生纸最难尽色"）、制作粗糙等一系列问题，是阻碍中国画进步、不能像西方画那样"尽术尽艺"的原因。这一"唯物质"论，在思考方式上很明显移植了康有为《物质救国论》从国家工商实业层面的"物质"（机器、技术、工业等）寻找中国文明衰落的模式。为此，徐悲鸿以媒介材料（"物质"）作为中、西绘画价值高

---

① 徐悲鸿：《悲鸿自述》，载《徐悲鸿艺术随笔》，上海：上海文艺出版社 1999 年版，第165 页。

② 徐悲鸿：《中国画改良论》，《绘学杂志》1920 年 6 月第 1 期。

低的评判标准，判断中国画"略逊"。可惜，徐氏自己也并未用作品来实现这一想法，虽然也有一定量的油画作品，但后期还是回归了传统宣纸水墨材料，他的代表作《画马》、《画狮》或《仕女》，只能又在传统笔墨语言里寻觅发展。

其次在画法上，他认为绘画的目的在于肖形状物，达到惟妙惟肖。"妙"者是对美的要求，"肖"者是对绘画技法的要求，这就需要画家以超高的绘画技巧，既体现出人物景色的真实状态，又能传达出美感与境界，令人有愉悦体验。

最后在画意上，徐悲鸿更加看重北派宋画，一改民初崇尚南宗文人画的艺术倾向。他在《法国艺术近况》一书中写道："至于中国画品，北派之深更甚于南派。因南派之所长，不过'平远潇洒逸宕'而已。北派之作，大抵工笔入手，事物布置，俯首即是，取之不尽，用之不竭。襟期愈宽展，而作品愈伟大，其长处在'茂密雄强'，南派不能也。南派之作，略如雅玩小品，足令人喜，不足令人倾心拜倒。伟哉米开朗琪罗之画！伟哉贝多芬之音！世之令人倾心拜倒者，唯有伟大事物之表现。"[①]徐悲鸿从北宗画风上看到了极雄强的帝国图景，那是一股从荆浩、关仝、范宽笔底流出浑厚之气，是一幅幅具有崇高感的皇皇巨制所体现出的大国隆盛。而北派山水，最追自然，这也符合徐悲鸿对于写实主义的追求。而中国画"不佳者""未足者"，便在于忽视物象的精确描绘："中国画不能尽其状，此为最逊欧画处"，因而首先要"摒弃抄袭古人之恶习"，但也不能尽弃其法，而是要有所扬弃。再要观察生活，注重人物画，重视造型，"必采欧洲之写实主义"。山水画则要师法自然造化，充分表达客观的"真"。等到心手二合而无碍之时，既能不违背真实景象，又能表现浑合生动、高逸旷达的神趣与韵致。这在他发表的《西洋美术对中国美术之影响》《中国艺术的没落与复兴》《美的解剖》等文章中都有具体表述。

三、"以藏养学"：黄宾虹与他的收藏

如果说康有为对徐悲鸿的影响人尽皆知的话，那么其对黄宾虹艺术思想的影响则名不甚彰。二人的交往可以追溯到 1910 年 10 月，此时黄宾虹

---

① 《徐悲鸿艺术文集：法国艺术近况》，银川：宁夏人民出版社 1994 年版，第 43 页。

接受康有为的邀请，主编《国是报》。尽管黄宾虹十分钦佩康有为在学术、金石、书法上的造诣，答应了邀请，但无法接受他的保皇思想。黄宾虹甚至还向当时激进的《青年杂志》主编陈独秀约稿，希望把报纸办得更有时代气息。这就与康有为的意见出入较大。于是在"护国运动"（1915—1916）前后，黄宾虹就毅然离开了《国是报》，而该报不久也停刊消失了。但即使这样，黄宾虹曾在《美术周刊》创刊时写道："美术者，实业之母，此为当今世界所公认。欧亚各国无不有实业以致富强，而其研究美术之法，尤关各报与杂志之销行，得觇进化之迟速。近者中华热心爱国诸君，汲汲图谋实业。而美术之模范，既足以引起各工艺之先声，美术之观瞻，又足以慰悦劳动家之勤苦，其优胜于寻常游戏，固不待论。"这一观点可看作是黄宾虹早年对康氏观点的直接继承。

与其他收藏家不同，黄宾虹购买藏品时并不看重画家的名头，作为一名学者型藏家，他最看重的是稀缺难得的美术史资料性；作为一名身处"美术革命"大局中的意见领袖，他更倾心于那些国祚易鼎时期的遗民画家作品。尤其是困居北平的十年，在国破家亡的动荡不安中，他更能理解那些生存在唐末五代、宋末、元季、明亡的动荡颠危下的遗民。并试图通过收集遗民画家的佚闻遗著和传世作品，挖掘和总结诸贤面对国家危急存亡时的精神力量，而"救国之要亦在是"[①]。在这一点上，潘天寿对黄宾虹的理解极为深刻："先生本其深沉之心，以治病救人之道，引吭高呼，谓道咸间金石学盛起，为吾国画学之中兴，并选见书于诸绘画论著中，为后学指针，披荆斩棘，导河归海，冀挽回有清中叶以后，绘画衰落指情势，其用心至重且远矣。"他在康有为的美术实用主义和徐悲鸿的现实主义价值观之外，发展出第三种答案，即从传统书画的笔法、墨法、章法等艺术语言中提炼出中华民族特有的精神语言和民族性："民族精神，关系文化，依仁游艺，至与天地合德"[②]。他的创作和收藏，都深深地体现了他这一良苦用心。

黄宾虹特别看重唐宋人作品"骨子里的精神"，这虽然是受到康有为的启发，但后来黄宾虹却从同一结论生发出与康氏不同的观点。康有为也看重宋画，但他强调的是宋代院画"逼真""象形"的传统和以图写生、以

---

① 黄宾虹1941年，1945年由北京致朱砚英函，收录于汪己文编：《宾虹书简》，上海：上海人民美术出版社1988年版，第10—11页、第13—14页。

② 《弈通》，载《黄宾虹文集·书画编下》，上海：上海书画出版社1999年版，第488页。

画绘真的风格，能够与西方写实主义相搏较。他在《万木草堂藏画目》中所说："宋人出而集其成，无体不备，无美不臻，且其时院体争奇竞新，甚且以之试士，此则今欧、美之重物质尚未之及。"他认为宋人工笔不仅能够拯救清末文人画泛滥的"逸笔草草，不求形似"的写意风格，而且突破传统艺术抒情功能上的单一性，更符合当时社会生产和振兴工商风气主导下美术制图等实业方面的实用需求。而黄宾虹钦慕宋人山水，是要从中参悟士夫画正脉所包蕴的元气淋漓、浑厚华滋等笔墨语言，超逸、雄浑、静穆等境界语言以及画家寄予在作品之中的思想、情感、精神等哲学语言。

在黄宾虹看来，盛世之时，艺术可用以教化训诫；颓世之时，艺术可用以治疗精神；乱世之时，艺术可用以安邦固本。这一"艺术救国"的认识，广泛地散播和流行于当时的艺术界。但与高剑父等大多数"抗战画"艺术家的想法不同的是，黄宾虹并不将重点放在描写触目惊心的国难现实和宣传抗战救国的革命思想，而是深入挖掘中国艺术精神之核心，找寻其异于世界其他民族艺术的独特特征。因此，他在晚年尝试将刚健有为、浑厚华滋的中国艺术精神通过极具表现力的笔墨山水作品推广至民众之中，这是他晚年孜孜以求的终极艺术理想：

> 艺人只知艺术是一种陶冶性情的东西。其实不然，艺术不但可以怡情悦性，也可以重整社会道德，挽救民族危亡，这在历史上已不乏先例。我们应该知道，历史上凡世乱道衰之际，正是艺术努力救治的机会……应该在文化及艺术的领域上努力做去，要信仰艺术救国。[①]

黄宾虹意识到，只有挖掘出传统艺术中所蕴含的民族性，并在新创作的作品中重新体现民族性，艺术才能真正成为救国之"特健药"。因此，他要保存国粹，重建中国画的士夫正脉。对于黄宾虹来说，这既是挑战更是责任，一方面为了探救辛亥后的"世道人心"，另一方面，为中国文化的精华"书画"——"传灯无尽"是一个士人最重要的责任。今天，我们依旧需要回答"中国艺术向何处去"这样的大哉问，但是答案往往不在艺术本身，这也是时代赋予我们新的命题。

---

① 《宾虹老人在西湖》，刊载于《民报》1948 年 10 月 9 日。

戏曲中的龙舟表演考论

深圳大学　陈雅新

　　法国拉罗谢尔艺术与历史博物馆藏有中国戏曲题材外销画 15 幅。经笔者考证，画中可明确判断的剧目有《金钱贺寿》《众星拱北》《仙姬送子》《辕门斩子》《挑袍》《走马荐贤》《刘金定斩四门》《车轮战》《活捉三娘》《王英被擒》，另有一幅可能为《七擒孟获》。剧目待考的四幅中，两幅内容基本相同，所绘戏曲舞台上的龙舟表演，未见于其他戏画和今日戏曲舞台，研究者称"图画所展示的到底是什么剧目，不要说西方观众毫无头绪，就是现代的中国人也不一定清楚。"[①]1920 年 6 月本文即以此两画为切入，对戏曲舞台上的龙舟及至舟船表演相关问题做出探讨。

一

　　拉罗谢尔艺术与历史博物馆所藏的一幅戏曲龙舟表演外销画，收于画册 MAH.1871.6.157。此画册是由法国外交官卡西隆男爵（Baron Charles-Gustave Martin de Chassiron，1818–1871）捐赠。根据男爵出使中国的时间，可将画册的年代判断为约 1858 年至 1860 年。[②]男爵在出使中写了一部游记《日本、中国与印度行记，1858—1859—1860》。[③]虽然书中没有具体介绍

---

　　① 伊凡·威廉斯著，程美宝译编：《广州制作：欧美藏十九世纪中国蓪纸画》，广州：岭南美术出版社 2014 年版，第 111 页。

　　② Ifan Williams, Painted on Pith, *Country Life*, March 4, 2004.

　　③ Baron Charles-Gustave Martin de Chassiron, *Notes sur le Japon, la Chine et l'Inde : 1858—1859—1860*, Paris: E. Dentu, etc., 1861. 书中信息为拉罗谢尔历史与艺术博物馆助理主任 Mélanie Moreau 女士帮助释读，致谢。

他怎样、何时买到这一画册，但从中可知他来中国的第一站是香港，并于
1859 至 1860 年在上海停留。我们判断这些画是在香港购买的。原因有三：
其一，当时的香港已与广州一样，成为中国外销艺术品的中心；而此时的
上海虽然也有外销画家，但现有记录非常少，似乎还不成规模。[①] 其二，研
究者伊凡·威廉斯先生也倾向于这些画购于香港，因为他推测这些画可能
出自外销画家煜呱之手，而煜呱此时正活跃于香港和广州两地。[②] 其三，另
一幅戏曲龙舟表演题材外销画收于画册 MAH.1871.1.251，所绘内容与男爵
所捐这幅非常类似，且两画册形制基本一致，使我们乐于相信两画册的产
地和年代是相同的。MAH.1871.1.251 中还有一幅画绘有题着"同孚行"的
茶箱，同孚行是广州十三行商人潘家的产业，原名同文行，嘉庆二十年潘
启之子潘有度重理故业时，更其名为同孚行。[③] 既然此两画册的产地可能相
同，我们就更有理由相信男爵的画册购买于临近广州、画家经常两地同时
经营的香港，而非上海。

　　两幅戏曲龙舟表演外销画，构图方向相反，其他方面大体一致，都是
舞台前方数人身穿彩衣，挥桨划着龙舟；舞台后方三张桌子接连摆放，饰
以桌围，代表着江岸和高处；桌上中间前方跪着二人，素衣戴孝，表情悲
戚，面前放着烛和碗，作祭奠状；二人之后立着三人，中间一人帝王装扮，
头戴之帽后有朝天翅一对，可能为唐帽（皇帽），身穿蟒袍，腰系玉带，
手执酒杯。左右各有一文官和武将，文官装扮者，头戴侯帽（耳不闻），
穿蟒袍，系玉带；武将装扮者，头戴插倒缨帅盔，扎硬靠，腰系玉带，佩
剑。三人正观赏着江里的龙舟竞渡。在细节上两画略有差异，例如两画中
的帝王和武将或挂髯或不挂髯；两文官的扮演者，一为花面，一为洁面；
武将所戴的靠旗，一为三角形，一为方形；划船的人数一为五人，一为六
人；一龙舟后插有旗帜，另一龙舟则无等。这些差异，也许是因为两画或
两画所袭模板在创作时依据的并非同一次演出，更可能是同一模板在被承

　　① 关于此时段香港、上海、广州外销画家的人数，参见 Rosalien van der Poel, *Made for
Trade, Made in China — Chinese Export Paintings in Dutch Collection: Art and Commodity*,
Doctoral Thesis, Leiden University, 2016, pp. 281–282。
　　② 伊凡·威廉斯著，程美宝译编：《广州制作：欧美藏十九世纪中国蓪纸画》，第 40 页。
伊凡·威廉斯在其 "Painted on Pith" 和 "Nicholas of Russia Travels to the East. III: A Gift en
Route"（*Manuscripta Orientalia*, Vol. 11, No. 3 [September, 2005]）两文中，也称这些画购于香
港，但未作解释。关于此问题，威廉斯先生多次回函赐教，致谢。
　　③ 梁嘉彬：《广东十三行考》，广州：广东人民出版社 2009 年版，第 240 页。

袭复制过程中发生了改变所致。但无疑，两画描绘为同一剧目。

因为道具龙舟表演已不见于今日戏曲舞台，画中所绘是何剧目颇不易判断。根据江中赛龙舟、岸上祭奠死者的情节推断，此剧可能属于"屈原戏"。检视今存屈原戏剧本①，清人尤侗《读离骚》、张坚《怀沙记》和胡盍朋《汨罗沙传奇》三剧的最后一场都与画中所绘场景相似。

三剧剧情都为敷演屈原生平事迹。吴梅对尤侗（1618—1704）《读离骚》的结局构思评价很高，称"以宋玉招魂"作结，在结构上"已超轶前人矣"。②张坚（1681—1763）因感《读离骚》"未尽其致"，效之而作《怀沙记》。③胡盍朋（1826—1866）的《汨罗沙传奇》也是受《读离骚》的影响而作。④大抵由于《读离骚》结局构思巧妙，《怀沙记》和《汨罗沙传奇》都加以借鉴，故三剧的结尾在舞台呈现上比较相似，其中《怀沙记》与戏画的接近程度最大。

张坚的《怀沙记》不晚于乾隆十四年（1749）完成，付刻于乾隆二十三年（1758）。⑤最后一出《昇天》演述东皇太乙携东君、云中君在端阳之日巡视下界，见江上龙舟竞渡，江边百姓祭奠，得知是在纪念屈原，于是召见屈原的魂灵，使其归列仙班。此出中，三神以及四侍女、持斧钺的神将巡行到楚地湘潭之后，原文如下：

> （内鸣锣击鼓介）（外）下方何事喧哗？（末）容小神看来。
> 拨云下视尘土中，见一簇人烟如蚁虫，鼓彭彭，弄轻舟戏舞鱼龙。
> （末启介）湘江内游戏龙舟，人民观看，故而喧哗。（外）龙舟游

---

① 关于古代屈原题材剧目，参见何光涛、唐忠敏：《古代屈原戏剧目补考》，《民族艺术研究》2011 年第 6 期。

② 吴梅：《中国戏曲概论》，长沙：岳麓书社 1998 年版，第 171 页。

③ 《怀沙记》"自叙"中称："我朝尤西堂有《读离骚》一折，而未尽其致。然其时君贪而愚、臣佞而倖，才不见荣，忠而被放，皆足激发人心之不平，以乘戒于后世。"封面有怀德堂主人识"漱石先生《怀沙记》仿尤西堂一折本之经歌，参以史传，填词奏曲不添造一人，而其事、其文更觉发挥尽致"。剧本见王文章主编：《傅惜华藏古典戏曲珍本丛刊》第 30 册，北京：学苑出版社 2010 年版。

④ 《汨罗沙传奇自序》云："后馆亲串之玉茗堂，于□□破书簏中翻得古板西堂全集，不禁狂喜。"见王文章主编：《傅惜华藏古典戏曲珍本丛刊》第 103 册，第 238 页。

⑤ 关于张坚的生卒年，参见王永健、徐雪芬：《清代戏曲家张坚生平考略》，《文学遗产》1985 年第 3 期。关于《怀沙记》的完成时间，参见何光涛：《元明清屈原戏考论》，博士学位论文，四川师范大学，2012 年，第 124 页。

戏却是为何，东君再去探来，吾且暂驻云头，待尔回奏。（末）领旨。（外众下）（内鸣锣击鼓，杂彩衣、画桨、各架龙舟游上，串舞下）（生、老、净、丑扮众百姓簪榴、插艾，盘堆角黍，以五色丝绳各捧上）……今乃炎汉建武三年，又逢五月五日，你看湘江内龙舟竞渡，金鼓齐鸣，好不热闹。我们不会闹龙舟的，就将这角黍沿着江边望空拜祭一番便了。（拜祭投粽水内介）……（内锣鼓又作介）（众）那边又一起龙舟划来，不免上前观看去。（众下）【短拍】（杂划龙舟同唱上）滚滚长江，滚滚长江，波涛汹涌。驾龙舟戏水如风，仿佛见遗忠，乘水车螭骖鳞从。这角黍年年供奉，只愿他宴乐在鲛宫。（内锣鼓，杂划龙舟串舞下）（外带众神上）……①

剧中除由杂扮演的划龙舟者穿彩衣、划龙舟，与戏画高度一致外，尤为重要的是，与《读离骚》中天上远观龙舟的是屈原一人、《汨罗沙》中为屈原和伍子胥两人不同，此剧中云上所立的主要人物为东皇太乙、东君、云中君三人，恰与戏画桌上所立三人一致。并且，根据剧本舞台提示，外扮演的东皇太乙戴星冠、穿衮服，与画中桌上中间一人穿戴略类；末扮东君，戴朝冠，可与画中文官装扮者视为一人；由小生扮演的云中君，具体服饰不详，可与画中武将装扮者视为一人。②剧中由生、老、净、丑扮演百姓沿江拜祭，虽不详其服饰是否与画中跪在桌上的二人一致，但此"临江设祭"场景可与戏画大致对应。这些，显示了此剧与戏画颇为相符的一面。

　　然而，此剧与戏画也存在一些不同。剧中，按照剧本舞台提示，东皇太乙等人下场后第一次龙舟表演才开始，龙舟表演结束后才是百姓拜祭，百姓下场后，第二次龙舟表演才开始，再过后众神们又回到场上。就是说，在此剧中众神、拜祭者和划龙舟都是分别在舞台上独立表演的，没有像画中一样同时出现在一个戏剧场景中。但考虑到戏剧演出对剧本的不尽遵从是常态，舞台呈现与剧本略有差异并不意外。当然，更可能的是，画家受构图审美、绘画传统程式或个人理解等因素的影响，有意对画中内容做了

---

① 王文章主编：《傅惜华藏古典戏曲珍本丛刊》第30册，第317—320页。着重号为笔者所加。

② 剧本中三人穿戴见王文章主编：《傅惜华藏古典戏曲珍本丛刊》第30册，第315页。

一定调整，将不同的舞台场景"搭配"在一起。

　　另外，从演出记录来看，《读离骚》和《怀沙记》都曾演出过，而《汨罗江传奇》未见演出记载，在舞台上广泛流传的可能性较小。关于《读离骚》的演出，尤侗在《自序》中说"予所作《读离骚》曾进御览，命教坊内人装演供奉"①，在其自作《悔庵年谱》中也言及顺治帝"令教坊内人播之管弦，为宫中雅乐"②。关于《怀沙记》的演出，唐英在《〈梦中缘〉序》中称张坚曾将自作《梦中缘》《梅花簪》《怀沙记》《玉狮坠》四种予之观，并评价四剧"被诸弦管，悦耳惊眸"③。既"被诸弦管，悦耳惊眸"，可见曾搬演于舞台。但《读离骚》是北曲杂剧，在南曲兴盛的清代北曲已成绝唱，虽曾作为"雅乐"在宫廷演出，但在民间实难广泛传播。④而《怀沙记》为南曲传奇，剧本舞台提示细致当行，易于传唱；《巡江》一出笔涉奇幻，排场生动，舞台表现力强，被花雅剧种以折子戏的形式搬演也是有可能的。虽然《怀沙记》的演出记载现只有一条，但张坚的其他三剧却受到梨园青睐，传唱颇广⑤，也从侧面增加了《怀沙记》曾广泛演出、被外销画家观看的可能性。

　　如果从画册的年代、产地和同画册的其他剧目来看，我们毋宁相信此画所绘为花部剧目，而非文人剧，但由于笔者翻检大量资料并求教于同行及梨园人士，仍没有找到合适的花部剧目，暂将之与《怀沙记·昇天》相对应。尽管不能坐实，但足以辅助我们理解画中的演出方式，说明与画中所绘类似的场景无论在花部还是雅部中都很常见。

二

　　两幅戏画中的龙舟表演场景已不见于今日戏曲舞台，然而，如果有意去翻检古代剧本，却发现它在古代戏曲舞台上经常出现。我们举一些常见

---

① 尤侗：《读离骚·自叙》，载郑振铎辑：《清人杂剧初集》第一册，民国20年（1931）影印本。

② 尤侗《悔庵年谱》叶十五（下），载北京图书馆编：《北京图书馆藏珍本年谱丛刊》第74册，北京：北京图书馆出版社1999年版，第30页。

③ 张坚：《玉燕堂四种曲》，清乾隆刻本，国家图书馆藏，第一册，叶二（下）至叶三（上）。

④ 何光涛：《元明清屈原戏考论》，第97页。

⑤ 详参刘崇德、樊兰：《〈玉燕堂四种曲〉的舞台艺术》，《河北大学学报》2012年第5期。

剧本中的例子，结合两幅戏画，对古代戏曲舞台上龙舟表演的形态做出考察。

端午龙舟在古代戏曲剧本中经常涉及，但有的只是在唱词或宾白中一带而过，并无专门表演。例如明传奇《明珠记》有唱词："满眼虎艾争鲜，正西苑龙舟相续"①；《跃鲤记》唱道"又见端阳，处处龙舟争竞"②，《金莲记》唱道"是处龙舟飞竞"③；《粧楼记》唱道"笑道艾虎悬高，龙舟竞渡，正值端午良朝"④；《鸣凤记》中有宾白："孩儿，今日艾虎悬庭，龙舟竞渡，又是端午时节了"⑤；等等。此类例子颇多，都是通过语言道出端午龙舟竞渡的故事背景与气氛，没有特别的表演。

古代戏曲舞台上表现龙舟的另一种方式，则有专门的表演，但与今日类似，主要利用演员的语言、科介和后台锣鼓、唱曲、喝彩等烘托，在舞台上虚拟出龙舟竞渡。如明代杂剧《午日吟》中，演员作虚拟性的动作"观龙舟科"，同时用唱词和对白描述龙舟竞渡的情况⑥，指示出舞台上龙舟的"存在"。明传奇《蝴蝶梦》在表现龙舟到来时，"内鼓吹介"，而众人合唱"听龙舟鼓角沸如雷"⑦，通过锣鼓等乐器与合唱制造气氛。明传奇《芙蓉记》中，除了台上演员作"看龙舟科"，用唱词和对白描述龙舟竞渡外，舞台内"作赢船介"⑧，与前台配合。有时后台还要大段地演唱，渲染气氛，例如《四艳记·碧莲绣符》中有如下情节：

> （内照前锣鼓介）（小旦）禀公子，龙舟将到了。（净）我们快到江边去。（合前）（下）（生）这许多游客又是谁家的？（外）这就是秦公子。（生）哦，原来如此。（内锣鼓唱歌介）龙舟画鼓响冬冬，一片清旗一片红，岸上女娘休着怕，怀中孩子放交松。（和

----

① 明汲古阁刊本《明珠记》上，叶六（下），见《古本戏曲丛刊》初集。
② 明富春堂刊本《新刻出像音注姜诗跃鲤记》第四卷，叶一（下），见《古本戏曲丛刊》初集。
③ 明汲古阁刊本《金莲记》卷上，叶五十（上），见《古本戏曲丛刊》二集。
④ 明刊本《粧楼记》卷上，叶四十二（上），见《古本戏曲丛刊》二集。
⑤ 明汲古阁刊本《鸣凤记》上，叶九十七（下）、叶九十九（上），见《古本戏曲丛刊》初集。
⑥ 杂剧二集本《午日吟》卷六，叶六（下）、叶七（上），见顾廷龙主编：《续修四库全书》"集部戏剧类"，第1765册。
⑦ 明末刊本《蝴蝶梦》，叶三十八（下），见《古本戏曲丛刊》三集。
⑧ 清康熙刊本《芙蓉记》上卷，叶十六（下），见《古本戏曲丛刊》五集。

介，又歌）龙舟画鼓响邦邦，一片红旗一片黄，夺得彩标多快乐，强如中个状元郎。（和介，又歌）一声画鼓一声锣，龙舟来往似撺梭。夺不得彩标空费力，两涯拍手笑呵呵。（和介）（生）龙舟渐近，我们也到江边看看。①

　　所唱之歌应属于划龙舟专用的扒船歌、龙船歌之类，后台的锣鼓与演唱，使台上人物如正在观看龙舟一般。明传奇《蕉帕记》中有舞台提示"内打锣鼓作划龙船介"，然后唱了一支"划船歌"："标致姐姐俊俏哥，一边打鼓一边锣。你打鼓来哄着我，我打锣来引着他"②，清杂剧《龙舟会》中有"内打龙船鼓、随意喊唱扒船歌介"的舞台提示③，都是此类。这种虚拟性的龙舟表演，也是古代戏曲舞台上的常见情况。

　　两幅戏画展现的则是一种特殊方式，用道具龙舟来表演。画中可见，道具龙舟的形制宛如龙舟，首尾为龙头、龙尾，舟身饰龙鬃、龙鳞，尾部可插旗帜，中空，套在演员身上。

　　表演人数，在两幅戏画中分别是五人和六人。在《汨罗沙》传奇中，场上两支龙舟分别由四人来划，角色分别是外、净、老旦、小旦和末、副净、旦、贴。④在清杂剧《一片石》中，龙舟是由外、末、正、小生、净、老旦六个角色所扮人物来划。⑤可见，划龙舟的人数大约为四人到六人，而角色颇自由，大约只要当时无戏份儿的任何行当都可以扮演。《怀沙记》中划龙舟的演员"彩衣、画桨"，《汨罗沙》中两舟演员的装扮分别为："红衣、扎红巾、插石榴花、持小红旗"和"彩衣、扎青巾、雉尾、持五色彩旗"。《一片石》中演员"扎巾、携桨、持小红旗"。结合戏画可知，划龙舟的演员多头上扎巾或戴帽，还可以插石榴花、戴雉尾等，身穿彩衣或红衣、手持画桨，船头一人手持两面小红旗或小彩旗。

　　表演形式主要为两龙舟作往来交驰、相斗夺标状，例如明传奇《鹔鸩记》和清传奇《玉搔头》的龙舟均作"斗介"，《汨罗沙》中的龙舟"往来夺标介""绕场往来交驰"，《一片石》中的龙舟亦作"往来夺标"介。划

① 明刊本《四艳记·碧莲绣符》，叶三（下）至叶四（上），见《古本戏曲丛刊》二集。
② 明文林阁刊本《新刻五闹蕉帕记》卷下，叶九（上），见《古本戏曲丛刊》二集。
③ 清同治四年刊本《龙舟会》叶十一（上），见郑振铎辑：《清人杂剧二集》。
④ 王文章主编：《傅惜华藏古典戏曲珍本丛刊》第103册，第238页。
⑤ 清嘉庆间红雪楼原刊《清容外集》本《一片石》，叶二十五（下）。

龙舟的同时还常伴有唱曲，例如明传奇《贞文记》中，演员们两次划龙舟上场时分别唱了一曲①，《读离骚》中两支龙舟的演员也分别唱了一曲（详后），前文所引《怀沙记》中划船众人唱了一支【短拍】，《汨罗沙》中唱了一支【南画眉序】。划船的演员还可说白，例如《汨罗沙》中演员划船到场上作"排立介"，然后是一段宾白。此外，《怀沙记》的舞台提示中标有龙舟"串舞"，也许是专门的舞蹈。当然，道具龙舟同虚拟龙舟表演一样，也需要后台的配合。剧本中多标有"内鸣金擂鼓""内金鼓""内鸣锣击鼓"等，即以锣鼓为主要伴奏器乐。清代传奇《玉搔头》中有舞台提示和宾白，"（内众齐声喝彩介）好龙舟，好龙舟，从来不曾有这个斗法，竟像认真相杀的一般，好怕人也"②以舞台内的喝彩配合台上表演。

上场的龙舟数及上场次数，有时为一支龙舟先后上场两次，例如在《贞文记》中，先是"众扮龙舟，歌上"，然后"绕场下"，其后又有一次同样的龙舟上下场③；明传奇《景园记》中，先是"内龙船上，转下"，然后"龙船又上转介"④；清传奇《广寒梯》中，先是"内扮龙舟上，绕场下"，其后也重复了一次⑤。有时为两支龙舟同时上场一次，例如《玉搔头》中"生、小生执两样旗帜，各领众乘龙舟上，斗介"⑥，由生和小生各带领一支龙舟上场一次；《鹔鸹记》中的舞台提示"内扮龙舟划上，斗介，下"⑦，既然表演相斗，也应是两支龙舟同时上场。有时为两支龙舟先后上场，如在《读离骚》中，先是"众划龙船上"，尚未下场，"又一龙船上"，最后同时下场⑧；在《汨罗沙》中，先是一支龙舟上场，一番表演过后另一支上场，一起表演⑨。上引《怀沙记》的舞台提示，先由杂"各架龙舟上，串舞下"，其后又"杂划龙舟同唱上"，"各"字似乎暗示上场的不只一支

---

① 《张玉娘闺房三清鹦鹉墓贞文记》卷上，叶三十一（上）至叶三十三（上）。

② 王学奇等主编：《笠翁传奇十种校注》下，天津：天津古籍出版社2009年版，第805页。

③ 明末刊本《张玉娘闺房三清鹦鹉墓贞文记》卷上，叶三十一（上）至叶三十三（上），见《古本戏曲丛刊》二集。

④ 钞本《景园记传奇》卷上，叶四（下），见《古本戏曲丛刊》三集。

⑤ 清乾隆十八年刻本《广寒梯》上卷，叶二十二（上、下），见北京大学图书馆编辑：《不登大雅文库珍本戏曲丛刊》十八，北京：学苑出版社2003年版，第59、60页。

⑥ 王学奇等主编：《笠翁传奇十种校注》下，第805页。

⑦ 明刊本《新刻宋璟鹔鸹记》上卷，叶十八（下），见《古本戏曲丛刊》三集。

⑧ 尤侗：《读离骚》，叶二十（下）至叶二十三（下），见（清）邹式金辑：《杂剧新编》，清康熙元年刻本，哈佛大学燕京图书馆藏。

⑨ 王文章主编：《傅惜华藏古典戏曲珍本丛刊》第103册，第238页。

龙舟，可能是两支龙舟同时上下场了两次。也有一支龙舟上场一次的情况，例如《一片石》。可见道具龙舟表演时，上场的龙舟可为一支也可为两支，还可两支先后上场；龙舟下场、一次表演完成后，时常会再重复上演一次。

三

事实上，除龙舟外，在中国古代戏曲舞台上，以道具模拟其他船类的例子也很常见。复原今已绝迹于戏曲舞台的道具龙舟表演形态，除可供今日舞台艺术参考外，对于我们理解古代戏曲舟船表演、剧本的舞台性、戏曲表演"虚拟性"的衍变等方面都也有参考意义。

例如在孔尚任《桃花扇记·闹榭》一出中，有四次端午灯船上场："众起凭栏看介，扮出灯船，悬五色角灯，大鼓大吹绕场数回下"；"又扮灯船悬五色纱灯，打粗十番，绕场数回下"；"又扮灯船悬五色纸灯，打细十番，绕场数回下"；"副净扮阮大铖，坐灯船。杂扮优人，细吹细唱缓缓上"。扮出灯船，并悬多种灯饰，为道具舟船表演无疑。在《截矶》一出中，有两次战船上场："杂扮左兵白旗、白衣、呐喊驾船上"；"小生扮左良玉，戎装、白盔、素甲、坐船上"。这两处也可能是道具舟船表演。[①]龚和德先生在研究昆曲舞美时，肯定了《桃花扇》砌末运用很好地辅助了"演员唱做写景抒情的传统手法"，但恰对《闹榭》《截矶》两出不甚满意："孔尚任还不能有完整的舞台美术构思，还不能圆满地解决虚拟表演与实物装置的矛盾；这种矛盾在《闹榭》《截矶》等出中是显然存在的。"[②]如果我们明了利用道具表演舟船，不过是古代戏曲舞台上的寻常事，而虚拟性在古代戏曲表演中并非一以贯之，也就无从指摘孔尚任的舞美构思。"虚拟性"经研究者的诠释，成为理解戏曲表演特色较有影响的理论之一。[③]然而，古代戏

---

① 孔尚任著，王季思等合注：《桃花扇》，北京：人民文学出版社2018年版，第60、61、224、225页。

② 龚和德：《明清昆曲的舞台美术》，载《戏曲研究》第1辑，长春：吉林人民出版社1980年版，第346页。

③ 张庚在为《中国大百科全书·戏曲·曲艺卷》（中国大百科全书出版社1983年版）撰写的《中国戏曲》一文、与郭汉城主编的《中国戏曲通论》（上海文艺出版社1989年版，第156—166页）中，都把"虚拟性"作为戏曲的特征之一。其后提出商榷和表示赞同的声音都很多，例如安葵《关于戏曲的综合性等特征——与吕效平先生商榷》（《戏曲研究》第63辑，2003年第3期）一文为张说辩护。

曲表演并不排斥写实性道具，也是不争的事实。正如我们看到，古代戏曲舞台上的舟船表演，即可以虚拟表演，也可以利用舟船道具。后者在今日舞台上近乎绝迹，或许是"虚拟性"在近现代戏曲表演特征中得到强化的反映。

　　还需注意的是，戏曲舞台上的舟船道具不但是对舟船的模仿，也是借鉴民间"划旱船"的结果。旱船早在宋代《武林旧事》的"舞队"中便有记载，形态可分为两种，一为无底小船，附于人腰上，一为体积很大的彩船[①]，前者与舞台上的道具舟船表演非常类似。需要注意的是，戏曲、端午龙舟与旱龙舟在祭祀功能上具有一致性。戏曲的祭祀性，经田仲一成等学者研究，已得到学界的广泛认同；端午龙舟竞渡本是一种用法术处理的公共卫生事业，起于遣灾[②]；龙彼得曾将旱船作为"转换仪式"的重要例子，来说明中国戏剧源于宗教仪式，指出"这类神船与初夏用来驱邪除瘟的灵舟或龙舟有相同的功用"[③]。这一点，从我们以上所举剧本中也能看到一些端倪。例如《读离骚》中划龙舟的演员唱道：

　　　　浩浩沅湘吊屈也原，划龙船，划彩船，新蒲细柳也绿年年，采莲船，行哩溜嗹行溜嗹，宁游碧落为才鬼，也划龙般划彩船，莫入青溪作水也仙，采莲船，划龙船，行哩溜嗹溜行嗹，划划划。
　　　　龟鼓鸾箫一样也喧，划龙船，划彩船，牙樯锦缆也两边牵，采莲船，行哩溜嗹行溜嗹。青蛾皓齿人间乐也，划龙船，划彩船，休落眼花水底也眠，采莲船，划龙船，行哩溜嗹溜行嗹，划划划。[④]

曲词祭祀性特征明显，"龙船""采莲""哩溜嗹"等都是傩仪逐疫中符号性的词语。[⑤]此时戏曲演员舞着旱船、表演着端午龙舟竞渡，正是龙舟、旱船和戏曲在祭祀性上一致的体现。祭祀性的一致，为我们理解戏曲何以能够

---

　　① 龙彼得：《中国戏剧源于宗教仪典考》，载王秋桂编：《中国文学论著译丛》（下），台北：台湾学生书局1985年版，第528、529页。
　　② 江绍原：《端午竞渡本义考》，《晨报副刊》1926年2月10日、11日、20日。
　　③ 龙彼得：《中国戏剧源于宗教仪典考》，第529页。
　　④ 尤侗：《读离骚》，叶二十三（上），见（清）邹式金辑：《杂剧新编》。
　　⑤ 参见康保成：《梵曲"啰哩嗹"与中国戏曲的传播》，《中山大学学报》2000年第2期；陈燕婷：《"嗦啰嗹"、"采莲"关系辨》，《中国音乐学》2010年第2期。

吸收各种民间文艺于一体找到了一种深层原因。从这个角度理解，现代戏曲少采用舟船实物道具，虚拟性表演成为看点，似乎能够反映出戏曲祭祀性功能的下降，而表演艺术更加成熟，美学特征更加鲜明了。

（原载《戏剧艺术》2022 年第 1 期）

诗歌翻译与文化叙事的
跨媒介融合研究

——以动画电影《长安三万里》为例*

广东药科大学　李　宁

一、引言

在全球化浪潮的推动下，多元文化的交流与传播日益频繁，动画电影作为一种新兴的媒介形式，以其独有的视觉语言和叙事手法，成功跨越了语言与文化的界限，将故事和文化传递给全球观众。在此背景下，诗歌，作为一种源远流长且表现力丰富的艺术形式，其在现代媒介中的再现与传播，对维系文化连续性和促进跨文化交流具有不可替代的作用。

《长安三万里》是一部于 2023 年 7 月 8 日在中国内地上映的动画电影，以其独特的艺术魅力，将中国古典诗歌与现代动画艺术巧妙融合。影片的剧情围绕李白和高适的故事展开，通过史诗般的创作手法，在呈现大唐壮丽风貌的同时，亦生动展现了唐代文人生活的风采和唐诗的浪漫情怀。片名《长安三万里》，象征着诗人们心中的理想之地，以及彼此之间的心灵距离。该片不仅在艺术层面上复原了唐朝的繁荣景象，更在叙事上巧妙地融入诗歌元素，构建了一个既具有诗意又蕴含历史深度的文化叙事空间。影片通过对唐诗的串联，生动展现了唐诗的意境，促进了观众与千年前诗

＊　本文系广东省教育科学 2023 年度规划项目（2023GXJK333）、广东省哲学社会科学规划 2022 年度学科共建项目（GD22XWY10），以及广东药科大学 2022 年度教育改革项目"数字化时代技术赋能下跨文化教学改革研究"的阶段性研究成果。

人群体间的情感共鸣，进而使观众得以深入了解李白、杜甫、高适等唐朝诗人的生平及其在历史事件中的人生际遇，唤起了观众对"诗的记忆"，激发了对古诗词以及中国历史文化的浓厚兴趣。

本文旨在以影片《长安三万里》为例，探讨在全球化背景下文化叙事和诗歌翻译的新理论视角与传播策略，研究的出发点是对影片所蕴含的丰富文化气息和艺术价值的深入探究。该片以唐代诗人的生活与创作为背景，通过精心设计的叙事结构和视觉表现，引领观众进入一个充满诗意与历史氛围的世界。电影中的诗歌不仅承载着情感的表达，更是文化传承的重要媒介，在动画叙事中扮演着桥梁和纽带的角色，连接着古代与现代、东方与西方，既展示了东方美学的神韵，又为传统文化在新媒体形式中的传播注入了新的活力。诗歌翻译与再现的精准性及文化敏感性，对于促进跨文化理解与国际传播具有至关重要的作用。因此，本文将重点探讨诗歌翻译在动画叙事中的文化再现机制，以及在此过程中可能遇到的挑战，分析翻译策略的选择与文化元素的适应性调整，着重研究如何在保持原诗韵味的同时，最大化其在叙事中的表现力。研究采用跨学科的方法论，融合翻译学、叙事学、文化研究等领域的理论，对诗歌翻译实践进行深入分析，不仅有助于丰富和完善相关理论体系，而且为动画电影的国际化传播提供了实践指导。在全球化不断深化的当下，通过动画这一现代媒介有效传播中国传统文化，对推动文化多样性和促进国际交流具有深远的现实意义。

二、诗歌翻译与动画的跨文化研究

在跨文化叙事中，诗歌翻译不仅体现了语言的转换，更是文化内涵和情感表达的再现。动画电影《长安三万里》通过诗歌翻译，实现了中国古典唐诗在不同文化背景下的传播与共鸣。这一过程中，翻译不仅要忠实于原作，还须考虑目标语言观众的文化和审美习惯，以保持诗歌的意境和美感。该影片中，创作者通过意译和重新创作的策略，既传递了原诗的韵律和情感，又通过动画视觉效果增强了观众的文化体验和情感共鸣。

（一）诗歌翻译：跨语言与文化的美学再现

诗歌翻译活动，作为科学性与艺术性的辩证统一体，其创造性不仅源自对原文的深刻理解，也依赖对目标语言文化的精准把握。诗歌翻译的核心理论探讨基于如何在不同语言和文化之间转换诗歌的同时，保持其美学特质、节奏、韵律以及深层意义。

根据罗曼·雅各布森（Roman Jakobson）的经典论述，"内在翻译"①概念首次强调了诗歌翻译的复杂性，认为每一次翻译都是对原文的重新解释与艺术重塑，特别是在处理诗歌这类高度凝练与象征性文本时更具特点。劳伦斯·韦努蒂（Lawrence Venuti）提出的"归化"与"异化"②策略，进一步细化了诗歌翻译的方法论，异化策略注重保留原文的异质性，即便这可能导致目标语言文化中的陌生感或难以理解；而归化策略则致力于使译文贴近目标语言的文化习惯与语言规范，哪怕这意味着对原文进行较大程度的改写。这两种策略反映了翻译过程中的基本张力：如何在忠实原文与适应目标语言文化之间找到平衡点，这通常要求译者根据具体文本和翻译目的灵活处理③。在处理韵律、节奏和意象等元素时，译者面临的挑战尤为突出，诗歌的韵律和节奏是其美学特质的核心，而意象则是传递情感和文化内涵的关键④。在不同语言和文化背景下如何有效传达这些复杂元素，是诗歌翻译中的一大难题。此外，诗歌往往蕴含深厚的文化内涵和情感色彩，翻译时需要对这些文化和情感进行敏感且准确的捕捉与再现，这不仅要求译者具备扎实的语言功底，更要求对源语言和目标语言的文化有深刻的理解。例如，意象的转换不单是将其从一种语言翻译到另一种语言，而是在不同文化背景下重新构建这些意象所引发的情感和联想，这一过程要求译者不仅要有语言的转换能力，更要有跨文化的审美感知力和创造力。

（二）动画叙事学研究：历史脉络与现代发展

动画叙事学是一门研究动画如何通过视觉和听觉元素构建故事的学科，关注动画这一特殊媒介如何利用其独特的表现手法来构建和讲述故事。该学科不仅涵盖动画的创作实践，也包括理论分析，旨在探讨动画中的叙事技巧、视觉语言、声音设计及其如何共同作用于观众的感知和理解。

在动画叙事学中，角色设计是构建故事世界的关键，角色的造型、动

---

① Roman Jakobson, "On Linguistic Aspects of Translation", in *On Translation*, Reuben Arthur Brower (ed.), Cambridge: Harvard University Press, 1959, pp. 235–236.

② Lawrence Venuti, *The Translator's Invisibility: A History of Translation*, London: Routledge, 1995, p. 122.

③ Lawrence Venuti, *Translation Changes Everything: Theory and Practice*, London & New York: Routledge, 2013, p. 185.

④ M. Baker, *In Other Words: A Coursebook on Translation*, London & New York: Routledge, 2018, p. 56.

作和表情不仅需要符合故事背景，还要能够传达角色的内心世界和情感变化①。场景布局涉及空间的构建和时间的流动，例如，通过场景的转换来推动故事发展，以及利用空间关系来增强叙事的深度。色彩运用在动画叙事中起着情感引导和氛围营造的作用，不同的色彩搭配可以传达不同的情感和主题。音乐与声效是动画叙事中不可或缺的听觉元素，与视觉画面相结合，共同构建故事的节奏和情感氛围。

从 20 世纪初至 20 世纪 60 年代，在动画艺术发展的早期阶段，叙事主要依赖于简单的情节和直观的视觉表现。例如，万氏兄弟的《铁扇公主》（1941 年）是中国动画史上的重要作品，展示了动画叙事的初步尝试。到了 20 世纪 70 年代至 20 世纪 80 年代，随着动画技术的日渐成熟，学界开始关注动画叙事的深层结构，进入了理论探索时期。在此期间，动画叙事学开始借鉴文学叙事理论，探讨动画叙事的线性与非线性结构以及象征、隐喻和视觉叙事等动画特有的叙事手法②。20 世纪 90 年代至新世纪，动画叙事学逐渐形成了较为完整的理论体系，学界开始系统地研究动画叙事的类型、风格、文化背景及叙事策略。与此同时，这一时期的研究还涉及心理学、社会学和文化研究等跨学科领域。进入 21 世纪，随着数字技术的发展，动画叙事学的研究更加深入，学界开始探讨数字媒体对动画叙事的影响，以及动画叙事在全球化背景下的传播与接受。此外，动画叙事学也开始关注动画产业的发展，如 IP 体系的开发、市场策略和观众接受度等领域。通过对数字动画的叙事模式研究表明，无论数字技术如何发展，最终吸引观众的还是故事本身③，这无疑证明了叙事在动画创作中的核心地位。

（三）文化再现与跨文化传播研究：理论演进与实践探索

文化再现与跨文化传播是紧密相连的概念，在全球化背景下的文化交流与理解中扮演着至关重要的角色。文化再现是指通过艺术、文学、电影、媒体等形式展现和理解特定文化的过程。该领域的学术研究起源于 20 世纪的文化研究和人类学领域，早期研究主要关注文化产品的生产和消费，以

---

① Y. H. Tseng & H. C. Wang, "A Study of the Animated Music Video as an Emerging Visual Narrative Medium", *International Journal of Arts and Technology*, Vol. 14, No. 1 (2022), pp. 64-81.

② E. H. Gombrich. *Art and Illusion: A Study in the Psychology of Pictorial Representation*, Princeton: Princeton University Press, 1980, p. 39.

③ K. A. Oyarzun & F. D. Labra, "Interactions between Animation and Sound: A Review on the Integration of Sound in Animated Narratives", *Multimodal Technologies and Interaction*, Vol. 44, No. 4 (2020), p. 88.

及这些产品如何在不同文化中被解读和接受[①]。随着后殖民理论和文化研究的兴起，文化再现研究开始聚焦于权力关系、文化霸权以及文化差异在媒介和文化产品中的构建和再现[②]。如今，在全球化背景下，该领域研究进一步扩展到跨文化交际、媒介全球化以及数字媒体对文化传播方式的影响，关注全球范围内的文化流动和互通[③]。

　　相较于文化再现，跨文化传播的研究则关注不同文化背景下的沟通模式、文化信息的传递和接受。研究起初集中在国际关系和外交领域，通过构建跨文化传播的理论框架以及文化研究领域的多元化发展，跨文化研究逐渐涵盖更广泛的议题[④]。批判性的研究开始挑战传统的传播模式，更强调文化多样性和权力动态。随着全球化的不断深入，文化再现与跨文化传播研究的相互交织使得这一领域更加多样且丰富，未来的研究需要进一步探索数字化时代的文化传播新模式，以及全球范围内文化互动所带来的机遇和挑战。

三、动画电影《长安三万里》中的诗歌翻译与文化再现

　　《长安三万里》是一部以中国唐代历史为背景的动画电影，自2023年7月8日在中国内地上映以来，受到了广泛关注。该影片不仅在票房上取得了显著成绩，还在文化传播、叙事风格和美术设计等方面引发了学界的热烈讨论。《人民日报（海外版）》撰文讨论了影片通过创新的叙事方式和文化表达，弘扬中国传统文化的成就；《腾讯新闻》探讨了电影如何通过诗意的叙事和视觉艺术，展现唐诗的韵味和唐代的风貌；《澎湃新闻》分析了该片的叙事视角、角色建构以及通过文化传播构建共同体观念的方式。此外，《中国电影报》评价了影片在叙事风格上的创新尝试及其对中国动画电影发展的贡献。

---

① D. K. Thussu (ed.), *Media and Communication: A Critical Introduction*, New York: Sage Publications, 2019, p. 17.

② E. W. Said, *Orientalism*. New York: Pantheon Books, 1978, p. 134.

③ M. M. Kraidy (ed.), *Handbook of Cultural Studies and Media Studies*, Hoboken: John Wiley & Sons, 2021, p. 95.

④ Y. Y. Kim, *Becoming Intercultural: An Integrative Theory of Communication and Cross-Cultural Adaptation*, New York: Sage Publications, 2001, p. 82.

　　笔者认为，该动画电影中以诗歌翻译与文化叙事跨媒介融合的动画叙事应用尤为突出。影片通过精心设计的角色造型和场景布局，成功地将唐代诗人的形象和长安城的繁华景象呈现在观众面前。色彩的运用巧妙地再现了唐朝的华丽与诗意，而音乐和声效则进一步增强了故事的情感深度和历史厚度，特别是诗歌的融入，使得动画叙事学在此发挥了重要作用。通过动态的画面和声音，影片将诗歌的静态美转化为动态的叙事，使观众在视觉和听觉的双重享受中感受到中国传统诗歌的特有魅力。这种跨媒介的叙事方式，不仅有效地传递了唐代的文化精髓，还展示了中国动画电影在文化传承与创新方面的巨大潜力。

（一）诗歌的历史背景和文化内涵

　　在《长安三万里》这部动画电影中，对诗歌原文的分析是理解其深层文化意义的关键。唐代是中国历史上的一个文化繁荣时期，其诗歌作品不仅在艺术上达到了高峰，而且在文化和思想上也具有深远的影响。唐代诗歌的创作背景是多方面的：首先，唐代是中国历史上政治相对稳定、经济繁荣的时期，这为诗歌创作提供了丰富的社会土壤；其次，这一时期的开放政策促进了文化的交流，使得诗歌艺术吸收了多元文化的精髓；最后，唐代的科举制度使得文人有机会通过诗歌来展示自己的才华，进而获得仕途上的成功。在这样的背景下，诗歌成为表达个人情感、抒发政治抱负、反映社会现实的重要工具。

　　以李白的《将进酒》为例，这首诗歌展现了诗人对人生无常的深刻感悟和对自由生活的向往。诗中的"君不见黄河之水天上来，奔流到海不复回"象征着时间的流逝和生命的短暂，而"人生得意须尽欢，莫使金樽空对月"则表达了诗人对把握当下、尽情享受生活的态度。在翻译这首诗时，译者需要传达出其间对生命哲学的深刻理解和诗人的个性张扬。而杜甫的《春望》则反映了诗人对国家动荡不安的忧虑，诗中的"国破山河在，城春草木深"描绘了战乱后的荒凉景象，而"感时花溅泪，恨别鸟惊心"则表达了诗人对国家命运的深切关怀。

　　此外，学者们对唐代诗歌的研究提供了丰富的理论支持，其中的代表人物如语言学家王力在其《汉语诗律学》一书中详细分析了唐代诗歌的韵律和结构，对于理解诗歌的形式美具有重要意义；汉学家宇文所安（Stephen Owen）在《初唐诗》、《盛唐诗》和《晚唐诗》等多部著作中探讨了唐代诗歌的文化背景和诗人的思想，为唐诗翻译提供了重要的文化和历史视角。

在全球化背景下，诗歌的跨文化传播不仅是语言的转换，更是文化的传递和历史的再现。通过深入理解诗歌的历史背景和文化内涵，译者可以更好地传达诗歌的情感和思想，使之在不同文化背景下得到更广泛的理解和接受。这不仅有助于促进不同文化间的认识与交流，也为全球观众提供了一种欣赏中国古典文学的独特视角。

（二）诗歌的翻译策略

诗歌翻译策略的选择是实现文化传递的关键，直译（literal translation）侧重于保持原文的字面意义，而意译（free translation）则更注重传达原文的情感和意境。在影片《长安三万里》中，译者则需要在直译和意译之间找到平衡，例如对于具有强烈文化色彩的词汇。例如：片名中的"长安"（Chang'an），译者会选择保留原词，以保持其历史和文化的特殊性。而对于诗歌中的隐喻和象征，如"月"在中国文化中常常象征团圆和思念，翻译时则需要更多考虑如何传达这种深层的含义。

文化适应性（cultural adaptation）是诗歌翻译中的另一个重要概念，要求翻译者在尊重原文文化的同时，使译文适应目标语言的文化环境①。在影片《长安三万里》中，译者需要对某些文化元素进行适当的调整，以避免文化冲突或误解。例如：唐代的服饰、建筑和礼仪在现代观众眼中可能显得陌生，翻译时可以通过视觉元素来帮助观众理解。与此同时，创造性转化（creative transformation）则是指在翻译过程中对原文进行创新性的改编，以增强译文的艺术效果和感染力。在该影片中，译者可利用动画电影的视觉和听觉优势，通过动态画面和音乐来强化诗歌的情感表达。

影片《长安三万里》中的诗歌翻译实践无疑是对唐代诗歌文化的一次深刻探索，这不仅要求译者具备深厚的语言功底和文化解读能力，还需要其在直译与意译、文化适应性与创造性转化之间做出恰当的权衡。该片通过精心的翻译和跨媒介的叙事，成功地将唐代诗歌的精髓传递给了现代观众，不仅丰富了人们的精神世界，也为诗歌翻译和文化传播提供了宝贵的经验。

---

　　① X. Liu, "Chinese Poetry and Translation: Reconsideration of Translation Practice", *Journal of Chinese Literature and Culture*, Vol. 6, No. 2 (2019) , pp. 145-162.

（三）诗歌在动画叙事中的功能体现

诗歌在动画叙事中扮演着多重角色，犹如灵魂之于躯体。其功能不仅体现在情感与氛围的营造上，还在角色塑造、心理描绘以及叙事节奏与结构的强化等方面展现出独特的艺术价值。通过将诗歌融入动画，诗歌的语言韵律、意象和隐喻不仅丰富了视觉画面的情感层次，还能引导观众的情感走向，使其更深刻地理解动画中的情节、角色和主题。

在动画电影《长安三万里》中，诗歌的韵律与动画画面的节奏相结合，形成了一种和谐的情感共鸣。例如，当影片描绘长安城的繁华景象时，配以李白的《将进酒》，其豪迈的诗句与动画中热闹的市井、繁华的街景相得益彰，使观众在视觉和听觉的双重刺激下，更加深刻地感受到那个时代的繁荣与活力。这种情感共鸣不仅让观众沉浸在故事当中，还让观众对唐代文化有了更直观的感受。

此外，诗歌在动画叙事中的角色塑造和心理描绘功能是多维度的，既为角色提供了表达自我和情感的平台，又通过诗歌的内容和风格使观众深入理解角色的内在世界。影片里，李白的《将进酒》中"君不见黄河之水天上来，奔流到海不复回"一句，不仅描绘了壮丽的自然景象，也隐喻了生命的无常和时间的流逝，这种对生命哲学的深刻思考，展现了李白对自由超脱的向往和对世俗束缚的不屑。将情感通过诗歌直接表达，使得角色的性格更加鲜明，观众才能够更加深入地理解角色的内心世界。

在动画叙事中，诗歌与情感氛围的互动是动态的。在特定的情感高潮时引用诗歌能够增强情感的冲击力，而在叙事的平缓部分，诗歌则能起到调节节奏、深化情感的作用。例如，当影片中故事节奏放缓，角色人物处于思考或回忆之时，诗歌的出现往往能够引导观众进入角色的内心世界，感受他们的喜怒哀乐。正是这种情感与氛围的互动，才使得动画叙事更加丰富和立体。

（四）动画电影《长安三万里》中的诗歌英译与文化再现

《长安三万里》作为一部融合了中国古典诗歌与现代动画艺术的电影，其诗歌翻译的实践和效果评估是跨文化交流研究的重要案例。影片引用了多达48首唐代著名诗人的作品，这些诗歌在翻译时无疑面临着保持原文意境、韵律和文化内涵的挑战。

该片的英文字幕翻译由澳大利亚汉学家贾佩琳（Linda Jaivin）女士负责，其翻译不仅准确传达了原文的意义，又巧妙地保留了诗歌的韵律和美感。这种翻译策略对于跨文化叙事尤为重要，既使母语为非汉语的观众能够理解诗歌的内容，又能充分领略到唐诗的韵律及其蕴含的情感。

1.《将进酒》的英译解析

在翻译李白的《将进酒》时，贾佩琳女士采用了直译和意译相结合的方法。例如，"人生得意须尽欢，莫使金樽空对月"这句诗，直译为"When life goes well, be joyous; never show the moon an empty cup"，既传达了原文的意思，又保持了诗歌的韵律。

在"天生我材必有用，千金散尽还复来"这句中，英译为"Heaven gave me the talent for a reason; spend now, riches return in season"，巧妙地将"千金散尽"与"season"（旺季）相联系，既传达了原文的意境，又增添了一层文化上的联想。

在"君不见黄河之水天上来，奔流到海不复回"一句中，前句英译为"Can you see the Yellow River decanting from the sky"，其中的"decanting"一词，准确传达了黄河水从天而降的壮丽景象，与"黄河之水天上来"的宏伟场面相契合；而"racing to the sea never to return"则传递出"奔流到海不复回"的一去不返、永不停息的动态感。尽管中英文在音韵上有较大差异，但译文通过巧妙的词语选择和句式安排，创造了类似的韵律效果，使得译文在诵读时同样具有流畅感。与此同时，译文在文化传递上也十分成功，原诗中的黄河不仅是自然景观，更象征着时间的流逝和人生的无常，这一点在译文中通过"decanting"和"never to return"得以充分体现。这些词语不仅描绘了黄河的形态，更隐含了对时间流逝的感叹，保留了原诗的深层意蕴，使得非中文背景的读者也能感受到李白诗歌的壮丽与深情。

还有本诗的名句"古来圣贤皆寂寞，惟有饮者留其名"，译文呈现为"Ancient sages leave no name, It's great drinkers who enjoy great fame"，无疑在保留原诗意境和内涵方面进行了相应的转化和再现。原诗通过对"圣贤"和"饮者"的对比，表达了对传统道德观的质疑和对自由人生的赞美；译文中的"Ancient sages leave no name"和"It's great drinkers who enjoy great fame"沿用了这一对比结构，使得原诗的思想内核在英译的诗句中得以延续。

2.《黄鹤楼送孟浩然之广陵》的英译解析

在翻译《黄鹤楼送孟浩然之广陵》时，贾佩琳女士同样展现了其翻译的敏感性和创造性。她将"故人西辞黄鹤楼，烟花三月下扬州"翻译为

"My old friend bids farewell to the Yellow Crane Tower in the west, In the misty flowers of March, he heads to Yangzhou"，此翻译不仅忠实于原文，还通过"misty flowers"（烟花）这一意象，传达了春天的朦胧之美和离别的哀愁。

在"孤帆远影碧空尽，唯见长江天际流"这句中，英译为"The lone sail fades into the blue sky, Only the Yangtze River flows towards the horizon"，通过"lone sail"（孤帆）和"blue sky"（碧空）的对比，强化了离别的孤独感和长江的壮阔，使得整个场景更加生动感人。

3.《静夜思》的英译解析

在翻译《静夜思》时，贾佩琳女士聚焦于传递原诗的意境和情感，例如：她将"床前明月光，疑是地上霜"译为"Bedside, bright moonlight, like frost on the ground"，前句直接且清晰地描绘了月光洒在床前的景象；后句"Like frost on the ground"对应"疑是地上霜"，生动地传达了月光如霜的视觉效果，整体译文用词简洁明了，便于读者理解。通过简短的词句，将原诗中的画面感和情境传达给观众，使其能够轻松地联想出诗中的景象。

4.《春晓》和《登鹳雀楼》的英译解析

影片中除了大量引述李白的诗歌，还有不少同一时期其他诗人的诗歌呈现，例如：孟浩然的《春晓》以及王之涣的《登鹳雀楼》。

在处理前者的"春眠不觉晓，处处闻啼鸟"时，贾佩琳女士采用了偏直译的翻译策略，注重保持原文的词义和句法结构，"Spring sleep, unaware of dawn, birds sing everywhere"，成功地传递了原句所蕴含的诗意和情感。分开审视这两句诗的译文，"Spring sleep, unaware of dawn"较好地表达了"春眠不觉晓"的含义，将春日的清晨与舒适的睡眠联系起来，体现了春晨的悠闲和宁静；而"Birds sing everywhere"则简洁明了地传递了原诗"处处闻啼鸟"的鸟鸣之景，将春天清晨鸟儿的欢唱表现得生动而富有画面感。

在面对后者的"白日依山尽，黄河入海流"时，作为影片英译者，贾佩琳女士力求在保持原诗意思的同时，尽可能再现其视觉效果和意境。例如，该句的英译为"The sun sets behind the mountains, the Yellow River flows into the sea"生动地描绘了夕阳西下、黄河奔流入海的宏大景象，成功再现了原诗的画面感。译文中的"sets behind the mountains"和"flows into the sea"直观地再现了日落和河流入海的壮丽景象，充分体现了诗中壮阔的自然画面。当然，原诗不仅描绘了壮丽的自然景观，还蕴含了诗人登高望远、胸怀天下的情感，这种深层次的文化意涵在译文中有所体现，但仍有进一步深化的空间。

　　以上所述仅为影片中所呈现唐诗英译的部分案例，但它们正如同绽放在银幕上的文化瑰宝，展现了唐诗的意蕴和风采。然而，这仅仅是唐诗文化浩瀚海洋中的冰山一角，唐诗的魅力不仅在于其文字的精美和意境的深邃，更在于其所承载的中华文化的深厚底蕴和千年传承的精神内核，让观众在领略视觉盛宴的同时，亦能感受到中华文化的博大精深与诗歌艺术的无穷魅力。

　　作为该动画电影字幕的译者，贾佩琳女士的翻译工作受到了观众及相关研究领域专家的广泛好评。观众反馈显示，她的翻译使得非中文观众能够更好地理解和欣赏唐诗的美感，同时也激发了对中国文化的兴趣。专家评价则认为，她的翻译不仅技术上精湛，而且在文化传递上也同样出色，成功地将中国古典诗歌的韵味和意境传递给了国际观众。

　　通过对影片《长安三万里》中诗歌英译案例的研究表明，精心的翻译策略能够有效地将中国古典诗歌的魅力传递给全球观众。贾佩琳女士的翻译工作不仅提升了电影的艺术价值，也为诗歌翻译和跨文化交流提供了宝贵的经验，她的工作无疑证明了在全球化的今天，通过恰当的翻译，不同文化背景下的人们能够跨越语言和文化的障碍，共同欣赏和理解人类共有的文化财富。

四、动画电影《长安三万里》中的文化再现与跨文化叙事

　　在跨文化叙事中，文化再现是一个复杂且具挑战性的过程，这要求创作者在尊重源文化的同时，有效地将其精髓传递给目标文化的观众。不同文化背景下的观众对同一文化元素可能有着截然不同的理解和感受，例如：中国古代的礼仪、服饰、节日等在其他文化中没有直接对应的概念，这就需要创作者在叙事中进行适当的解释和调整，从而加以合理呈现。

　　在动画电影《长安三万里》中，唐代的文化背景和诗歌意境对于非中文观众而言较为陌生，这就要需要创作者在叙事中巧妙地融入文化解读，以避免观众对此产生误解。应对的策略可包括采用多层次的叙事手法，如通过角色对话、旁白或视觉提示等方式，来解释文化差异；也可以通过寻找不同文化之间的共通点，如普遍的人类情感和价值观，来构建跨文化的

桥梁；还可以利用现代媒体技术，如互动式叙事和虚拟现实，让观众更加直观地体验和理解源文化。

（一）诗歌意境的传递再现

诗歌蕴含着丰富的情感和深层的文化内涵，在不同语言和文化中保持这种意境的完整性和美感，是跨文化叙事中的一大挑战。

在动画电影《长安三万里》中，诗歌的翻译和再现必须充分考虑目标观众的文化背景和审美习惯，以确保原诗的意境得以完整地传达。影片采用了意译而非直译的方法，通过这种策略传达了诗歌的情感和意境。这种翻译策略不仅尊重了原诗的美学价值，还有效地适应了目标语言文化的需求，从而实现了跨文化传播的目的。具体来说，影片通过多种艺术手段来辅助诗歌的意境表达，如动画中对于色彩、光影和音乐的巧妙运用，营造出与诗歌意境相匹配的氛围，使观众在视觉和听觉上都能感受到诗歌的情感和美感。此外，影片还通过角色的内心独白或对话来阐释诗歌的深层含义，从而帮助观众更好地理解和感受诗歌的意境。这种多层次的叙事手法，不仅增强了诗歌的表现力，也丰富了影片的文化内涵。

（二）观众接受度与文化共鸣

观众接受度是衡量跨文化叙事成功与否的重要标准，如何让目的语文化的观众接受并欣赏源文化，无疑是跨文化叙事中的一大挑战。

该片通过融入普遍的人类情感和价值观，如友情、忠诚和奉献等跨越文化差异的共通元素，借助角色的现代视角来解读古代文化，使观众能够在较为熟悉的语境中理解源文化。情感和意境的传递是诗歌翻译的核心，影片通过精心设计的动画场景和对诗歌情感的准确捕捉，有效地传达了诗歌的深层意义，实现了跨文化的情感共鸣。诗歌的翻译不仅适应了目标文化，同时还进行了创新，其中既包括语言的创新，也包括文化元素的重新诠释，使诗歌在新的文化语境中焕发出新的生命力。

此外，文化再现的挑战与应对是一个涉及多方面因素的复杂过程。在《长安三万里》这样的跨文化叙事和跨媒介融合过程中，创作者既要通过精心设计来克服文化差异带来的障碍，传递诗歌的意境，又要提高观众对唐诗文化的接受度，最终实现文化的共鸣。这不仅体现了对源文化的深入理解，也展示了创作者在跨文化叙事中的敏感性和创造力，促进了不同文化间的理解和尊重，丰富了全球观众的文化体验。

五、结语

　　动画电影《长安三万里》通过其独特的艺术形式，将中国古典诗歌的美学和情感深度融入影片的叙事之中，提升了作品的艺术层次和文化价值。诗歌翻译不仅是文字的转换，更是情感和文化的传递，该片中的诗歌翻译采用了意译和重新创作等多样化的策略，体现了翻译者对源语言和目标语言文化的深刻理解。这种策略不仅保留了原诗的韵律和美感，尊重了诗歌的美学和文化价值，还成功地将诗歌的情感和意境传递给了不同文化背景的观众。

　　在该片中，诗歌翻译不仅限于传递文化信息，更成为文化交流的平台。影片通过对诗歌的英译，成功地桥接了不同文化背景的观众，促进了文化的交流与理解，对于增进不同文化之间的相互认识和尊重具有重要意义。诗歌翻译的实践表明，意译和重新创作不仅有助于保留原诗的韵律和美感，还能够传达诗歌的情感和意境：前者能够更好地适应目标文化的审美习惯，后者则能在保留原意的基础上进行创新。而电影作为一种视觉媒介，通过动画技术和视觉叙事，有效地将诗歌中的文化元素转化为视觉符号，增强了观众的感官体验和情感共鸣，这种跨媒介性不仅丰富了诗歌的表现形式，也使得文化叙事在视觉艺术中得到了新的诠释。通过动画中的色彩、光影和音乐营造出与诗歌相匹配的氛围，影片在视觉艺术中重新诠释了文化元素，提升了观众的文化理解和情感共鸣。

　　本文通过跨学科的视角，结合翻译学、文化研究和媒介研究，为诗歌翻译在动画电影中的应用提供了全新的观察和分析视角，这种跨学科的研究方法不仅拓宽了对诗歌翻译复杂性的理解，也凸显了其在文化传播中的重要功能。研究表明，跨学科的方法有助于揭示诗歌翻译在不同媒介中的应用，促进对文化叙事复杂性的理解和认识。动画电影《长安三万里》中的诗歌翻译实践，不仅丰富了影片的艺术表达，也加深了影片的文化内涵。本研究通过深入分析诗歌翻译在跨媒介融合中的应用，揭示了其在跨文化传播中的重要性，为诗歌翻译实践提供了新的视角和方法。由此可见，通过跨媒介融合，译者可以更自由地探索诗歌的多种表达方式，这就为文化叙事创作提供了创新的可能性，也为未来的诗歌翻译研究提供了相关的经验和启示。此外，本文所涉及的方法论和分析框架为未来相关研究提供了实证基础，这一框架可应用于不同类型的文化产品当中，为诗歌翻译的研究提供了一个可复制、可推广的模式。随着全球化的深入发展，跨文化交流日益频繁，诗歌翻译作为一种有效的跨文化传播手段，其研究和应用前景无疑是广阔且深远的。

母题与原型之界域

——基于文化人类学视野的考察

深圳大学　贾　晶

摘要：首先，母题的概念错综复杂，本文将对母题的多种概念进行梳理。其次，本文将分析母题与原型的贯通性与异质性。一方面，从母题与原型的相通性这个视角切入，从中发掘出母题与原型包蕴着原始思维的影响。原始的图腾和仪式影响着人类感受自我与世界的关系的方式，这种面对世界的原始思维和看法会影响神话叙事的表达，从而建构出由图腾和仪式影响之下的神话原型。在文学研究中，文学母题的叙事与神话原型的叙事有相当的重合部分，比如泥土造人、射日等。从而，我们发掘出文学母题与原始思维之间有着密切的关系，可以通过母题研究，打通认知文化逻辑的通道。另一方面，母题与原型有着强烈的异质性，分别为作为意象的异质性、作为叙事单位的异质性、作为叙事动力的异质性。两者"在对反对成的界域划分中"①，混融共生。在原始思维的场域中，生成与对话、融合与互文；在异质的叙事中，又有着明确的差异与界限。最终形成一种界域，一种"差异存在的叠加态和共同体"②。

一、"母题"概念综述

母题最早由狄德罗提出，在其主编的《百科全书》中，母题"表示乐

---

① 刘洪一：《边界的始基性与边界辩证法》，《中国社会科学报》2023 年 1 月 6 日。

② 刘洪一：《界的叙事》，北京：生活·读书·新知三联书店 2022 年版，第 8 页。

曲中反复出现的一组音符"①。1922 年，胡适在《歌谣的比较研究法的一个例》中介绍了母题（motif）。从歌谣研究、戏剧研究、中国古典小说研究，母题研究在 20 世纪的发展经历了几个阶段。在比较文学的学科范围内，母题研究被纳入比较文学主题学当中，孟昭毅先生和王立先生在比较文学主题学研究中成果卓著。在新世纪，国内外学者们对母题概念的多元性进行了梳理。整体上将母题分为三种，作为叙事单位的母题、叙事动力的母题和作为普遍性概念的母题。

关于母题的概念，错综复杂。我们整理出国内外学者们的多重界定。首先，母题是最小的叙事单位；其次，母题是一种叙事动力；最后，母题是一种普遍性概念。近 10 多年来，有学者对母题的概念进行了梳理。论者辨析母题与原型的相通性和异质性，所以采用与原型有关联性的母题概念进行分析。在考察母题与原型的相通性时，侧重强调在神话叙事当中作为叙事动力的母题，比如泥土造人、射日等，它们都受到了原始思维的影响。在考察母题与原型的异质性时，强调说明作为叙事单位的母题与作为集体无意识的原型之间的差异。作为叙事单位的母题是组成情节结构的一小部分，而整个情节结构所阐发的文化思维来源于先民的原始型构，是一种原型。我们先来了解母题错综复杂的概念。

2010 年，刘惠卿在《母题何为——文学母题和母题研究法溯源》中界定和梳理了国际学者们对母题作出的概念，"其一，认为母题是作品主题的一部分，即作品意旨的意思。……其二，将母题界定为一种背景、一个广泛的概念，具有中性的特性。……其三，认为母题是一个故事中最小的成分，由于该成分有独特的文化蕴涵量，从而能够在传统中长久持续"②。第一种概念沿袭了托马舍夫斯基的观点，即最小的叙事单位，"作品不能再分解的部分的主题称作母题"。第二种概念是指叙事动力，即生存境遇，比如"二母争子"。第三种概念是指美国民俗学家斯蒂·汤普森在《世界民间故事分类学》中提出的观点，其对母题作出的界定：一是故事中的角色，比如众神；二是涉及情节的某种背景，比如习俗；三是单一的事件，比如"蛇妖抢劫公主"。事实上，三种概念的界定中有所交叉，比如生存境遇与某个单一的事件，都被包含在叙事动力当中。

---

① 汪正龙：《文学母题：含义分化与本土应用》，《学术研究》2022 年第 10 期。
② 刘惠卿：《母题何为——文学母题和母题研究法溯源》，《湛江师范学院学报》2010 年第 1 期。

接着，刘惠卿分析了中国学者对母题的界定，"其一，把母题理解成意象或指一个主题、人物、故事情节乃至字句样式等。……其二，认为母题是文学作品反复予以表现的人类的基本行为、精神现象以及关于世界的普遍性概念。……其三，把母题解释为叙事作品中最小的情节单元、叙述的最小单位"①。第一种观点把母题与意象等同，比如月亮、落叶等；第二种观点将母题看作哲学性的普遍概念，比如爱、时间等；第三种观点认为即叙事动力、形势，比如二母争子、寻父等。

2022年，汪正龙在《文学母题：含义分化与本土应用》中从两方面对母题概念进行了梳理和分析，其一是作为叙事单位与叙事动力的母题；其二是作为题材、主题或原型的母题。在作为叙事单位和叙事动力的母题梳理中，关于叙事单位，汪正龙梳理了维谢洛夫斯基、什克洛夫斯基、托马舍夫斯基对母题的界定，他们都认为母题是作品中不可分解的部分，是组成情节的基本构件。关于叙事动力，汪正龙指出俄国民间故事研究者普罗普关于"功能项"的研究。在作为题材、主题或原型的母题梳理中，汪正龙尤其梳理了母题与原型之间的关系。其指出"荣格经常把神话与母题并列，视之为人类艺术创作的源泉"②。神话原型与文学母题之间有着密切的关联，同时，两者有着明显的异质性。

我们发现，在空间的对话和时间的流变中，国内外学者关于母题的界定主要分为叙事单位、叙事动力和普遍性概念。其中，作为叙事动力的母题是一种形势（situation）、一种境遇，与神话原型、民间故事、原始歌谣之间有着密切的联系。

在比较文学与世界文学专业的母题研究中，比较文学学者在不同的教材中也界定了母题的含义，将其放入比较文学主题学范围内进行研究。与上述学者们的界定大同小异，首先是作为叙事动力的母题；其次是作为普遍性概念的母题。

曹顺庆先生在《比较文学》一书中这样界定母题，其引用了哈利·列文的话："如果说主题是与人物相联系的，那么，母题则是情节的片段。有关罗密欧与朱丽叶的故事是一个主题，而有关皮剌摩斯与提斯柏的故事则是另一个主题，但二者都有一个共同的母题，即在墓穴里的幽会。"即母题

---

① 刘惠卿：《母题何为——文学母题和母题研究法溯源》。
② 汪正龙：《文学母题：含义分化与本土应用》，《学术研究》2022年第10期。

是一种叙事单位。再者，曹顺庆先生引用了韦斯坦因的看法："母题与形势（situations）有关……形势是个人的观点、感情或者行为方式的组合……我们可以把母题和形势的固定搭配叫作'程式'（formulae）。"① 即母题是一种叙事动力。杨乃乔先生在《比较文学概论》中对母题的定义是："一是如托马舍夫斯基所说，是指'叙事句'的最小基本单位。如'蛇妖抢劫公主'，就是一个母题。……二是维谢罗夫斯基所说的，它是我们思考问题、解决问题所使用的最小的意义单元，如'生死''战争''嫉妒''骄傲''季节''秋天'等。"② 前者是一种叙事动力，后者是一种普遍性概念。

论者主要从母题与原型的贯通性与异质性出发，梳理出母题与原型的相通性与不同性。从相通性看，由原始的仪式、图腾到神话的叙事，在神话原型形成的同时，母题也诞生了，它们都内蕴着原始思维。同时，当代小说中依旧存在着对母题和原型的重述，在不同世界观的指导下呈现出不同的主题，我们可以发现原始思维贯通于当代的文化逻辑和伦理当中，形成一种活的隐喻和文化。从母题与原型的异质性看，原型存在于集体无意识当中，而母题更多呈现在文字的叙事当中，是作为构成情节的独立的叙事单位存在的，其并没有实际的意涵。

二、母题与神话原型的相通性

从传统来看，我们研究母题的时候，集中于母题与作品主旨之间的关系，偏向于文本内部研究。为了打开母题与文化逻辑连接的通道，论者尝试来探讨图腾、仪式、神话原型与母题之间密切的相关性，它们都受到了原始思维的影响。

原始的图腾和仪式影响着人类感受人与世界的关系的方式，进而，这种面对世界的原始思维与看法会影响神话叙事的表达，从而建构出由图腾和仪式影响之下的神话原型。在文学研究中，文学母题的叙事与神话原型的叙事有相当的重合的部分，比如泥土造人、射日等。从而，我们发掘出文学母题与原始思维之间有着密切的关系，可以通过母题研究，打通认知文化逻辑的通道。

---

① 曹顺庆：《比较文学》，重庆：重庆大学出版社2016年版，第124页。

② 杨乃乔：《比较文学概论》，北京：北京大学出版社2014年版，第254页。

在《原始思维》中，列维－布留尔将原始思维的内核总结为"互渗律"：

> ……这些关系全都以不同形式和不同程度包含着那个作为集体表象之一部分的人和物之间的"互渗"。所以，由于没有更好的术语，我把这个为"原始"思维所持有的支配这些表象的关联和前关联的原则叫作"互渗律"。
>
> ……
>
> 在原始人的思维的集体表象中，客体、存在物、现象能够以我们不可思议的方式同时是它们自身，又是其他什么东西。它们也以差不多不可思议的方式发出和接受那些在它们之外被感觉的、继续留在它们里面的神秘的力量、能力、性质、作用。[①]

邓晓芒在分析法国人类学家列维－布留尔的《原始思维》中析出了"从最低级的状态的原始思维进化到我们今天的逻辑思维有五个阶段。第一，前表象非人格化阶段；第二，人格化的万物有灵阶段；第三，神话阶段；第四，概念和经验认识形成的智力阶段；第五，逻辑思维形成和不断发展的阶段"[②]。神话叙事是原始思维发展的一个阶段，其在叙事建构中与原初的图腾、仪式、类别有着密切的相关性。在神话的叙事中，我们析出了其最小的形势，即叙事动力。其不仅成为神话的原型，同时成为文学母题的一部分。这些原型与母题内蕴的文化心理能够被追溯到原始时期，且其具备的意义会辐射入当代。"……我们最熟悉的那些概念，则差不多永远保持着符合于原逻辑思维中的集体表象的那种东西的某些痕迹。比如说，假定我们在分析灵魂、生命、死亡、社会、秩序、父权、美德概念或者其他概念（母题），假如分析得很充分，无疑会发现这种概念包含着若干取决于尚未完全消失的互渗律的关系。"[③]在今天，原始思维的模式依然存在，与我们的逻辑矛盾律在一定程度上共生，其"所指的不仅仅是'原始民族'中的现象，而是一切时代（包括现代）具有诗性才华的人所共同具有的思

---

① ［法］列维－布留尔：《原始思维》，丁由译，北京：商务印书馆2017年版，第78—79页。

② 邓晓芒：《从隐喻看逻辑推理的起源——列维－布留尔〈原始思维〉的启示》，《四川大学学报（哲学社会科学版）》2022年第3期。

③ ［法］列维－布留尔：《原始思维》，丁由译，北京：商务印书馆2017年版，第516页。

维特性"①。母题与原型都深深地受到了原始思维的影响。

彭兆荣在《仪式谱系：戏剧文学与人类学》中指出了神话原型与母题密切的相通性。他指出，文学叙事总会不停地出现酒神原型，而酒神祭仪母题与酒神原型的内蕴有着密切的关系。借用荣格对"原型"之"原"的阐释，"Archaic 这个词的意思是原始的、根本的……但事实上，我们已将我们的主题扩大了，因为并不只有原始人的心灵运行程序才能称为古代的。今天的文明人也同样有这种特性。而且，这些特性的出现也不仅仅是间歇性的'返祖现象'。相反，每个文明人，不管他的思想的进展如何，在他心灵深处仍然保持着古代人的特性"②。彭兆荣说明了原始的神话原型包蕴的意义在当代依旧被延续着，从酒神祭仪母题的当代再现说明着人类心理结构的贯通性。心理学家弗莱继承了原型理论，认为原型是一种典型的或重复出现的意象。所以，原始仪式与文学母题的重复出现说明了两者在思维意义上具有贯通性。正如彭兆荣所说，仪式是一种文化的贮存器，其具有实践性的特征；文学母题具有形象化的特征，它们的内蕴意义是一致的。比如生死母题都来自人类早期对于自然律动的"互渗"和理解。

人类对生命的体认与自然的节律与演绎规律有着密切的关系，"在原型研究领域里，生命母题（'生—死—再生'、'生—半死—死亡'、'生—替死［替罪羊］'等）是一个体现原型价值的具体单位叙事。所谓原型，其实指'元生类型'或'原始类型'的本来意义，即是对具有明确文化倾向的主题的类型化演绎和表述。而母题（motif）正是原型的具体化"③。自然规律、物种繁衍与人类的生命动态有着深深的关联，从而仪式与图腾的运行与自然（天地）有着贯通性，延伸至神话原型与母题的演变中，形成一种绵密的通约性。

王立在《20 世纪小说母题研究述略》中同样指出了神话原型与母题之间的贯通关系。"民俗学、神话学、文化人类学研究的深入，是对民国学者论著的延伸拓展，也使小说母题研究继往开来。较早的是程蔷《中国识宝传说研究》、萧兵《中国文化的精英——太阳英雄神话的比较研究》等。

---

① 邓晓芒：《从隐喻看逻辑推理的起源——列维－布留尔〈原始思维〉的启示》。

② ［瑞士］荣格：《探索心灵奥秘的现代人》，黄奇铭译，北京：社会科学文献出版社1987年版，第 118—119 页。

③ 彭兆荣：《仪式谱系：戏剧文学与人类学》，载叶舒宪编：《神话－原型批评》，西安：陕西师范大学出版社 2011 年版，第 45—46 页。

伴随丁乃通《中国民间故事类型索引》、弗雷泽《金枝》、汤普森《世界民间故事分类学》、阿兰·邓蒂斯《世界民俗学》等的译介，许多论作均带有小说母题同民俗神话、文化人类学结合的特点。文化丛的理念也随之移植到主题学领域中，像徐华龙对鬼文化，刘文英、傅正谷、卓松盛等人对梦文化，董乃斌、程蔷对民俗与唐代文学，王立对复仇文学等的探讨，皆属此类。突出特征有：往往突破了文学题材、主题、母题的范围，以神话或文化原型为主，将其延伸到后者之中，探究文学主题的原始心态、神话思维、民族文化之根，已再不限于小说史、文学史的疆域；由俗入雅、雅俗贯通。"[1] 我们看到，文学的研究进行了一种跨界，文学与文化、人类学进行了贯通。从文学母题的研究中，我们看到了母题研究跳出了文本内部研究的范畴，与原型的内蕴进行了衔接，进而我们发掘出其共有的对原始思维的体现与表达，同时，看到了原始思维与民族文化之根的关系，对当代的文化寻根具有启示意义。

三、母题与神话原型的异质性

作为意象的异质性。母题作为意象存在时不具有意涵；原型作为意象存在时连接着先民的类比逻辑。汤普森认为，一个母题是一个故事中的最小元素。母题是最小的叙事单位，将母题综合建构时可以形成情节，进而情节的整合成为类型或者模式。而原型是在"集体无意识"的基础上被提出的，表现形式有人格面具、阿尼玛、阿尼姆斯崇拜、太一礼仪等。比如中国上古时期太一礼仪的人类学观、时空混同的神话宇宙观，这种观念存在于人们的集体无意识当中，其是通过几百年的仪式的流传、口头叙事的流传浸润于先民的意识当中的。如果将这种观念和意识用文字的具体形式呈现与表达时，会形成有意义的意象或者指称，其会与母题发生混淆。比如原型性意象，悲秋。从原型的视角来谈悲秋，强调的是先民将自然规律与文化生活结合起来的拟人化类比逻辑，即"史前人类神话思维的拟人化类比逻辑在秋天的景象与生命的衰老和死亡之间建立了牢固的象征联系"[2]。但是，悲秋作为意象性母题被运用时，并不强调其拥有的原始内涵，

---

① 王立：《20世纪小说母题研究述略》，《求索》2002年第1期。

② 叶舒宪：《中国神话哲学》，西安：陕西人民出版社2005年版，第85页。

它只是作为叙事单位而存在的。

作为叙事单位的异质性。作为叙事单位的母题是组成情节结构的一小部分，而整个情节结构所阐发的文化思维来源于先民的原始型构，是一种原型。比如酒神祭仪是作为叙事单位的母题，酒神是作为叙事单位的原型，前者指在整个情节结构中最小的部分，后者指情节结构背后的引导思维。原型本身来源于一种前在思维，而母题的诞生时间比原型晚，它是从故事中析出的最小的叙事单位。原型是一种认知、感受，其被置入神话原型时，转化地相对具体，成为有形的叙事。母题是一种具体的叙事单位，其存在于故事、歌谣、小说等文本当中。原型是人类的生物学祖先在经历了很多相似的经验之后，留下的典型的心理痕迹，是与生俱来的，先天地存在于我们的头脑中。

作为叙事动力的异质性。作为叙事动力的母题存在于具体的情境当中，作为叙事动力的原型存在于集体无意识当中。比如英雄战胜了巨人是在具体情境当中的母题，而英雄战胜巨人背后的意识形态核心是原型。母题是不具有意涵的，原型具有意涵和内蕴。我们以叶舒宪先生在《英雄与太阳》中整理的，英国学者拉格莱（Lord Raglan）归纳出的英雄神话惯用的母题模式22项为例，来理解英雄史诗的母题结构：

（1）英雄的母亲是一位王族血统的处女，

（2）他的父亲是国王，并且

（3）通常是英雄的母亲的近亲，但是

（4）英雄的受孕是不寻常的，而且

（5）他也被认为是某一个神的儿子。

（6）当他降生之际，父亲或外祖父企图杀掉他，不过，

（7）他被神秘地带走了。

（8）在一个遥远的异国为义父义母收养，

（9）我们对这个孩子的童年一无所知。

（10）成年后他回到或来到他未来的王国，

（11）在战胜了某一国王或者一个巨人，一条龙，或一只野兽以后，

（12）他同一位公主结了婚，这位公主常常就是前任国王之女。然后

（13）他成为国王，

（14）他平安无事地统治了一段时间，并

（15）制定了法律。但

（16）后来他失去了众神和他的臣民的支持，

（17）他被从王位上和王城中赶了出来。以后，

（18）他神秘地死去，

（19）通常在某一山顶上。

（20）他的孩子，如果有的话，未能继承他。

（21）他的尸体没有被埋葬，但是

（22）他却有一个或多个圣墓。①

　　"英雄的受孕""英雄的降生""英雄被追杀""英雄被收养""英雄的回归""英雄战胜巨人""英雄的统治""英雄被驱逐""英雄的死去"。我们看到了整个情节结构中由多个作为叙事动力的母题的存在。而英雄的一生背后的内驱力是由一种循环原型影响的。先民认知自我的存在时会以太阳的运行为基准。在中国古典神话当中，"太一礼仪"背后的原型逻辑即是根据太阳的运行而进行的。"太阳的朝出夕落是人类祖先借以建立时间意识和空间意识的最重要的基型，也是引发出阴与阳、光明与黑暗、生命与死亡等各种对立的哲学价值观念的原始基型。"②根据太阳的运行逻辑，古人将东方模式同春天认同，在空间意义上有生命诞生的原型。弗莱指出，与黎明和春天相对应的神话，常常是叙述神或英雄的诞生、苏醒、复活，或表现神或英雄战胜黑暗势力、冬天、死亡的神话。古人将南方模式同夏天认同，代表着正午、盛夏和暖阳。在神话的原型影响下以英雄的回归与统治为例，呈现一种鼎盛状态的基型。古人将西方模式同秋天模式认同，"太阳在一年之中生命力衰退的时间可以认同于它在一日之中生命力衰退的时间，即日落时分；预示死亡来临的秋天又同太阳死去的空间方位西方有着象征性的联系。"③在悲剧叙述程式当中，英雄被驱逐代表着落幕和走向死亡的历程。古人将北方模式与冬天认同，代表着夜晚、死亡、终结、寒冷。同

---

① 叶舒宪:《英雄与太阳》，西安：陕西人民出版社 2005 年版，第 7—8 页。

② 叶舒宪:《中国神话哲学》，第 9 页。

③ 叶舒宪:《中国神话哲学》，第 86 页。

时，也是黎明的前夕，在神话原型当中预示着英雄的死亡是复活的前奏。所以，作为叙事动力的母题是情节结构的一部分，而作为叙事动力的原型是由一种原始思维的内驱力指引着叙事的前行和生成。

四、结语

母题与原型有着相通性与异质性。在相通性上，母题与原型都受到了原始思维的影响。在异质性上，分别是作为意象的异质性、作为叙事单位的异质性和作为叙事动力的异质性。两者混融共生，在原始思维的场域中，对话与互文；在异质的叙事中，也有着明确的差异。

（原载《中外文论》2023 年第 2 期）

略萨的中国套盒理论及其在中国的文学批评实践[*]

深圳大学　王伟均　深圳大学　刘　虹

为了证明时间实际上就是空间，空间也就是时间，阿根廷作家博尔赫斯（J. L. Borges）通过中国人余准使用中国式玄幻术，在其《小径分岔的花园》（"El jardín de senderos que se bifurcan"，1944）中讲述了窃取情报的时空故事。博尔赫斯也借小说中的汉学家斯蒂芬·艾伯特之口指出："时间永远分岔，通向无数的将来。"[①]在文学叙事艺术史上，叙事的本质通常被认为是"对神秘的、易逝的时间的凝固与保存、创造与超越"[②]。古印度文学插话叙事艺术就是一种鲜明的凝固与保存、创造与超越时间的叙事艺术。通过在叙事中插入新的叙事、故事中插入新的故事，技术性地变幻时空关系，古印度文学家开创了影响全世界叙事文学的叙事范式，并在后世的传播发展与知识对话中（尤其是在阿拉伯文学经典《一千零一夜》和西方文学经典《十日谈》中被大量运用后）发展出了多种理论与形态。法国著名文学理论家热奈特（Gérard Genette）将这种叙事艺术称之为"元故事叙事"，并指出这一叙事艺术在西方"经过维吉尔、阿里奥斯托和塔索，在巴罗克时代变成小说的传统手法"[③]。为了理论性地阐释这种变幻时空的叙

---

　　* 本文系国家社科基金一般项目"古印度文学插话叙事艺术研究"（项目编号：20BWW022）的阶段性成果。

　　① ［阿根廷］博尔赫斯：《小径分岔的花园》，上海：上海译文出版社2015年版，第97页。

　　② 龙迪勇：《寻找失去的时间——试论叙事的本质》，《江西社会科学》2000年第9期，第48页。

　　③ ［法］热奈特：《新叙事话语》，王文融译，北京：中国社会科学出版社1990年版，第161页。

事艺术，秘鲁作家巴尔加斯·略萨（Mario Vargas Llosa）像博尔赫斯一样，将注意力投向中国，在传统中国器物——套盒中找到了灵感，创造出其中国套盒理论，并对源自古印度的插话叙事艺术做了独特的功能分析，使其在中国得到了广泛的理论对话与批评实践。

一、略萨的中国套盒理论

何为中国套盒？其历史悠久，发源可追溯至中国古代珍藏佛舍利的石盒子，如在北京西南郊的石经山雷音洞内发现的佛舍利盒，最外层的汉白玉石函内部依次套装有青、镶金、白四个石函，两粒乳白色、如米粒般大小的佛舍利珍藏在层层套装的第五个函内。① 但通常所谓的中国套盒，中国著名作家阎连科认为是一种是大盒套着中盒、中盒套着小盒、小盒套着更小盒的木制器具，年代非常久远，至少有一两千年的历史。其精致而神秘，是中国古代贵族夫人经常用来装首饰的盒子。

中国套盒的套层形式与俄罗斯套娃类同。略萨从中国套盒（俄罗斯套娃）的这种层层嵌套的形式中受到启发，将其运用到结构如同套盒（套娃）一般故事套故事一类小说的叙事艺术阐释之中，创造出了中国套盒理论，发展了插话叙事艺术理论。

略萨的中国套盒理论见诸其书信体式小说创作艺术随笔集《给青年小说家的信》（*Cartas a un joven novelista*，1997）中的《中国套盒》一文，篇幅不长。在《中国套盒》中，略萨给中国套盒（或俄罗斯套娃）的定义是一种叙事手段，即"依照这两种民间工艺品那样架构故事，大套盒里容纳形状相似但体积较小的一系列套盒，大玩偶里套着小玩偶，这个系列可以发展到无限小"②。但从略萨引证的小说文本和阐释来看，中国套盒不仅是一种叙事手段和技巧，也指称这一叙事手段和技巧形成的叙事结构。略萨特别重视中国套盒形成的故事母体和子体之间的互相作用、互相影响所形成的创造性叙事效果。他认为，为了达到创造性的效果，一方面，中国套盒在架构故事时，"一个主要故事生发出另外一个或者几个派生出来的故

---

① 刘孝存、曹国瑞：《小说结构学》，北京：光明日报出版社 1989 年版，第 85 页。
② ［秘鲁］巴尔加斯·略萨：《给青年小说家的信》，赵德明译，北京：人民文学出版社2023年版，第 115 页。

事，为了这个方法得到运转，而不能是个机械的东西（虽然经常是机械性的）"[①]；另一方面，运用中国套盒嵌套的故事，必须将其"作为必要的部分出现，不是单纯的并置，而是共生或者具有迷人和互相影响效果的联合体"[②]。

综观《中国套盒》，略萨的中国套盒理论需要做三个层面的理解：一是叙事手段层面，略萨称之为"中国套盒术"；二是叙事结构层面，略萨称之为中国套盒式结构；三是叙事效果层面，中国套盒的运用只有达到创造性叙事效果才称之为真正的中国套盒式小说。在略萨看来，中国套盒式的结构通常会出现机械性的和创造性的两种，其区别主要在于中国套盒术使用过程中建构的母体故事与子体故事之间是否有意义的映照。略萨所指的"映照"关系，类似于以色列文学理论家里蒙－凯南（Shlomith Rimmon-Kenan）所指的，"每个内部的叙述故事都从属于使它得以存在的那个外围的叙述故事"[③]。依照热奈特"重复叙述"的观点，两个嵌在一起或套在一起的故事实质上可视为同一个故事，套盒（嵌套）的目的在于加强故事的真实性，表达故事主题的深层含义。只不过略萨的"映照"更为简单、明晰，故事在"嵌套"的基础上，母体与子体直接联系加深、互相影响。

根据映照关系，略萨指出，如果一部小说使用了中国套盒术，产生了母体故事与子体故事，但子体对母体没有意义映照，那么就是机械式的。略萨认为《一千零一夜》就是如此，《堂吉诃德》中也有许多机械式的运用，导致了许多"变种"，如嵌套与母体故事不相关的具有独立自治实体的故事，或独立的文本、理论与评论等，这一点在古印度插话叙事中十分常见。因此，略萨特别指出，中国套盒术作为叙事技巧或者叙事手段，如果过于机械式地套用或者不顾文本内容，"为使用而使用"，反而难以达到预期效果，甚至使文本僵化。略萨将中国套盒术运用过程中出现的情况称之为使用的"风险"[④]。所以，略萨强调要在小说中创造性地运用中国套盒术，使小说中的故事"由大生小""大小互摄"，或者"由少生多""多少互摄"。这可谓是略萨中国套盒理论对古印度插话叙事艺术的一种创新性

---

① ［秘鲁］巴尔加斯·略萨：《给青年小说家的信》，第115页。
② ［秘鲁］巴尔加斯·略萨：《给青年小说家的信》，第115页。
③ 里蒙－凯南：《叙事虚构作品》，姚瑞清等译，上海：三联书店1989年版，第164页。
④ ［秘鲁］巴尔加斯·略萨：《给青年小说家的信》，第116页。

发展。

　　从方法论的角度而言，略萨的中国套盒理论十分强调中国套盒术在架构故事时的结构形式。根据略萨的阐释，中国套盒理论的最初分析起点源自《一千零一夜》。众所周知，《一千零一夜》与古印度故事文学有深厚的渊源，除了吸收和改编了大量印度民间故事外，其结构沿用了古印度故事集插话叙事艺术的基本范式，这种范式一般被学界称为框架式结构。框架式结构通过套层形式建构文本嵌套，意在制造文本中的文本、故事里套故事。它提供了一种表示在概念上嵌套或"重现"的叙事范例。热奈特认为，在这种结构之下叙事出现了分层，"叙事文中所讲述的任何事件都处于一个故事层，其下紧接着产生这一叙事的叙述行为所处的故事层"[①]。通常，主要叙述所占的层次被认为是主叙述层次，向这个主叙述层次提供叙述者的，可以称为超叙述层次，由主叙述提供叙述者的就是次叙述层次。[②]而主叙述层讲述的故事，就成了一个包含其他故事的故事，美国著名后现代主义小说家约翰·巴思（John [Simmons] Barth）将其称为"框架故事"（frame-tale），也叫"框套故事"。从物理学的角度而言，框架结构的嵌套使其具有了"分形"（fractal）的结构属性。

　　从目的论层面而言，略萨认为，运用中国套盒术的目的在于使小说产生巨大的艺术效果，即使故事惊人地细腻、优美并给读者提供巧妙的惊喜。"中国套盒术经常会同时产生几种不同的变化：空间、时间和现实层面的种种变化。"[③]在时空上，"套盒"结构改变了故事叙述的时空体特征，具有了梦幻的形式，"时间在这里被拉伸或者被延缓，并且具有可视性；空间在这里被压缩或者弯曲变形，并具有连续性"[④]。这无疑使故事叙述呈现出了迷宫式、多维度和动态变化的形态。中国套盒式小说通常内容丰富多彩，富有多义性，"其立意（或者说内涵），往往藏得更深一些；直到小说结尾处，最小的'盒'才打开，读者才可见到'舍利（作者所欲突出表达的立意或内涵）'"[⑤]。略萨特别举例西班牙小说家奥内蒂（Juan Carlos Onetti）的小说《短暂的生命》（La vida breve，1950），认为它完全是用中国套盒术构筑而

---

① 莱士·马丁：《当代叙事学》，伍晓明译，北京：北京大学出版社2005年版，第197页。
② 谭君强：《叙事理论与审美文化》，北京：中国社会科学出版社2002年版，第40页。
③ ［秘鲁］巴尔加斯·略萨：《给青年小说家的信》，第120页。
④ 张柠：《论叙事作品形态与东方套盒结构》，《文艺研究》2022年第7期，第12页。
⑤ 刘孝存、曹国瑞：《小说结构学》，第85页。

成。"奥内蒂以大师级的手法运用这个中国套盒术创造出复杂、重叠的精美层面，从而打破了虚构和现实的界线（打破了生活和梦幻或者愿望的界线）。"① 因此，从更深层次的思想层面而言，"套盒"往往折射出作家的多角度、多层次的思考。小说采用中国套盒术讲述故事，嵌套不同的叙事和故事，突破了传统小说叙事的时间性与空间性局限（解构主义的精神和策略），从不同的视角提供观点，并将它们统摄于一个整体之中，形成和谐的关系，深化了文本主题，也让文本内容更加和谐有序，使读者能够更加全面地观察、了解整个故事走向及作者真正表达的思想。

二、中国套盒理论的机械式文学批评实践

早在略萨提出中国套盒理论之前，中国套盒术已经被其出神入化地运用在了自身的小说创作中。通过这一独特的叙事技巧，略萨立体地展示出了拉美历史和现实的丰富与多样性。如首次采用中国套盒术的长篇小说《绿房子》（*La casa verde*，1966），将五个故事及其发生的地点和时间加以切割，以套盒的形式巧妙地安排在章节之中，五个故事相互联系、相互推动情节发展，让小说如同一座结构复杂的迷宫，充分展现了中国套盒术叙事手法的魅力。此后，中国套盒术在略萨后来的《酒吧长谈》（*Conversación en La Catedral*，1969）、《潘达雷昂上尉与劳军女郎》（*Pantaleón y las visitadoras*，1974）、《胡利娅姨妈与作家》（*La tía Julia y el escribidor*，1977）等小说中都有运用。尤其在《潘达雷昂上尉与劳军女郎》中，略萨以中国套盒术融合现实与想象，并置事件和对话，使整个作品呈现出了三个相互作用和影响的层次——潘达雷昂的潘朵拉魔盒、潘达雷昂的亲情盒子、宗教盒子，以极富立体感的叙述层次揭露了秘鲁军界的腐朽和伪善。可以说，中国套盒理论是略萨对其小说中运用插话叙事艺术系统而富有创见的理论式阐释和总结。

略萨的作品尽管在 20 世纪 70 年代末已为中国学人所关注，然而直到 2000 年，《给青年小说家的信》以《中国套盒：致一位青年小说家》之名在中国首次出版后，他的中国套盒理论才开始为中国学者所知。但是，这一理论与中国亲缘的名称和其具体的可操作性吸引了不少中国的文学批评

① ［秘鲁］巴尔加斯·略萨:《给青年小说家的信》，第 116 页。

者，使其在中国得到了广泛的理论对话与批评实践。目前，中国学者对这一理论进行文学批评实践的情况总体可分两种：一种是普遍断章取义或以偏概全地运用中国套盒理论来分析（只在叙事手段和叙事结构）具有嵌套（结构）特点的小说作品，却有意忽略了略萨中国套盒理论在中国套盒术运用上特别强调的叙事效果上的限制性条件，如同略萨论及中国套盒术的机械式的运用一样，可以称这种批评实践为机械式文学批评实践；另一种则是将这一理论运用到不具有故事嵌套（结构）特点的小说作品，或生硬地用于小说内容和内涵的层级分析之中，出现了对这一理论的明显误读，可以称这种批评实践为误读式文学批评实践。

在《中国套盒》中，略萨的中国套盒理论完整的体系应该包括中国套盒术、中国套盒结构与中国套盒式艺术效果，而且所有的前提都是建构在故事这一基本叙事元素之上。一部中国套盒式小说，通过中国套盒术在故事间制造叙事嵌套，使故事形成中国套盒结构，此外还要在层层故事体之间建立起映照关系，达到中国套盒式艺术效果。否则，中国套盒术的使用就是机械性的。以《一千零一夜》为例，略萨特别指出，其中国套盒术"用得非常机械，以至于一些故事从另外一些故事的产生过程中并没有子体对母体的有意义的映照"[1]。略萨的意思是，《一千零一夜》事实上只是运用中国套盒术建构了一个庞大的故事套盒体系，但其中的很多故事有它自己的独立自治实体，不对故事主体产生情节或心理上的影响，没有产生出中国套盒式艺术效果，因此缺乏创造性。

中国套盒理论的机械式文学批评实践，也有类似的情况。这类中国套盒理论的批评实践者，普遍关注到了略萨对小说文本中故事元素的基础性作用，因此研究的文本通常符合框架故事的要求，但是在具体的批评研究时，却往往只关注小说文本关联中国套盒术（叙事手段）和中国套盒结构（叙事结构）的层面，遗漏或有意忽略掉略萨特别强调的叙事效果层面。在外国文学作品的分析中，如关于芬兰作家的哈努·拉亚涅米（Hannu Rajaniemi）《分形王子》（*The Fractal Prince*，2012）的分析，研究者只关注到了小说在结构上故事套故事的中国套盒特征，指出"这种故事套故事、无限延伸、无限循环的'中国套盒'叙事结构，暗合了科幻小说的物理学

---

① ［秘鲁］巴尔加斯·略萨：《中国套盒——致一位青年小说家》，赵德明译，北京：人民文学出版社 2023 年版，第 117 页。

要求"①；又如对英国女作家多丽丝·莱辛（Doris Lessing）短篇小说《一个未婚男人的传奇故事》（*The Story of a Non-Marrying Man*，1972）的分析，研究者认为小说采用中国套盒的叙事手法，只是为了将主人公约翰尼复杂的人生经历有序地表现出来②。

在中国文学作品的分析中，这种机械式的批评实践也不少。如关于莫言的小说《酒国》，研究者认为其受到了略萨小说《胡利娅姨妈与作家》的影响，"借用了《胡利娅姨妈与作家》的'中国套盒'式结构"③，但只停留在叙事结构层面；又如关于刘醒龙的小说《黄冈秘卷》的分析，研究者认为"《黄冈秘卷》创造性转化了'中国套盒'结构的'巧合'叙事动力为'寻找'叙事动力"④，处理的是叙事结构与叙事时间、叙事动力的问题；再如针对四大名著之一的《红楼梦》的分析，研究者指出小说在文本内部叙事上采用了中国套盒结构，认为"这部小说的总体叙事结构，可以说是一个梦幻结构，抑或一个东方套盒结构"⑤，同样没有涉及结构内部故事是否存在映照关系。因此，以上这些都属于中国套盒理论的机械式文学批评实践。

总体而言，中国套盒理论的机械式文学批评实践，从最基本的层面而言，只是存在对中国套盒理论的偏差性理解，分析的小说文本故事套故事的基本特征明显，叙事手段（策略）和叙事结构上也符合中国套盒理论的阐释。

三、中国套盒理论的误读式文学批评实践

中国套盒理论出现机械式文学批评实践，或许与小说在故事的叙述上本身就只是机械性地运用中国套盒术有关。在诸如针对土耳其作家奥

---

① 孙加：《"中国套盒"无限叙事结构在科幻小说中的应用——以〈分形王子〉为例》，《长江丛刊》2018年第12期，第14页。

② 白璐、马翠茹：《多丽丝·莱辛短篇小说〈一个未婚男人的传奇故事〉中的审美判断》，《语文学刊》2015年第12期，第53页。

③ 陈晓燕：《两个"魔盒"，不同风景——莫言〈酒国〉与略萨〈胡利娅姨妈与作家〉比较》，《中国比较文学》2018年第1期，第172页。

④ 朱一帆：《"中国套盒"的现代演绎——论刘醒龙〈黄冈秘卷〉的叙事策略》，《中国文学研究》2020年第1期，第151页。

⑤ 张柠：《论叙事作品形态与东方套盒结构》，第13页。

尔罕·帕慕克（Ferit Orhan Pamuk）的《我的名字叫红》（*Benim Adim Kirmizi*，1998）、美国作家薇拉·凯瑟（Willa Cather）的《我的安东妮亚》（*My Antonia*，1918）、挪威作家乔斯坦·贾德（Jostein Gaarder）的《苏菲的世界》（*Sophie's World*，1991）、加拿大作家玛格丽特·阿特伍德（Margaret Atwood）的《盲刺客》（*The Blind Assassin*，2000）和爱丽丝·门罗（Alice Munro）的《阿尔巴尼亚圣女》（"Joan Albania"，from *Open Secrets*，1994）等明显具有创造性运用中国套盒术的小说的分析，就明显涉及了小说中套盒故事间的映照关系和叙事艺术效果的综合性阐释。相较于机械式地套用理论，具有明显的"独创性"。如研究者认为《我的名字叫红》中的中国套盒结构的内部个人故事的叙述为外层故事的叙述提供了叙事动力，"各叙事层间有不能切断的联系，但这种套盒的结构使各叙事部分在相互联系的同时又有独立的空间"[①]；《苏菲的世界》采用中国套盒叙事结构，构造了不同时空内的3个独立而又相互关联的层面，"内层故事由其外一层的人物讲述并对外层故事产生影响"[②]；《我的安东妮亚》巧妙地运用了中国套盒叙事结构，"使得小说的'形式'与'内容'相得益彰"[③]。又如在中国文学中，研究者指出颜歌的小说《声音乐团》（2011）运用中国套盒术嵌套了四部名叫《声音乐团》的小说，"构成了层次明晰，互相渗透互相关联的四层嵌套的关系"[④]；靳春的长篇小说《水灯》（2011）运用中国套盒结构，在描写的历史大故事中套进了多个鲜活的小故事，大故事讲述你死我活的民族矛盾，小故事叙述富有生活情趣的家庭伦理冲突，"二者相互联系，相得益彰"[⑤]。

　　无论是机械式的批评实践还是创造性的，总体都符合中国套盒理论的阐释。但是中国套盒理论还存在着被错误、混乱实践的情况，运用到不具有嵌套（结构）特点的小说作品，或生硬地用于小说内容和内涵的层级分

---

　　①　赵三三：《〈我的名字叫红〉叙事策略分析》，硕士学位论文，吉林大学，2008年，第8页。

　　②　艾亚南、梁彩龙：《论〈苏菲的世界〉"中国套盒"式的叙事结构》，《河北北方学院学报（社会科学版）》2014年第30卷第4期，第38页。

　　③　徐明丽：《解读〈我的安东妮亚〉"中国套盒"的叙事结构》，《湖南医科大学学报（社会科学版）》2010年第12卷第3期，第147页。

　　④　李畅：《一部恢宏的文艺交响乐——颜歌〈声音乐团〉简论》，《当代文坛》2012年第5期，第134页。

　　⑤　崔志远：《一部发掘农民文化心理的乡土史诗——评靳春的长篇小说〈水灯〉》，《前进》2013年第3期，第53页。

析之中，出现了对这一理论的明显误读式文学批评实践。

中国套盒理论最基本的前提是叙述故事，略萨明确指出中国套盒主要用于架构故事。中国套盒结构嵌套故事必须具有映照性，故事母体和子体之间是共生关系和联合体，必须互相作用、互相影响，否则就会产生变种，超出中国套盒的范围。对故事及其映照性要求的忽视，导致很多研究者在阐释与运用中国套盒理论时常常形成错误的认知。中国套盒往往被单纯地只是作为一种结构、一种叙述方式，将其滥用于泛文本的内容或者其影响、作用包含"套盒"的批评之中，出现了对其的明显误读。

中国套盒理论的误读式批评实践，在中国小说作品的分析中出现的比较多，这可能源自于这一理论冠名"中国"的亲缘性，具有生搬硬套理论之嫌。如有研究者分析指出，宋元话本小说在开头引入与之相关的小故事的策略，是一种中国套盒术，其使作品有了一种创造性效果。① 然而，宋元话本小说的小故事严格意义上来讲起到的是楔子的作用，而非映照作用。又如对阎连科小说《炸裂志》的分析，认为小说的"附篇、尾声和主体构成了一个'大故事'，相对而言，与主体相关的故事就属于'小故事'。这便形成了中国套盒式的结构，'大故事'为外层'套盒'，'小故事'为里层'套盒'。小说或志书都可以采用这种以大套小的套盒模式"② 然而综观小说，附篇、尾声与主体间结构关系是松散的，附篇和尾声虽然讲述了志书的成书与影响，但去掉它们也不影响主体部分成为一个独立而完整的故事，且各种小故事之间也并无联系，因此不符合略萨中国套盒理论所阐明的基本要求。这种情况的批评也出现在对孔亚雷的小说《李美真》的分析上，这部小说虽然存在着五个层层嵌套的文本空间，但它们之间也并没有产生联系，只是单纯的套盒叠加。还有关于毕淑敏小说《女心理师》的空间形式和叙事结构的分析中，研究者将小说中的显性和隐性叙事结构称之为中国套盒叙事结构，认为"在对话、心理和主题层面，小说的两种套盒结构相互补充、相互影响，共同构成交互流动的文本空间形态"③，显然也

---

① 张恩鹏：《"中国套盒"术——宋元话本小说的开头》，《时代文学》2008年第2期，第53页。

② 廖高会：《论阎连科小说的文类叠加及其意蕴生成——以〈炸裂志〉为中心》，《中北大学学报（社会科学版）》2020年第36卷第1期，第72页。

③ 李佳霖：《论毕淑敏〈女心理师〉的"中国套盒"叙事结构》，《今古文创》2023年第44期，第4页。

是对略萨中国套盒概念的一种误读。

外国小说作品研究中，也存在对中国套盒理论的误读批评实践。如关于英国女作家艾米莉·勃朗特（Emily Bronte）小说《呼啸山庄》（*Wuthering Heights*，1847）的分析，认为小说采用了中国套盒结构，"套盒式结构是戏剧化叙述方式的前提；戏剧化叙述方式使套盒式结构更加丰满，具有充实的立体感"[①]；然而，小说只是由叙述者单一性的角色引起了子故事的大量派生，只是讲述方式与叙述视角发生了切换而已，故事层之间并不存在映照关系。又如关于俄裔美国作家纳博科夫（V. V. Nabokov）小说《洛丽塔》（*Lolita*，1958）的分析，研究者认为小说运用了类似于中国套盒式的三层叙事框架，形成了功用不同的三个叙述层：故事外叙述层、故事内叙述层和元故事叙述层，并且"在每个叙述层上设置有类似特征的叙述者并把他们同作家自己混同起来，以增加阅读、理解和阐释的难度"[②]；但此小说中使用的目的和效果远超出了其结构现实主义，中心故事与其他故事的关系既现实化又虚构化，因此《洛丽塔》并非使用了中国套盒结构。再如对美国作家乔纳森·萨福兰·弗尔（J. S. Foer）的小说《特别响，非常近》（*Extremely Loud and Incredibly Close*，2005）的分析，研究者认为小说运用中国套盒空间叙事法，形成"空间的空间"，"套嵌的空间结构形成了观看与被观看的关系"[③]，然而空间与故事存在本质上的差异，因此这种空间上的层层嵌套严格而言不属于中国套盒。

结语

略萨的中国套盒理论，从本质上而言是一种更具限定性的插话叙事艺术理论。它用"中国套盒"这一更为直观的器物来界定古老的插话叙事，将插话叙事艺术总结为中国套盒术，并规定了其在文本中故事套故事的新标准，即套盒内外的故事之间必须具有映照性，必须是共生关系和联合体。

---

① 袁静：《〈呼啸山庄〉的套盒式结构与复调旋律》，《黑龙江社会科学》1998年第5期，第66页。

② 刘丽：《试论〈洛丽塔〉的叙述框架》，《河海大学学报（哲学社会科学版）》2007年第9卷第1期，第49页。

③ 李望华：《福厄小说〈特别响，非常近〉中的空间叙事》，《宿州学院学报》2016年第31卷第6期，第69页。

它分析了中国套盒术的使用与方法、使用出现的可能性情况（机械性和创造性）以及产生变种的风险。中国套盒理论在中国的文学批评实践由于研究者对理论的理解和解读的差异，出现了机械式的和误读式的两种主要情况。值得注意的是，在实际的批评实践中，中国套盒理论还常与插话叙事艺术发展出的镜渊理论（la mise en abyme）、元故事叙事理论和元小说理论等交集难分的情况，梳理这些理论之间的关系对纠正其在中国文学批评实践中的误读现状及插话叙事艺术在未来的发展具有重要意义。这就需要文学批评者真正掌握这一理论的精髓和渊源所在，如此才能在具体的批评实践中，创造性地发挥其理论价值，达到理想的批评效果。

圣人无常心，以百姓心为心

——从长篇小说《黄道婆》读后感论起

深圳大学　郁龙余

我写作、修改了 50 年的长篇历史小说《黄道婆》，由著名的人民出版社于 2022 年 9 月出版之后，许多人问写作和出版的动机。我总是回答说，我要写自己熟悉且有意义的题材。

其实，任何文学作品的命运，都是由作者的创作动机和读者的反应来决定的。作者创作动机好不好，创作动机在作品中体现得好不好，这不是由作者自己来说的，而是由读者的反应（读后感）来决定的。

现在，我想用广大读者的读后感，来回答这个问题——为什么要写熟悉和有意义的内容？

我们观察和总结过不少作家的成功秘诀。季羡林先生不但教我知识，而且教我做人。在此，我想进一步说，他还教我写书、写文章，或者说我从季羡林先生那儿学会了写书、写文章。我花 10 年时间写成的《季羡林评传》中，花了大量篇幅（119 页）写《独树一帜的学者散文家》。其中，对季羡林八条创作守则和七条散文特点，做了研究和归纳：

"'平常之人，写平常事；事不避难，义不逃责；不袭故常，实话实说；爱母爱国，常谈常新；炼字炼句，惨淡经营；不悔少年，一仍其旧；痛改前非，从善如流；没有创见，不写文章'是季羡林散文创作的守则，简称'季羡林八则'。显然，季羡林的创作守则和为人守则，是高度一致的。"（《季羡林评传》第 332 页）

季羡林散文的特点主要有以下七条：

（一）数量巨大，题材广泛，内涵丰富，古今中外，几乎无所不有。

（二）类别众多，美文、小品、随笔、游记、杂文、笔谈、杂记，样样齐全。

（三）强调经营，追求平淡朴实之美、真实自然之趣。

（四）身体力行，写身边小事，微小中见宏大，凡俗中见典雅。

（五）新意迭出，真情如山泉流淌，既动人心弦，又如话家常。

（六）吐真言，讲实话，不唯上，不媚俗，不怕得罪人。

（七）影响广泛，精英名宿喜欢，青年学生、市民百姓皆爱读。

以上七条，任何一个作家能拥有二三条，即能享誉文坛。季羡林一人对这七条兼而有之，他的作品想不火也不可能了。（《季羡林评传》第356页）

为文即为人。季先生的创作守则和为人守则高度一致。这一点，我是认真向季羡林学习的。所以，我在 11 月 4 日，给"香港中小学校长高级研修班"做讲座《中华"六本"和"三牛"精神——长篇历史小说〈黄道婆〉创作谈》时说："现在，我向各位介绍我的《黄道婆》创作思想，以及《黄道婆》所要表达阐发的精神要义。我的创作思想和作品表达阐发的精神要义，是非常统一的，就是中华"六本"和"三牛"精神。"

一、读者对《黄道婆》如何评价

由于读者的多样性，对《黄道婆》的评价，也呈现出多样性特点。但是，总体上都对《黄道婆》给予了高度评价，而对书中存在某些错字、错句的指正，正是作者特别期待的。

滕文生名誉会长的评价

原中共中央文献研究室主任、国际儒学研究会名誉会长滕文生先生阅读了历史小说稿《黄道婆》之后，于 2022 年 6 月 13 日挥毫写道："勤劳、勇敢、善良、智慧，是中国劳动人民的本色。七百年前从劳动人民中涌现出来的黄道婆，就是这样一位著名的历史人物。她的事迹与懿德，堪称国之豪英、民之楷模，其善于总结实践经验、勇于技术创新的精神，更是千古垂范。郁龙余教授积五十年之功力，旁搜博征，妙笔成趣，写就了一部反映黄道婆生平与业绩的长篇历史小说，使这位创业于宋末元初的巾帼巨子重显于当今民族复兴的新时代，其心志与才情诚可钦矣！"（刊于《黄道婆》扉页）

滕文生先生洞悉黄道婆的历史功绩及其在当代的现实意义。所以，对她做出了准确、客观的高度评价。他对我创作《黄道婆》肯定与好评，完全是基于黄道婆的事迹与懿德及其在当代的巨大意义。

国家档案局原局长、中央档案馆原馆长毛福民先生的读后感

毛福民先生读了《黄道婆》，表示"拜读深圳大学郁龙余教授大作《黄道婆》爱不释手。全书歌颂我国劳动人民优秀品德，弘扬中华民族优良传统，主题鲜明，堪为佳作。在他笔下，沪江风土娓娓道来，旧时民情栩栩如生，古代授业活灵活现，引人入胜。有感记之"：

> 降生浦西乌泥泾，受道泉州七星观。
> 学技崖州织宽布，传艺故乡背金山。
> 扶贫棉纺闯新路，帮苦行善培训班。
> 作坊遍兴穷家乐，黄家道婆中华传。

毛福民，2023 年 10 月 9 日

当代著名文学评论家的意见

小说出版之后，我先后送给了多位中国当代权威的文学评论家，北京大学乐黛云、深圳大学胡经之、复旦大学朱立元、华东师大陈建华、暨南大学蒋述卓等著名学者。他们收阅后都喜出望外，表示祝贺！

今年九十高龄的胡经之先生写道："没想到龙余教授能写出这样好的历史小说，弘扬祖国的历史文化，善莫大焉！祝贺《黄道婆》出版！"

朱立元教授写道："我的好友、国际知名印度学家郁龙余教授竟然在忙碌的学术研究之余，耗 50 年之心血，精心构思，反复修改，创作了《黄道婆》这部规模宏大的优秀历史小说，令人赞叹不已，敬重有加！"

陈建华教授写道："郁龙余教授是国内外国文学（尤其是印度学）研究领域的著名专家，我们在学术上有过多次愉快的合作。郁教授在繁忙的学术研究之余，完成了这部数十万字的长篇小说，令人惊喜；其弘扬黄道婆精神的拳拳之心，令人感动。小说《黄道婆》文笔流畅，内容丰富，是一部难得的历史题材佳作。由衷祝贺郁龙余教授取得的成就，并祝愿这部小说享誉文坛！"

蒋述卓教授是暨南大学文学院教授，广东省作家协会主席，曾和饶芃子教授一道，对深圳大学中文学科建设给予很大帮助与支持。他读了《黄道婆》之后，评价说："郁龙余教授的长篇历史小说《黄道婆》，用文化照亮被遮蔽的历史，用细节填补历史的空白，用起伏跌宕的故事展现黄道婆的性格和灵魂，塑造了一个可称为国家柱石的正民形象。他从民间视角展现了中华民族勤劳、勤俭、坚韧、智慧、奉献的高贵品德和图新创造的精神。在讲好中国故事方面，郁教授树立了一个优秀典范。"

我国著名的延安诗人贺敬之先生，在他百岁诞辰之际，发来喜读《黄道婆》的照片，陪他一起照的是他的老乡、好友贺茂之将军，两人共同对《黄道婆》的出版表示祝贺。

除了给老学者、老诗人签赠《黄道婆》，我同时还给保安员、快递哥等送书。他们的读后感非常真挚，很让人感动。如小区的唐琴女士回微信说："非常感谢郁教授写出这么优秀的作品，并慷慨地赠予作为快递员的我。这本书首先写出了那个年代穷富分别下劳动人民的悲惨生活；也让我看到穷人家的孩子在那样的环境中不屈不挠的精神和顽强的生命力；后来得贵人相助逃出而不得不漂洋过海千辛万苦远走他乡，一路的辛苦只有自己知道，并用自己的善良换来异乡人的接纳以及传授织布技艺；最后依然不忘初心冒着生命危险地带着学到的技艺回到生养她的家乡，带领乡亲们学习织布技艺，用自己的经历教育晚辈们要相互扶持，让所有的家乡人摆脱困苦的生活。"

广西壮族保姆农体佩阿姨，读了《黄道婆》觉得很有收获。回家时我给她妹妹也送了一本。6月5日，她妹妹农体健给我寄来一封长信和一张和她姐姐、女儿的合影。信中说："《黄道婆》一书在描述黄道婆一生的同时，着重笔墨于当时不同地区的纺织技术、工艺，使读者犹如亲眼所见；后期黄道婆返回故土，（小说开始）描述几十位长辈、后生，因时间仓促，我竟有点看花眼了，经常时不时翻回前页确定其身份，以免混淆。若非郁老师花费数十年之功，孜孜不倦的用心，哪能让人物形象如此栩栩如生、跃然于纸上？我也曾在心里偷偷暗想，要是把小说搬上荧幕，不知道中国当代的哪位女演员能演出书中黄道婆的精髓呢？真希望这个愿望能尽快实现。"

创作的目的是为了读者。所有读者中，我非常看重的是青年学生。所以，我2022年12月为"2022年粤港澳大湾区学术研讨会高端论坛"撰写论文《让黄道婆精神重显于当代民族复兴的新时代》。今年5月19日，做了题为《黄道婆精神的当代意义》的讲座。10月23日，做题为《中华"女胜文学"的新篇章——和人文学院 2023 级新生谈〈黄道婆〉的讲座，11 月 4 日，给"2023 年香港中小学校长高级研修班"做题为《中华"六本"和"三牛"精神——长篇历史小说〈黄道婆〉创作谈》的讲座。

为什么要给香港的中小学校长讲《黄道婆》呢？因为他们及身后的中小学生，非常想了解中国的历史与文化。用故事的形象和情节讲历史与文化，能取得最佳效果。

给大学生讲《黄道婆》时，我还会提出一些有针对性的要求，比如请他们中的有心者，帮助找出第一版中的校对错漏，以及其他各种问题。结果，同学们都很积极，刘语桐和席景琦同学的表现尤其突出，应该给予表彰。

二、《黄道婆》读后感给我们的启示

各界读者的《黄道婆》读后感，我知道的数量巨大，举不胜举。我不知道的，数量更加巨大。用已知度未知，人类历来如此。那么，这些已知的读后感，告诉了我们什么呢？

我一直强调，我要写有意义和自己熟悉的内容。这个初衷是正确的。但是，什么是真正的有意义呢？《黄道婆》最后一节说："黄道婆带给乡亲们的，除了'衣被恩'，还有一颗热忱的'帮人心'。"

时代是发展的，老百姓的需求是随着时代发展而变化的。所以，我们的"帮人心"，也要与时俱进。不少人很疑惑：现在一些人衣食无忧，但是为什么总是沉浸在痛苦之中，躺平者有之，不肯结婚、生子者有之，更有极端者，跳楼了结一生。为什么会这样呢？

其实，这在人类发展史上是常有现象。只是我们长期一心放在求富求发展上，没有更多时间和精力去思考，富了之后怎么办？而以为穷根拔除，一了百了。殊不知富了有富了的难办之处。怪不得苏东坡说："处贫贱易，处富贵难。安劳苦易，安闲散难。忍痛易，忍痒难。人能安闲散，耐富贵，忍痒，真有道之士也。"茅于轼在《中国人的焦虑从哪里来》中说："大家都羡慕北欧国家，生活好，社会安定，但他们自己未必这样想。芬兰的自杀率在全世界 106 个国家中排第 14，中国排第 27。从自杀率来看，芬兰人很不快乐，而且芬兰人酗酒严重，男女平均年龄相差达 10 岁，和俄罗斯相似。别人认为的，和他们自己感受的，可能很不一样。例如，不丹是一个穷国，又是世界上百姓幸福感最高的国家。但是很少有人会愿意移民到不丹去，做那儿的快乐居民。这证明别人认为他们并不那么幸福。到底我们要的是主观幸福还是客观幸福，如何能将二者统一起来，是我们需要解决的问题。特别是中国，客观上生活有了极大的改善，可是不满足感似乎越来越严重。世界上恐怕没有哪个国家像中国这样，主观幸福感和客观指标之间分歧那么大。"（第 243 页）

当下，我们正处于百年巨变加速来临之际，面临"脱贫致富"和"安闲散、耐富贵、忍痒"的双重任务。自 1949 年新中国成立以来，我们在"脱贫致富"方面，取得了巨大成就，也积累了丰富的经验。习近平总书记提出的"一带一路"倡议"构建人类命运共同体"，从一定意义上说，是想让我们的"脱贫致富"经验，造福于世界上更多国家和更多人民。而"安富学"（安闲散、耐富贵、忍痒之道），对我们来说，是一个新的任务，需要认真探索和积累经验。

深圳，作为改革开放的试验场，除了在创造物质财富方面继续做排头兵，念好"致富经"，同时在"安富学"的研究方面，从正反两个方面进行探索和经验总结。

这样，我们做教师的，特别是在深圳特区做教师的，就肩负着重要的任务。"问题是时代的声音。习近平总书记强调：'每个时代总有属于它自己的问题，只要科学地认识、准确地把握、正确地解决这些问题，就能够把我们的社会不断推向前进。'教师要上好思政课、帮助学生解决思想认识问题，首先要敏锐发现问题。"（《人民日报》2023 年 10 月 12 日）

在历史上，我们的先贤提出一系列被视为做人行为规范的格言警句，如《论语》说："饭疏食饮水，曲肱而枕之，乐在其中矣；不义而富且贵，于我如浮云。"《左传》说："劳则思，思则善心生；逸则淫，淫则忘善，忘善则恶心生。"沈约《宋书·孔琳之传》说："肴馔尚奢，为日久矣。所甘不过一味，而陈必方丈。适口之外，皆为悦目之费。富者以之示夸，贫者为之殚产。众所同鄙，而莫能独异。若有不改，加以贬黜，则德俭之化，不日而流。"这类格言警句，就是中国文化长城上的古代样板砖，为中华民族五千年领跑世界，发光发力。

进入新时代，在前进路上出现各种新问题。我们必须用习近平文化思想，将中华民族的文化长城修建得更加坚固。红梅在《不断巩固文化主体性》中指出："中国共产党坚定选择马克思主义，同时继承和发展中华优秀传统文化，坚持把马克思主义基本原理同中国具体实际相结合，同中华优秀传统文化相结合。历史和实践充分表明，'两个结合'是我们取得成功的最大法宝。"习近平总书记在文化传承发展座谈会上强调："'结合'是巩固了文化主体性。文化自信就来自我们的文化主体性。创立新时代中国特色社会主义思想就是这一文化主体性的最有力体现。党领导人民推进'两个结合'的历史进程，也是不断巩固文化主体性的文明发展历程。"（《人民日报》2023 年 10 月 12 日）

学习、弘扬"黄道婆"精神，有助于我们巩固文化自主性，进而增进文化自信心。

"致富经"和"安富学"，是互为前后、互为因果的。当然，安富和反腐也是一个事物的两个方面。安富必须反腐，反腐是为了安富。这里的反腐，不仅指挪用公款之类的传统贪污，还包括各种方式转移资产到国外等的新型腐败。新中国成立 70 多年来，我们为脱贫致富、共享富裕做出了不懈努力，涌现了大庆、大寨等先进集体，以及焦裕禄、孔繁森等模范人物。他们不但过去是我们的榜样，现在、将来都是我们的榜样，值得我们总结与学习。通过学习与总结，把我们的脱贫致富和安富乐道，做得更好，更具时代特色。

创建"安富学"，我们充满信心。《道德经》说："圣人无常心，以百姓心为心。""为人民服务""以人民为中心"是"以百姓心为心"的现代版。古人能安贫乐道，富贵不能淫，今天随着科技的爆发式发展，人类财富有了爆发式增长。我们有了一个规模不小的"中产阶层"，还有更多的人奔跑在脱贫致富路上。但是，他们在"安闲散，安富贵、忍痒"方面问题多多。怎么办？我们必须告诉他们安富乐道，谱写好新时代"安富学"的崭新篇章。当然，扶贫帮困的传统不能丢，对广大劳动者更要有帮扶之心。习近平总书记说："做快递小哥也不容易，要多给他们提供一些方便。"（《光明日报》2023 年 10 月 9 日）扶贫、致富、安富应该是前后连贯的政策链，也是韵律和谐的进行曲。我们相信，深圳在续写新的更加动人的春天故事的进程中，一定能为中华民族现代文明的建设，做出应有的贡献。

附录："创新向善：跨界的知识对话"

——第五届深圳大学饶宗颐文化论坛综述

深圳大学　王顺然

2023 年 12 月 1 日，由深圳大学、中国社会科学院世界文明比较研究中心联合主办、深圳大学饶宗颐文化研究院承办的"创新向善：跨界的知识对话"——第五届深圳大学饶宗颐文化论坛，在深圳市人才研修院举行。来自中国科学院、中国社会科学院、北京大学、中国人民大学、复旦大学、香港大学等海内外高校、研究机构的专家学者及来自腾讯集团、华大集团等国际知名企业的企业家代表近百人，以线上、线下结合的方式参加此次论坛。

深圳大学党委副书记吴报水代表深圳大学致欢迎词，他指出，饶宗颐文化论坛一直秉承高端化、国际化的办会宗旨，坚持融会国际视野，坚持跨学科的理论方法，坚持历史纵深与前沿研究相结合，坚持问题导向与经世济用。中国社会科学院哲学研究所副所长单继刚代表中国社会科学院世界文明比较研究中心致辞谈道，饶宗颐文化论坛自 2021 年起由深圳大学与中国社会科学院世界文明比较研究中心共同举办，历届论坛的主题都紧扣时代问题和现实要求，注重历史深度与理论高度相结合，强调跨学科、跨文化、跨领域的视角创新与方法创新。

深圳市委宣传部相关负责人在致辞中指出，饶宗颐文化研究院是深圳市研究中华优秀传统文化和中外文化交流的重要平台，第五届深圳大学饶宗颐文化论坛的召开充分体现出深圳大学阐释中国道路、解读中国实践、构建中国理论的探索创新，也充分体现出深圳担负的新时代文化使命。深圳市社科联主席、深圳市社会科学院院长吴定海致辞表示，本次论坛将会成为各界之间知识对话的"联系纽带"，将会成为不断丰富和发展人类文明新形态的"重要桥梁"，将会成为充分展示中国式现代化光明前景的"生动名片"。饶学联汇创会会长饶清芬专门为第五届饶宗颐文化论坛的成功举办发来祝贺。开幕式由深圳大学饶宗颐文化研究院执行院长田启波主持。

第五届深圳大学饶宗颐文化论坛以"创新向善"为主题。"创新"是人类文明发展的动力，日新月异的科技创新和知识膨胀也给人类社会发展带来诸多新挑战。如何做到守正创新，使创新更好地服务于建设中华民族现代文明，服务于构建人类命运共同体，服务于全人类共同福祉，是当下面临的一个时代性课题。

一、创新的价值目标

"创新的价值目标"议题关注"创新"应该遵循的目的、价值及伦理规范，探讨何为创新的价值导向。

联合国教科文组织"孔子奖章"获得者、国家文化艺术智库特聘专家王京生以《文化驱动创新——国家创新战略的文化支撑》为题讲到，"创新向善"这一议题既放眼创新和伦理，又聚焦科学和价值观。科学精神的实质是"求真"，人文精神的实质是"求善"，艺术精神的实质是"求美"，而"真、善、美"又是相互包容、不可割裂的。一方面，文化要为创新提供核心价值，要为创新提供心理定式和伦理范式，要为创新提供与时俱进的观念支撑。另一方面，文化能提供创新自觉和创新自信，能培育创新阶层，能提供"大众创业、万众创新"的实现空间和环境支持，能营造"鼓励创新、宽容失败"的氛围。

中国科学院数学和物理学部院士何祚庥在题为《加快培养复合型创新人才》的主旨发言中谈到，学科交叉是科学发展的必然要求，重大科学成果的发展常常发生在两条不同思维路线交叉点上，学科交叉还是产业变革的迫切需要，许多"跨界"新兴技术正成为引领产业变革的新潮流。他认为，在用好学科交叉的"催化剂"之前，首先要为各科学之间，搭起一座可相互沟通的"桥"。比如经济物理学，先要成为物理学和经济学之间架起一座可互相沟通的"桥"，才能对经济学和物理学的大交叉提供"催化作用"。

腾讯集团党委书记、集团高级副总裁、首席人才官奚丹以腾讯的发展为例,发表题为《科技企业创新视角下的向善思考与实践》的主旨演讲。他指出,腾讯相信"科技是一种能力,向善是一种选择",以"用户为本,科技向善"为使命愿景,指引公司的发展方向。他强调,"科技向善"的践行是将"向善""为善"与"扬善"三大宗旨相结合。在新技术浪潮中,腾讯秉持科技造福人类的初心,支持基础科学和前沿探索,促进社会可持续发展。

中国社会科学院哲学所副所长、研究员,《哲学动态》杂志主编单继刚发表题为《一种基于因果观念的正义理论》的主旨演讲。他指出,从"因果"概念入手,能够将中国传统文化的价值论意义与马克思主义的认识论意义相结合,开发出一种基于因果的正义理论。他强调,追求因果正义,同时要注意"以慈悲调剂正义"可能起到的积极作用。

围绕这一议题,中国人民大学文学院教授彭磊、深圳改革开放干部管理学院副院长陈家喜、深圳大学印度研究中心主任郁龙余、山东省委党校教授孙炬等专家学者参与了分议题讨论。

二、创新的理性秩序

"创新的理性秩序"议题关注"创新"发展的科学性、普惠性等面向,探讨创新发展的基本原则。

国际中国哲学学会荣誉会长,美国夏威夷大学终身教授成中英在题为《人文奠基与整合以及科学创新及应用》的主旨演讲中,以自然的存在和人的存在为切入点,来说明知识形成的基本原理。他认为,所谓知识就是差别和分界,逻辑的分界也是存在的分界。存在的分界隐含着价值的分界,价值的分界又必须基于知识和逻辑的分界,而种种分界都依赖主体的心灵。成中英进而指出,人文与科学相互诠释才能相互并用,要形成内部与外部之间、整体与部分之间的相互诠释,如果没有这样的诠释,就不能叫整合。

华大集团党委书记、华大基因首席运营官杜玉涛以"基因科技"为切入点,发表题为《走自主创新之路,让基因科技普惠民众》的主旨演讲。她认为,在面向人民生命健康、基于创新驱动、全面推进"健康中国"建设中,基因科技等生命科技的发展占据重要地位。她强调,秉承"基因科技造福人类"的使命，华大基因怀抱"健康美丽，做生命时代的引领者"的愿景，以"产学研"一体化的发展模式引领基因组学的创新发展，为精准医疗、精准健康等关系国计民生的实际需求提供自主可控的先进设备、技术保障和解决方案，推动基因科技成果转化，实现基因科技造福人类。

复旦大学国家文化创新研究中心主任孟建在题为《激发文化创新活力与构建人类现代文明》的发言中指出，文化创新意味着全新文化合理结构的再造，建构"文化上的合理架构"，即大众文化与精英文化的有机结合、民族文化与外来文化的有机结合、传统文化与现代文化的有机结合。

澳门圣若瑟大学副校长张曙光的主旨发言题为《全球人工智能治理漫谈》。他谈到，如何既能促进人工智能技术（AI）服务于经济社会发展和人类文明进步，同时也能化解其所带来的风险和挑战，已成为全球面临的共同课题。受 ChatGPT 的冲击，报考外国语的、翻译的甚至法律的、艺术设计的学生大量减少，要从文明、文化的传统入手，找到全球人工智能治理的底色。

广州大学新闻与传播学院教授张谡以《数字人文：科学与人文合作的新领域》为题做主题发言，他认为，科学与人文的关系历经了模糊的统一、分裂与对立以及融合与对话等三个阶段。他指出，近年兴起的"数字人文"，是一个新型的跨学科研究领域，是信息技术与人文学科的一种交叉融合。"数字人文"重构了人文知识的脉络和内容，能够从新的技术角度去构建当代知识系统和认知方式。

深圳市社会科学院文化研究所研究员任珺以《文化融合及创新发展：理论与实践的对话》为题认为，从"界论"的角度看，创新在于如何处理"差异性"和"同一性"的关系，建立"差异统一的共同体"。

围绕这一议题，深圳大学城市文化研究所所长吴俊忠、美国纽约州立宾汉顿大学教授陈祖言、日本福冈国际大学教授海村惟一、日本久留米大学讲师海村佳惟、深圳市委党校副教授杨华、深圳大学体育学院副教授谷雪儿等专家学者参与了分议题讨论。

三、人文与科学的知识合作

"人文与科学的知识合作"议题则关注对跨学科研究方法的发掘，希望能以互补的、多维的方法引领"创新"。

中国工程院院士、香港大学原副校长李焯芬的主旨发言题目为《让科学与人文比翼齐飞》。他认为，李约瑟等人编撰的《中国科学技术史》清楚说明了中国古代科技的成就。中国传统注重做人的学问。近代开始由"经学"转向"科学"，也带来中国科学与科技近年突飞猛进的发展。他强调，科学的求真与人文的求善求美需要一种平衡，要在互动中找到平衡点。

澳门大学中国历史文化中心主任朱寿桐以饶宗颐先生在澳门大学创办中国文史学部为例，做出题为《守正是创新的根本》的主旨发言。他认为，人文学科的守正与创新主要有三个基本表现。首先是文史结合，其次是古今兼容，然后是学艺兼善，守正保持了底色，创新增加了学科的风采和魅力。

深圳大学饶宗颐文化研究院院长、文科资深教授刘洪一做出题为《构建一种新知识观：反思与路向》的主旨演讲。他认为，创新的本质是知识创新，是知识界域的突破、知识秩序的重构。在知识海量聚集、秩序骤变的世界变局下，知识领域的专科化（specialization）、创新组织的分割运行和功利价值的强力驱动，都给知识秩序的优化重构带来困难。他进而指出，汲取人类共同智慧尤其是中国古代知识思想，从天地人合的整体观和知识构制的界理底层逻辑出发，重新审视知识的世界属性、存有谱系和原则原理，克服人类学中心主义知识观的偏斜，以新的世界知识观、广义知识论思想，构建适应世界变局的知识范畴、认知逻辑，确立知识向善、造福人类的价值目标，不仅是知识发展的时代命题，也是构建中国自主知识体系的基础性工作。

南方科技大学人文社会科学研究中心副教授张晓芳的发言题目为《经济学与自然科学的融合发展》。她谈到，经济学自诞生之初便与自然科学密不可分，进化论的思想促进了经济学研究范式从静态到动态的转变，物理学家用物理学中的统计工具来研究经济金融的现象并开拓出了"复杂经济学"。

围绕这一议题，法国阿尔多瓦大学教授李晓红、以色列特拉维夫大学讲师夏小雨、北京大学艺术学院助理研究员刘子琪等专家学者参与了分议题讨论。

刘洪一对此次论坛作了简要的闭幕总结，他认为此次论坛体现出三个特点：一是论坛主题具有重要的理论价值和现实意义，反映了时代性的大命题。二是论坛突出跨界的知识对话，既强调学术界、教育界、科技界、企业界的跨界视角，又强调哲学、物理、生物学、数学、文学、经济学、艺术学、古典学、民族学等不同学科的知识对话，具有鲜明的学术前沿性和实践前瞻性。三是通过此次的知识对话，与会学者打破界限，在交叉的知识维度上寻找共同点，深化了对创新向善的认知，发掘出更多值得深入探讨的问题。

图书在版编目（CIP）数据

创新向善 ：跨界的知识对话 ：饶宗颐文化论坛文集 ：
2023 / 刘洪一主编 . — 北京 ：商务印书馆，2024.
ISBN 978-7-100-24672-9

Ⅰ．C53

中国国家版本馆 CIP 数据核字第 2024EH6248 号

权利保留，侵权必究。

创新向善：跨界的知识对话
——饶宗颐文化论坛文集（2023）

刘洪一　主编

商 务 印 书 馆 出 版
（北京王府井大街 36 号　邮政编码 100710）
商 务 印 书 馆 发 行
艺堂印刷（天津）有限公司印刷
ISBN　978-7-100-24672-9

2024 年 11 月第 1 版　　　　开本 710×1000　1/16
2024 年 11 月第 1 次印刷　　　印张 17 ½
定价：88.00 元